Leben im Mittelalter

Annette Großbongardt und Johannes Saltzwedel (Hg.)

Leben im Mittelalter

Der Alltag von Rittern, Mönchen, Bauern und Kaufleuten

Sebastian Borger, Thomas Darnstädt,
Marco Evers, Angela Gatterburg, Hans-Werner Goetz,
Christoph Gunkel, Sonja Hartwig, Jan Keupp, Ulrike Knöfel,
Nils Klawitter, Romain Leick, Kristina Maroldt,
Bettina Musall, Thorsten Oltmer, Norbert F. Pötzl,
Jan Puhl, Hubertus J. Schwarz, Michael Sontheimer,
Katharina Stegelmann, Daniel Steinvorth,
Frank Thadeusz, Rainer Traub, Helene Zuber

Bassermann

ISBN 978-3-8094-4470-1

1. Auflage
Genehmigte Sonderausgabe

Die Texte dieses Buches sind erstmals im gleichnamigen Heft (Nr. 5/2013)
in der Reihe SPIEGEL GESCHICHTE erschienen.

Projektleitung dieser Ausgabe: Martha Sprenger
Typografie und Satz: DVA/Brigitte Müller
Umschlaggestaltung: Timo Wenda,
nach einer Vorlage von Büro Jorge Schmidt, München
Herstellung: Timo Wenda

FSC
www.fsc.org
MIX
Papier aus verantwortungsvollen Quellen
FSC® C014496

Penguin Random House Verlagsgruppe FSC® N001967

Druck und Bindung: GGP Media GmbH, Pößneck
Printed in Germany

414046560314

Inhalt

KAPITEL II
BAUERN UND VOLK

ANHANG

Vorwort

Wofür sollten Historiker sich interessieren? Nach einem berühmten Satz Jacob Burckhardts müsste es ihnen vor allem um den »duldenden, strebenden und handelnden Menschen« gehen, »wie er ist und immer war und sein wird« – um das Ganze des Lebens, seine Grundstimmung und Normalität, kurz: den Alltag. Gerade in Büchern über das Mittelalter aber kommt dieser wichtige Aspekt häufig zu kurz. Herrscher und ihre Kriegszüge, Päpste und Kirchenfürsten als Taktiker der Macht, Reiche im Aufstieg und Niedergang: Das ist viel beschrieben. Aber wo erfährt man, wie gewöhnliche Menschen ihr Dasein empfanden? Wie lebte es sich damals?

Viele glauben, das zu wissen. Denn Mittelalter hat Konjunktur. Eine ganze Unterhaltungsindustrie hat die Jahrhunderte zwischen 500 und 1500 entdeckt. Museen überbieten einander in sinnlichen Inszenierungen der Vergangenheit; landauf, landab wird – meist übers Wochenende – mit fröhlichem Markttrubel oder veritablen Ritterspielen das Flair der vergangenen Zeit beschworen. Vom Computerspiel bis zum durchchoreografierten Spektakel samt Gauklern und Met-Ausschank hat sich die ferne Welt der Mönche, Bauern und Troubadours in einen einträglichen Erlebnispark verwandelt.

Für Historiker zeigt dieses Mittelalter zum raschen, vergnüglichen Eintauchen allerdings nicht unbedingt die Realität. So sehr sich die Forscher über das große Interesse freuen, an der historischen Zuverlässigkeit der bunten, abenteuerlichen Events bleiben Mediävisten wie Hans-Werner Goetz arge Zweifel. Goetz muss es wissen: Der emeritierte Hamburger Professor ist ein Pionier der Alltagsgeschichte, die bei nicht eben üppiger Quellenlage aus oft winzigen Hinweisen in Annalen und Urkunden bis hin zum ehrwürdigen Gesetzestext, aber auch aus archäologischen Spuren ein Rasterbild der fernen Realität rekonstruieren möchte – oder besser der vielen Realitäten, die sich über Jahrhunderte entfaltet und abgelöst haben.

Wie war es wirklich? Mittelalterliche Bilder und Schriftquellen spiegeln nur in Ausnahmefällen die Normalität, warnt der Wissenschaftler, dessen Erfahrung auch die Autoren dieses Buches eine Menge verdanken. Fron auf dem Acker etwa, die für den größten Teil der Bevölkerung den düsteren Generalbass des Lebens darstellte, christliche Höllenangst, strenge Ehesitten, die unabdingbare Existenzsicherung für die Familie – das Leben damals war, so Goetz im nüchternen Fazit, »sicherlich härter«. Will man sich aber dem Alltag der Menschen nähern, ist es nicht damit getan, das nach heutigen Maßstäben oftmals grausame und primitive Mittelalter vom abenteuerlich-bunten zu unterscheiden.

Dieser Band versucht deshalb, die historische Vielfalt durch den Blick auf typische Lebensformen zu ordnen: Da ist die Welt der Klöster, die als Kraftwerke für das Seelenheil, aber auch als mächtige Wirtschaftsbetriebe, als Alters- und Armenversorgung und obendrein Kulturschatzhäuser eine zentrale Rolle spielten. Da gibt es die alltägliche Realität der Bauern, die durch das monotone Feldhandwerk geprägt war. Sie leisteten Schwerstarbeit und waren dabei den Launen des Wetters, gierigen Grundherren und bisweilen bizarr strengen Moralregeln unterworfen. Aber auch die Ritter führten in ihrer höfischen Lebenswelt nur in Ausnahmefällen ein glanzvolles Dasein; erst im Nachhinein wurden Burgenstolz und das Schmachten der Troubadoure zum verklärenden Markenzeichen. Selbst der aufstrebende Stand des späteren Mittelalters, das Bürgertum, erkaufte seine nominelle Freiheit in der Stadt mit unhygienischer Enge, Konkurrenzdruck und herben Auflagen von Zunft und Obrigkeit.

Natürlich wird sich die enorme Vielfalt von Lebensverhältnissen, die während eines Jahrtausends quer durch Europa geherrscht haben, niemals bündig zwischen zwei Buchdeckel pressen lassen. Aber beispielhafte Personen, ihre Tätigkeiten, Bilder und Schriften werfen doch Schlaglichter auf die Umstände, unter denen die Menschen lebten: Sie erzählen vom derben Einerlei der Nahrung, vom Wagnis, einen Arzt aufzusuchen, rigiden Kleiderordnungen oder dem seltsamen Amt des Hofnarren. Andere Kapitel beschreiben, was die Phantasie der Menschen beschäftigte: der todbringende Wahn kirchlicher Inquisitoren, Franz von Assisis Erneuerung der Armutsgelübdes im Bettelmönchtum, aber auch die höfischen Ideale in den Sagen um König Artus und seine Tafelrunde. In den frühmodernen Handelspraktiken der Hanse und dem Aufkommen des Buchdrucks seit Mitte des 15. Jahrhunderts zeichnet sich dann schon die Auflösung des mittelalterlichen Weltgebäudes ab.

Es wäre vermessen zu behaupten, auf den folgenden Seiten sei besser als anderswo verwirklicht, was Burckhardts großer Lehrer Leopold von Ranke als Ideal der Geschichtsschreibung aufgestellt hat: Darzustellen, »wie es eigentlich gewesen«. Aber unser Buch möchte schon zeigen, wie wichtig es ist, neben den Entscheidungen und Handlungen herausragender Herrschergestalten und Denker unbedingt auch die normale Existenz durchschnittlicher Menschen des Mittelalters in den Blick zu nehmen. So wenig sich dabei ein Ende finden lässt und so häufig eine Antwort die nächste Frage hervorrufen wird: Die Neugier auf das tatsächliche Leben der Vergangenheit, die Faszination der fernen Realität sollte nicht nur wenigen Spezialisten vorbehalten bleiben. In diesem Sinne wünschen wir eine anregende Lektüre.

Hamburg, im Sommer 2014

Annette Großbongardt
Johannes Saltzwedel

Einleitung

Faszinierende Ferne

Lange galt das Mittelalter als dunkle Durststrecke der Geschichte – heute ist es eine Projektionsfläche abenteuerlicher Phantasien. Wie sah die Alltagswelt zwischen 500 und 1500 wirklich aus?

Von Johannes Saltzwedel

Kühn ragt sie auf über dem Tal, die Burg hoch oben an der Felswand. Seit Jahrhunderten wohnen hier, in den Südalpen zwischen Brixen und Trient, die Herren von Ketten.

In der Gipfelregion »mit dem Sturm und den Wolken«, bei Steinbock und Adler, beginnt das »Reich der Geister«, wo kein Christ sich hintraut. In den riesigen, oft undurchdringlichen Wäldern trifft man auf den »Hirsch, Bären, das Wildschwein«, Wölfe »und vielleicht das Einhorn«; unten am Fluss ringen Burgherren und Bischöfe seit Generationen blutig um den Grundbesitz, den die Bauern mühevoll bewirtschaften.

Steht man im Burghof, wirkt das Gemäuer am Steilhang dann allerdings eher »wie aus Hühnerställen zusammengefügt«. Da liegen »Bauern- und Kriegsgerät, Stallketten und Wagenbäume« durcheinander; die aus dem fernen Portugal ankommende junge Ehefrau findet ihr neues Domizil »über alles Erwarten hässlich«. »Knechtlärm, Pferdegewieher und Balkentragen« dringen durch, weil kaum ein Fenster verglast ist. Klamm und zugig haust man hier; gegen Krankheiten wissen Bader oder Arzt nur wenig Rat. Und Sommer für Sommer zieht der Herr ins Gefecht, nach dem immer gleichen Rhythmus von Gier und Vergeltung: »Tat geschieht, weil andre Tat geschehn ist.« Zwar verschaffen ein Kaplan, ein Schreiber »zum Vorlesen« und eine »lustige Zofe« etwas Unterhaltung; manchmal kommen sogar »reisende Doktoren und Schüler« vorbei. Aber das sind in den Augen des harten Herrn von Ketten »mit scholastischer Tünche überzogene Lümmel«, die es hauptsächlich auf seine Vorräte an Wein und Speisen abgesehen haben.

Ist dieses Bild des späteren Mittelalters, das der Schriftsteller Robert Musil 1923 in seiner Erzählung »Die Portugiesin« gezeichnet hat, realistisch? War das damalige Leben wirklich für die allermeisten Menschen kurz, beschränkt und eintönig, dreckig und brutal, mysteriös und voll ererbter Sorgen? Bot es dennoch zugleich, mit den Worten des großen niederländischen Geschichtserzählers Johan Huizinga, »immer und überall unbegrenzten Raum für glühende Leidenschaftlichkeit und kindliche Phantasie«?

Eine kurze Antwort darauf würde heute kaum ein Historiker wagen. Zu unterschiedlich sind Jahrhunderte und Regionen, Standes-, Familien- und Einzelschicksale, zu viele vage Stimmungswerte müsste man berechnen – ganz abgesehen von dem Problem, nach welchem Maßstab dann das Urteil ergehen könnte. Und was heißt überhaupt »Mittelalter«? Wann fing es an, wie weit soll es reichen?

Benutzt wurde der Begriff schon um das Jahr 1200: Der christliche Endzeitdenker Joachim von Fiore verkündete, die göttliche Heilsgeschichte laufe in drei großen Stadien ab, die er nach Vater, Sohn und Heiligem Geist benannte. Noch befinde sich die Welt in der »media aetas«, der mittleren Periode des Gottessohnes. Dann aber werde – nach Überwindung einer ersten Antichrist-Gestalt – die erleuchtete Harmonie des dritten Zeitalters folgen. Erst hinterher dräue Christi Wiederkunft mit dem finalen Weltgericht.

Spätere Chronisten blieben von derlei Spekulationen unbeeindruckt. Die Idee vom Mittelalter kam erst wieder auf, als

Humanisten des 15. Jahrhunderts ziemlich verächtlich »mittlere Zeit« nannten, was die nun verehrte, vorbildhafte Antike von der Neuzeit trennte. Seit der hallische Geschichtsprofessor Christoph Cellarius 1688 in einem Handbuch die Jahrhunderte zwischen Kaiser Konstantin dem Großen (gestorben 337) und der Eroberung Konstantinopels durch die Türken 1453 als »Mittelalter« bezeichnete, wurde das Wort geläufig. Heute ist damit in der Regel die Zeit zwischen 500 und 1500 gemeint.

Wer sich vom Alltag innerhalb dieses Jahrtausends auch nur annähernd eine Vorstellung machen will, kann mit der Überlegung anfangen, auf welche Errungenschaften und Selbstverständlichkeiten jemand zu verzichten hätte, der als Zeitreisender ins Mittelalter aufbräche. Rasch wird dann klar, wie enorm sich die damalige Lebensweise vom heutigen hochtechnisierten, informationsgesteuerten und medial wie maschinell bis an die Grenzen des Machbaren beschleunigten Dasein unterscheidet.

Da weder Elektrizität noch Verbrennungsmotoren existierten, waren die wenigen technischen Geräte, die es gab – Mühlen zum Beispiel –, auf Naturkräfte wie Wasser und Wind oder die Muskeln von Tier und Mensch angewiesen. Handarbeit beherrschte das Leben; über die tägliche Schufterei hinaus noch Sport zu treiben wäre niemandem eingefallen. Da nur die wenigsten Wege zu Straßen ausgebaut oder gar gepflastert waren, konnten selbst kürzere Transporte und Reisen zum Abenteuer werden.

Behausungen aus Stein besaßen außer Gott selbst allenfalls Adlige und Herrscher; gewöhnliche Menschen lebten in Unterkünften aus Holz und Lehm, die fast nie mehr als ein Stockwerk hatten. Heizung und Kochfeuer waren häufig identisch. Wasser strömte nicht sauber und wohltemperiert aus dem Hahn, sondern musste im günstigen Fall vom Brunnen geholt, anderswo aus Flüssen und Teichen herbeigeschafft werden. Da abseits alter Römerstädte jegliche Kanalisation fehlte, blieben Fäkalien und Abfälle meist in unhygienischer Riechnähe. Medizinisch wirksame Mittel gegen Krankheiten existierten nur wenige, Quacksalberei dafür umso mehr.

Fensterglas, bekannt erst seit dem 12. Jahrhundert, war reiner Luxus für Kirchen oder Paläste. Die meisten Häuser blieben düstere Rückzugsorte, von Öllampen oder Kerzen schwach erhellt. Entsprechend lebte man weit mehr bei Tageslicht, im Freien und mit der wetterwendischen Natur; Mobiliar gab es spärlich, Stühle fast nur als Thron und Ehrenplatz. Schrauben aus Metall fehlten; selbst Nägel und Draht waren bis ins Spätmittelalter nicht leicht verfügbar. Materialien wie Gummi, Aluminium oder Zement kannte man nicht, von Kunststoffen ganz zu schweigen.

An Speisen waren weder Kartoffeln noch Tomaten, nicht einmal Reis zu haben. Gemüse- und Getreidekost prägte den Alltag. Salz war so kostbar, dass man es hoch besteuerte und mitunter wie ein Zahlungsmittel verwendete. Tabak zum Rauchen: Fehlanzeige. Und Gewürze kannten die meisten nur aus Geschichten von fernen Ländern.

Bildhafte Darstellungen gab es praktisch nur in kirchlicher Umgebung. Gedrucktes fehlte, und die handschriftlich hergestellten Bücher auf Pergament waren extrem teure Raritäten. Aber lesen oder gar schreiben konnten ohnehin nur die wenigsten. Nachrichten, die nicht als Urkunden amtliche Form erlangten, mussten mündlich ihren Weg finden; das ging kaum schneller als mit Eilboten zu Pferd. Da es aber bis zum 13. Jahrhundert allenfalls in Klöstern Uhren gab, waren Zeitpläne etwas Ungefähres. Terminwünsche »über Jahr und Tag« hatten jedenfalls bessere Aussicht auf Erfolg.

Kompassnadeln waren Experten zwar bekannt, wurden aber nur wenig verwendet – Geografie über die nähere Umgebung hinaus diente nach den Worten des Mediävisten Horst Fuhrmann sowieso hauptsächlich der »Aufzeichnung des entfalteten Heilsgeschehens«. Auf Weltkarten erschien zum Beispiel meist Jerusalem als Mittelpunkt der Erdscheibe. Weit wichtiger als Ortskunde waren geistliche Ratschläge, mit Hilfe welcher Gelübde, Fürbitten, Almosen, Pilgerreisen und Stiftungen man nach dem Tod der Gefahr entging, im Fegefeuer oder gar unwiderruflich in der Hölle zu landen.

Schon aus Mangel an Papier fand kein Papierkrieg statt, aber auch weil bis ins Spätmittelalter praktisch keine örtlichen Behörden, Banken, Börsen oder Versicherungen existierten. Ebenso wenig gab es eine Polizei oder Gleichheit vor dem Gesetz im heutigen staatsbürgerlichen Sinne. Schriftlich dokumentiert wurde selbst in Adelskreisen nur das Wichtigste. Von der Wiege bis zum Grab blieb der Mensch fest in Familie, Diensthierarchie oder klerikaler Gemeinschaft eingebunden. Individuelle, private Liebhabereien, für die es Muße brauchte, waren allenfalls Reichen und Mächtigen möglich.

Könnte sich der Zeitreisende dem Denken anpassen, das all diesen herben Bedingungen entsprach, wäre ein Kurzbesuch im Mittelalter vielleicht sogar relativ erträglich. Vom heutigen Lebens- und Bewusstseinsstandard aus betrachtet aber wirkt das Alltagsleben der Epoche ernüchternd, ja beängstigend – in erschreckendem Ausmaß »finster«, wie die seit dem Frühhumanisten Francesco Petrarca verbreitete Formel es behauptet.

Sehr lange konnte sich dieses düstere Image halten. Noch die Aufklärer, allen voran Voltaire, verbreiteten ein denkbar schwarzes Bild von pfäffisch gegängelten, feudal tyrannisierten und materiell wie geistig barbarisch rückständigen Frühzeiten Europas. Aber seit etwa 1750 wendete sich langsam die Stimmung: Das Mittelalter wurde interessant.

Literaturkenner entdeckten die reizvolle Eigenart alter deutscher Dichtung, zum Beispiel des Nibelungenliedes. Der junge Universaldenker Johann Gottfried Herder urteilte 1774,

Lehnswesen, Rittertum und Gotik seien Ausdruck des »gesunden nordischen Verstandes«. Es habe damals durchaus »Sprachseligkeit, muntere Schnellkraft, leichte Gefälligkeit und glänzende Anmut« gegeben – die Kreuzzüge seien da bloß ein christliches Missgeschick, »eine tolle Begebenheit, die Europa einige Millionen Menschen kostete«. Trotz solcher Pannen verdiene das Mittelalter Respekt als eigenständiges »Wunder des menschlichen Geistes«.

Dieses Ideal urwüchsiger Volkstümlichkeit wurde nach den Gewaltexzessen der Französischen Revolution noch verstärkt durch die Sehnsucht nach politisch-intellektueller Stabilität. Hatten Ritter und Mönche nicht einfacher und übersichtlicher zu leben verstanden? Der junge Dichter Friedrich von Hardenberg, der sich Novalis nannte, rühmte schon 1799 in seinem Essay »Die Christenheit oder Europa«, dass in den »ächtkatholischen oder ächtchristlichen Zeiten« Kleriker die »erfahrnen Steuerleute« der Menschen gewesen seien.

Unversehens war das Mittelalter zur Idylle, ja zur Utopie mutiert: »Mit welcher Heiterkeit verließ man die schönen Versammlungen in den geheimnisvollen Kirchen, die mit ermunternden Bildern geschmückt, mit süßen Düften erfüllt, und von heiliger erhebender Musik belebt waren.« Leider, so Novalis, sei dieses einfache, selbstverständlich fromme Dasein dann von Zweifeln untergraben, im »Drucke des Geschäftlebens« der Neuzeit aufgerieben und endlich »als Trug und Wahn ausgeschrien« worden.

Anfang des 19. Jahrhunderts gab nationale Empörung gegen den Diktator Napoleon der Begeisterung fürs Mittelalter immer stärkeren Auftrieb. Der virtuose Poet Ludwig Tieck übersetzte Minnelieder; der Erzähler Friedrich de la Motte Fouqué dichtete nach hochmittelalterlichen Vorbildern idealisierte, von der Aura des Abenteuerlich-Exotischen durchzogene Ritterromane (»Der

Held des Nordens«). Für den katholischen Dichter Joseph von Eichendorff bot das germanische »Urmittelalter« auch politisch die passenden Vorbilder von »Heldenmut, Freiheit und Tugend«, natürlich unter strikt christlichen Vorzeichen.

Historiker nutzten den Boom und machten aus der bislang oft belächelten Mittelalter-Forschung ein Spezialfach. Von den Resultaten – zum Beispiel der Entdeckung vieler wertvoller Handschriften – profitierte gleich die nächste Erzählergeneration. So wollte der hochgebildete Journalist Gustav Freytag in seinem Romanzyklus »Die Ahnen« (1872 bis 1880), einem Familienpanorama von der Spätantike bis zur Revolution von 1848, Helden für Bürger des neuen wilhelminischen Kaiserreichs schaffen. Vier der sechs Bücher schildern breit und bunt das Mittelalter, mit manchen Anleihen bei den romantisch-abenteuerlichen Schmökern von Walter Scott (»Ivanhoe«, 1820).

Freytag und seine Kollegen wie Joseph Victor von Scheffel (»Ekkehard«, 1855) hielten sich zwar nach Möglichkeit an verbürgte Details, aber wichtiger waren ihnen herzergreifende Geschichten. Ein realistisches Bild des fernen Alltags hätte das Publikum nur verschreckt. Immerhin löste die neue Mittelalter-Mode auch Spott aus. So ließ der amerikanische Humorist Mark Twain 1889 einen kapitalistisch versierten, mit einem Colt bewaffneten Yankee aus Connecticut am Hof des sagenhaften Königs Artus auftauchen. Der zeitversetzte Held rastet nicht, bis Dampfschiffe und Zeitungen kursieren, was der sympathisch-kuriosen, aber reichlich scheppernden Ritterwelt am Ende den Garaus bereitet.

Im 20. Jahrhundert hat der Trend zur Unterhaltung das Mittelalter dann vollends vereinnahmt. Umberto Ecos Weltbestseller »Der Name der Rose« (1982) ist ein Klosterkrimi, in dem die Sherlock-Holmes-Gestalt in Kutte ermittelt, Michael Crichtons »Timeline« (2000) eine Action-Zeitreise ins kriegerische Spätmit-

Berthold von Regensburg predigt gegen die Häretiker
(Federzeichnung, 1447)

telalter. Auch in Ken Folletts beliebter Kathedralbau-Saga »Die Säulen der Erde« (1990) und ihrer 200 Jahre später spielenden Fortsetzung »Die Tore der Welt« (2008) dient das Zeitkolorit weitgehend der neckischen Kostümierung.

Genau damit aber lässt sich Geld verdienen. Unentwegt beliefert heute eine rührige Industrie die Fans mit neuem historisch garniertem Stoff, von geheimnisvollen Verschwörungen über bunte Festivals bis zur Esoterik. Besonders beliebt sind Verfilmungen und Spiele, vorzugsweise am Computer. Im fließenden Übergang zu den virtuellen Welten der Superhelden und Internetkampfspiele ist das Mittelalter eine Heimstatt kollektiver Phantasien geworden, wo jeder seine Rollenträume ausleben kann. Dorfplanung in »Die Siedler«, Kreuzzugsdramatik in »Castle Fight« oder »Assassin's Creed«, aber auch »Magische Amulette, rätselhafte Schriftrollen und mysteriöse Bruderschaften« (Eigenwerbung) in »Torpia« sowie jede Menge Monster-Horror: Die »Wunschmaschine« Mittelalter, wie der Historiker Valentin Groebner sie nennt, läuft bestens.

Gegen die hemmungslosen Klitterungen auf Bildschirmen wirken reale Events wie »Spectaculum« oder »Ritterspiele«, von denen landauf, landab allein bis Ende dieses Jahres noch weit über 300 stattfinden sollen, nachgerade zahm: Pferdeduft und Graupensuppe, Turniergeplänkel, Met-Ausschank und Bardenlieder bieten ausgefallene, familienfreundliche Kurzweil für alle Sinne. Inzwischen hat sich die Szene etabliert; eine ganze Zunft spezialisierter Schausteller lebt von der Neugier aufs Mittelalter – oder was man dafür halten möchte. In der Regel ist das Flair des Urtümlichen durchaus gut gemeint, selbst wenn im Hintergrund schon mal der Stromgenerator tuckert oder versehentlich Kartoffelbrei serviert wird.

Trotzdem: Wer etwas über die Realität im Mittelalter erfahren will, hat es momentan schwerer denn je, so viel Halbwahres und schlicht Erfundenes ist im Umlauf. Ausgerechnet die beinah grenzenlose Verfügbarkeit von Informationen hat dazu beigetragen, dass inmitten dubioser Thesen und geschäftstüchtiger Shows kaum noch erkennbar ist, welch simplen, aber fundamentalen Bedingungen das mittelalterliche Leben und Denken unterworfen war.

Da stand als Erstes Gottes gewaltige Ewigkeit gegen das dürftig-sündhafte Menschengeschöpf. Die »kosmische Mythe« des Christentums – wie der große Mittelalter-Kenner Wolfram von den Steinen sie genannt hat – durchdrang jegliches Denken und Handeln. Mochten Kleriker noch so viele menschliche Schwächen haben: Zu ihrer Botschaft über den Sinn irdischen Daseins, wo zwischen Paradies und Endgericht das Selbstopfer des Gottessohns am Kreuz und seine Auferstehung die Richtung wiesen, gab es keine Alternative.

Nur Kirchenmänner konnten zeitlichen Segen spenden; nur sie vollzogen die unerlässlichen Riten von Taufe, Eheschließung und Totenfeier. Dass daneben Klöster als Zentren des Jenseits-Heils und der Fürsorge für Arme und Kranke, als Schatzhäuser der Bildung, aber auch als vielseitige Unternehmen im Leben aller eine wichtige Rolle spielten, zählte ebenso zu den Selbstverständlichkeiten.

Von der himmlischen Herrschaft wurde jede irdische mit gerechtfertigt. Zweifel an Gottes festgelegter Ordnung der Welt durfte es nicht geben. Sie regierte vom Sternenlauf bis hin zum erblichen Besitz, zum überkommenen Rang von Herr und Knecht, Adel und Volk, sie bestimmte Maße, Gewichte und den täglichen, wöchentlichen, jährlichen Rhythmus ganz normaler Tätigkeiten. Wer etwas ändern wollte, störte womöglich den ewigen Heilsplan. Weisheit beruhte auf der Autorität ehrwürdiger, oft heiliger Lehrer; fromme Denker entschuldigten sich geradezu für eine ungewöhnliche Idee.

Überhaupt: Neugier und Eigensinn galten als riskant, Demut und Ergebenheit als das Klügere. Auf sein Recht pochen konnte ohnehin nur, wem es verbrieft war – bis weit ins späte Mittelalter blieb das die Ausnahme. Viel wichtiger war es, inmitten der unkalkulierbaren Gefahren Menschen zu kennen, auf die man sich verlassen konnte: im Normalfall erst die Familie, dann Nachbarn, Herren und Getreue. Dorf oder Königshof, Mönchsgemeinschaft oder Stadtquartier: Der Einzelne bedeutete nur insoweit etwas, als sein Tun die Gemeinschaft stärkte.

Obwohl Neuerungen meist als dubios, ja sündhaft galten, veränderte sich der Alltag im Lauf der Jahrhunderte doch erheblich, wie viele Indizien belegen. Rodung und Kolonisation etwa erschlossen neue Ackerflächen. Da zugleich die bäuerliche Technik sich verbesserte, konnte langfristig das Land mehr Bewohner ernähren – bis der Raum knapp wurde und sich Jüngere ohne Aussicht auf genügend Erbe auswärts verdingen mussten, etwa als Krieger. Allein zwischen 1150 und 1200 stieg die Bevölkerung Europas nach Schätzungen rasant von 50 Millionen auf über 60 Millionen Menschen. Handwerk und Handel gediehen am besten, wo Bedarf sich ballte und städtische Märkte den Austausch förderten; dort gehörte, wer mit Arbeit sein Brot verdiente, dann nicht nur der Sippen- oder Kirchspielgemeinschaft, sondern beinahe zwangsläufig auch einer Gilde oder Zunft an. Im 15. Jahrhundert war die Spezialisierung der Gewerbe so weit vorangeschritten, dass selbst die Paternostermacher, die mit Bohr- oder Drechselwerkzeugen Kugeln für die Rosenkränze der Betenden herstellten, eigene Zünfte gründeten.

Je seltener Landesherren unablässig als oberste Richter und Aufseher ihr Territorium durchreisten, desto nötiger war schriftliche Rechenschaft über Erträge und Verträge. Eine genauere Verwaltung erforderte mehr gebildete Fachleute, speziell Juristen – mit ein Grund, weshalb von 1300 an in Europa immer mehr

Hochschulen entstanden. Kanzleien der Regenten, einst hervorgegangen aus der Hofkapelle des Königs, waren schon infolge des erhöhten Urkundenbedarfs seit dem 12. Jahrhundert zu Behörden angewachsen; mit ihnen stieg stetig die Zahl der Beamten.

Diese vielfältigen, keineswegs flächendeckend ablaufenden Entwicklungen zeigen, dass es im Spätmittelalter den einen, überall ähnlichen Alltag der Bauern, der Städter, der Mönche oder Kleriker kaum noch gab. Immer diverser entwickelten sich die Lebensformen. Nur der universelle Rahmen von Glauben und Herrschaft blieb erhalten. Dass auch er langsam morsch und brüchig wirkte, lag weniger an der erhöhten Spezialisierung als an der sprunghaft wachsenden, immer rascher verbreiteten Weltkenntnis und Intellektualität.

Wie die neue Kosmologie des Kopernikus und die Entdeckung Amerikas das bisherige Weltbild umkrempelten, so machte der Buchdruck von der Mitte des 15. Jahrhunderts an Ideen in nie gekanntem Ausmaß zugänglich. Forschung und Experimente, neue, radikale Formen der Wahrheitssuche auch auf intellektuellem Gebiet hatten Humanisten in Italien schon während des 14. Jahrhunderts praktiziert; nun drang die neue Geisteshaltung kritischen Zweifelns und Fragens bis zu den weniger Fachkundigen vor.

»Wenn sich das Allgemeine nur noch in Fragmenten sehen lässt, nicht mehr im Verhalten von Menschen zueinander verkörpert, ist das Mittelalter vorbei« – mit diesem bedächtig-nüchternen Satz hat der Historiker Arno Borst das Ende der Epoche einzukreisen versucht. Genau betrachtet liefert er auch eine Erklärung für den Mittelalter-Boom: Gerade die gewöhnlichen Lebensumstände dieser fernen Welt erscheinen heute so herzhaft ursprünglich, dass der harte Alltag damaliger Menschen den Schimmer des Echten, Einfachen und obendrein Abenteuerlichen bekommt. Dieser Reiz wird sich wohl so bald nicht verlieren.

»Bauern leisteten Schwerstarbeit«

Der Hamburger Mediävist Hans-Werner Goetz über das harte Leben im Mittelalter, die wichtige Rolle des Mönchtums und den Aufstieg der Städte

Das Gespräch führten Annette Großbongardt und Johannes Saltzwedel.

SPIEGEL: Herr Professor, vielen Menschen kommt das Mittelalter vertraut vor, weil sie es in Filmen und Computerspielen, auf Festivals und vor allem den zahlreichen Mittelalter-Märkten erleben. Da ist es unterhaltsam und abenteuerlich. Aber werden solche Inszenierungen der einstigen Wirklichkeit gerecht?
Goetz: Es gibt ja verschiedene Bilder vom Mittelalter. Früher war häufig die Rede vom finsteren Mittelalter mit Folterungen, Hexen, Pest und sonstigen Schrecklichkeiten. Seit etwa 1980 hat sich das in Richtung einer Verklärung geändert. Jüngere Historiker propagierten die Alltagsgeschichte; sie wollten von der Strukturgeschichte weg zurück zum Menschen und zum normalen Leben. Daraus entstanden recht plastische Darstellungen. Parallel dazu entwickelten sich dann auch die Mittelalter-Märkte. Unter Wissenschaftlern ist aber inzwischen klar, wie wenig Präzises die Quellen zu vielen Fragen hergeben und wie punktuell sie bleiben.
SPIEGEL: Also verzerren Filme und Events die Realität?
Goetz: So wie auf den Märkten ging es sicher nicht zu. Das Meiste orientiert sich an Vorbildern aus dem späteren Mittelalter, an Dichtungen und bildlichen Darstellungen, denn über frühere Jahrhunderte weiß man erheblich weniger. Auf Bildern

sehen wir allerdings häufig festliche Kostüme zu besonderen Anlässen, also gerade nicht das Alltägliche.

SPIEGEL: Wenn man es für einen Zeitgenossen der Gegenwart beschreiben wollte: Wie war das Dasein damals – streng, karg und öde? Oder eher chaotisch und gefährlich?

Goetz: Woher nehmen wir die Maßstäbe? Ich kann mir kaum ein eintönigeres Leben vorstellen als das eines deutschen Professors. Im Ernst: Die Existenz war damals für die meisten Menschen sicherlich härter. Uns hilft überall die Technik. Im Mittelalter leisteten zum Beispiel Bauern Schwerstarbeit: Einer stemmte den Pflug in den Boden, ein anderer führte die Zugtiere. Es gab keine entwickelte Medizin; über Hygiene wusste man zu wenig. Einige Historiker sind der Ansicht, dass gerade wegen der enormen Unsicherheit und Belastung die Feste besonders intensiv gefeiert wurden.

SPIEGEL: Auch weil ansonsten das Leben gleichförmiger verlief als heute?

Goetz: Der ganze Kalender wurde ja vom Kirchenjahr bestimmt. Religiöses und Weltliches gingen dabei weit stärker ineinander über als heute, unter Herren ebenso wie Bauern, Freien und Unfreien. Nicht nur Weihnachten und Ostern, auch lokale Heiligenfeste, Kirchweih und andere Daten boten Anlass zu ausgelassenerem Leben.

SPIEGEL: … wenn nicht das Wetter wieder die Ernte verhagelte.

Goetz: Stimmt, von der Witterung waren alle abhängig, auch der Adel und die Politik. Einen Feldzug, vielleicht gar über die Alpen hinweg, konnte man zum Beispiel eigentlich nur im Sommer unternehmen.

SPIEGEL: Es gab häufig Missernten. In welchem Ausmaß war ein gewöhnlicher Mensch von Hunger bedroht?

Goetz: Das hing natürlich von der Schicht ab, aber Hungersnöte waren ein allgegenwärtiges Problem. Reiche hatten eher die

Möglichkeit, Reserven zu horten. Es gibt Berichte darüber, wie in Notzeiten die einfachen Leute Herren und Bischöfe bedrängten, weil sie wussten, dass es dort Vorratslager gab. Die Herren hatten auch eine Art Schutzpflicht für die von ihnen Abhängigen. Schlimmer noch waren die unvorhersehbaren Katastrophen, Brände oder Überschwemmungen, in deren Folge dann oft noch Seuchen ausbrachen. Diese Schicksalsschläge hatten eine solche Bedeutung, dass sie entsprechend häufig in Chroniken verzeichnet wurden.

SPIEGEL: Hinzu kommt, was Menschen Menschen antaten. War das Leben weniger wert?

Goetz: Nein, aber gefährdeter. Brutalität gegen Feinde bestand nicht nur im Gemetzel. Kriege wurden, wenn man das so sagen kann, scheinbar inhumaner geführt als heute – statt den offenen Kampf zu suchen, brandschatzte man oft die Felder der gegnerischen Bauern und zerstörte deren Lebensgrundlage.

SPIEGEL: Das klingt doch wieder nach dunklem Mittelalter …

Goetz: Aus heutiger Sicht sieht es sicher düster aus. Ständig gab es Kriege und zerstörte Ernten, auch die Strafen waren härter. Aber ob die Menschen damals ihre Zeit auch als so finster empfunden haben, sei dahingestellt. Und nicht alles war Streit; die

Hans-Werner Goetz
Alltagsleben und Denkweise der Menschen im Mittelalter stehen für den Historiker seit langem im Zentrum seiner Arbeit. Sein Buch »Leben im Mittelalter« gilt als deutsches Standardwerk zu diesen Themen. Auch über die Religionsauffassung und das Frauenbild der Epoche hat er intensiv geforscht. Goetz, Jahrgang 1947, lehrte von 1990 bis 2012 an der Universität Hamburg.

Quellen berichten von unzähligen Versuchen, Konflikte diplomatisch zu lösen.

SPIEGEL: Auf jeden Fall war das Leben doch kürzer, nur um die 40 Jahre im Durchschnitt.

Goetz: Ja, man muss aber sozial unterscheiden: Wer gesichert und umsorgt lebte, konnte auf ein höheres Alter hoffen, wie heute auch. Dabei hatten Könige oft kein besonders langes Leben vor sich, Bischöfe schon eher. Durchschnittlich am längsten lebten die Mönche. Außerdem fing das Arbeitsleben viel früher an. Man heiratete früher – Mädchen manchmal schon mit 14 – und bekam früher Kinder. Schulbildung gab es ohnehin nur für eine schmale, begüterte Schicht, die ihren Nachwuchs auf eine Kloster- oder Domschule schicken konnte. Nicht zu vergessen: Die Kindersterblichkeit war sehr hoch.

SPIEGEL: Für Gefühle scheint da wenig Platz, man musste pragmatisch denken.

Goetz: Einige Historiker meinten sogar, Elternliebe habe gar nicht existiert – das ist aber sicher falsch. Man trauerte um verstorbene Kinder kaum weniger als heute, und man sorgte sich um das ewige Leben der Angehörigen. Aus dem frühen und hohen Mittelalter sind viele Gedenk- und Verbrüderungsbücher erhalten. Darin stehen Namen von Toten, für deren Seelenheil die Mönche beten sollten. Es hat sich gezeigt, dass viele dieser Einträge ganze Familien widerspiegeln.

SPIEGEL: Hatte man überhaupt so etwas wie Privatleben?

Goetz: Sicherlich, nur erfahren wir darüber sehr wenig. Tagebücher gab es nicht. Briefe enthielten selten intime Botschaften, sondern waren meist zum Vorlesen gedacht. Überhaupt lebte man viel enger beisammen, also auch kontrollierter.

SPIEGEL: Hausten drei oder gar vier Generationen unter einem Dach?

Goetz: Großsippen sind, wie wir inzwischen wissen, ein Mythos. Das Haus war Wohnstätte der Kernfamilie aus Eltern und Kindern, einschließlich des Gesindes. Dennoch war der Stellenwert der Familie damals größer als heute, sie bildete in aller Regel das Zentrum der Existenz: Dort wuchs man auf, sie war Wirtschaftseinheit, oft als regelrechter Familienbetrieb, und wichtigste Versorgungsinstanz. Es gab ja keine Renten oder Versicherungen; hier musste die Familie oder die Kirche eintreten. Heiraten bedeuteten entsprechend strategische Entscheidungen, nicht nur in der hohen Politik, auch in einfachen Familien. Das lässt sich aus grundherrschaftlichen Verzeichnissen der Güter und Hörigen nachweisen. Eine Ehefrau aus höherem Stand bot einen besseren Status für die Kinder, und auch wer der künftige Schwager war, spielte eine wichtige Rolle. Dabei ging es um sozialen Aufstieg, aber ebenso um möglichst breite, konkrete Unterstützung in vielen Lebenslagen.

SPIEGEL: Konnte ein Mann Nebenfrauen haben?

Goetz: Offiziell nicht – die frühere Ansicht, dass es eine zweitklassige »Friedelehe« ohne Vertrag und Segen gegeben habe, ist längst widerlegt. Ebenso wenig lässt sich nachweisen, dass durchweg die Herren für ihre Untergebenen die Ehe arrangierten oder sie gar dazu zwangen.

SPIEGEL: Wie schwierig war es, sich scheiden zu lassen?

Goetz: Weil das Kirchenrecht hier den Druck erhöhte, wurde eine Scheidung im Lauf der Jahrhunderte immer schwieriger, bis schließlich fast nur noch Inzestehen als legitimer Scheidungsgrund anerkannt wurden, also wenn Ehepartner zu eng verwandt waren. Zwar suchte man immer wieder nach Möglichkeiten, aber in der Regel blieben einmal geschlossene Ehen gültig. Man tat also gut daran, nicht leichtfertig zu heiraten. Die berühmteste Scheidungsaffäre des frühen Mittelalters ist die Lothars II., eines Enkels Ludwigs des Frommen, der wegen Kinderlosigkeit von seiner Frau Theutberga getrennt werden wollte. Obwohl das mehrere Bischofssynoden absegneten, stieß er plötzlich auf eine geballte Gegenwehr, und der Papst widerrief die Erlaubnis. Dahinter standen allerdings auch politische Gründe.

SPIEGEL: Wie mächtig war die christliche Kirche denn? Prägte sie wirklich, wie das in Lehrbüchern steht, völlig die Gedanken, Vorstellungen und Handlungen der Menschen? War sie durchweg oberste Instanz für Kunst, Kultur, Bildung sowie Politik und Alltag?

Goetz: Der Glaube hatte sicher einen immensen Einfluss, und die Kirche wirkte mit ihren Mahnungen unentwegt auf die Menschen ein. Andererseits ist auch die Kirche Teil der jeweiligen Gesellschaft. Das Mittelalter ist alles andere als eine reine Verwirklichung biblischen Christentums. Gerade die mittelalterlichen Kirchenleute glaubten ihrerseits an Dinge, die wir für unchristlich halten würden und die manchmal ursprünglich heidnisch waren. Sie sind in das Christentum eingedrungen und haben den Kult mitgeprägt.

SPIEGEL: Wie zum Beispiel?

Goetz: Amulette gegen Unheil und böse Geister wurden manchmal sogar von Geistlichen getragen. Sie waren zwar als heidnisch verpönt, aber trotzdem sehr verbreitet.

SPIEGEL: Die Angst vor dem himmlischen Gericht nach dem Tod war offenbar groß. Und glaubten die Menschen des Mittelalters wirklich, die Welt werde bald untergehen?

Goetz: Katastrophen konnten leicht als Vorboten des Untergangs gedeutet werden. Wenn sie sich häuften, nahm die Angst verständlicherweise zu. Die Menschen glaubten an ein kommendes Weltende, das ja unablässig gepredigt wurde, doch war der Zeitpunkt völlig ungewiss.

SPIEGEL: Entstand nicht um das Jahr 1000 eine regelrechte Endzeithysterie?

Goetz: Das wurde zwar oft behauptet, ist jedoch aus den Quellen nicht eindeutig belegbar. Die Furcht war da, aber wohl nicht stärker als in anderen Jahrhunderten auch und ohnehin schon sehr viel gedämpfter als im Urchristentum, wo man quasi täglich mit dem Weltende gerechnet hatte.

SPIEGEL: Trotzdem, die christliche Mahnung strahlte tief in alle Lebensbereiche: Im Jenseits wird abgerechnet.

Goetz: Deshalb waren Stiftungen und Spenden an Klöster, wo für das Seelenheil der Verstorbenen gebetet werden sollte, etwas Alltägliches und sehr wichtig.

SPIEGEL: Sicherlich hatten die meisten Menschen einen engen Aktionsradius, sie waren weniger mobil. Was wussten sie über die Welt? Beschränkte sich die Kenntnis ferner Gegenden und Völker auf ein paar vage Seltsamkeiten?

Goetz: Da wäre ich vorsichtig: Man weiß, dass Bauern manchmal über 30, ja 40 Kilometer weit entfernt ihre Fuhrdienste ableisteten. Mönche reisten viel; später war ein Studium in Paris oder anderswo zwar ein Privileg, aber nicht allzu ungewöhnlich. Könige und Bischöfe reisten mit ihrem Gefolge durch das Reich. Und vergessen wir die vielen Pilger nicht! Information floss also reichlich: Kaufleute und andere Reisende wurden nach Neuigkeiten befragt. Ausgerechnet der gelähmte Mönch Hermann, der im 11. Jahrhundert auf der Reichenau lebte und das Kloster nicht verlassen konnte, hat eine der ausführlichsten Chroniken seiner Zeit verfasst und zeigt sich darin wohlinformiert.

SPIEGEL: Alles, wovon bisher die Rede war, haben Historiker aus Indizien zusammengetragen. Welche Quellen gibt es überhaupt zum Alltagsleben im Mittelalter, was dient einem Mediävisten am meisten bei dessen Erkundung? Rechtsbücher vielleicht, die ja reale Streitfälle spiegeln?

Goetz: Fast jede Quelle kann Interessantes enthalten, wenn man richtige Fragen stellt; archäologische Funde kann man zum

Sprechen bringen. Auch in Annalen und Chroniken findet sich manches. Zum Beispiel erzählt Thietmar von Merseburg von den Ängsten vor Gespenstern und Geistern und dem recht verbreiteten Abwehrzauber dagegen; da lernt man einiges über die Mentalität der Menschen. Als Bischof einer slawisch geprägten Gegend musste er solche Bräuche, bei denen Bauern von Gehöft zu Gehöft zogen, um mit Hilfe ihrer Rituale Unheil abzuhalten, natürlich als heidnisch missbilligen.

SPIEGEL: Ein netter Fund, aber wohl eher die Ausnahme?

Goetz: Leider ja. Für das frühe Mittelalter haben wir als Bild einer sozialen Schichtung und des Rechtsalltags fast nur die sogenannten Volksrechte. Später schreiben Bußbücher, die Priestern Anleitungen geben wollen, vor, welche Vergehen man kirchlicherseits wie sühnen sollte. Das zeigt, was man alles für möglich hielt – mitunter recht Drastisches.

SPIEGEL: Was wird da alles verdammt?

Goetz: Selbstverständlich Ehebruch, Unzucht samt Homosexualität, oft sogar bestimmte Stellungen außer der gewöhnlichen. Man hat anhand dieser inoffiziellen Strafkataloge schon ganze Bücher über Sex im Mittelalter geschrieben, häufig beflügelt von der Phantasie der Autoren; dabei spiegeln die Verbote nicht unbedingt die Realität wider. Sie zeigen uns aber, dass etwas vorkam; was es nicht gab, hätte man nicht verbieten müssen. Wie häufig es tatsächlich praktiziert wurde, lässt sich hingegen kaum sagen.

SPIEGEL: Viele mittelalterliche Texte berichten über Taten von Herrschern oder edlen Helden. Aber wo erfährt man Authentisches über die Bauern?

Goetz: Es gibt die sogenannten Urbare – Verzeichnisse der Herren über Grundeigentum, Erträge und Dienstleistungen. Das ausführlichste dieser Kataster wurde im 9. Jahrhundert in St. Germain bei Paris erstellt. Es nennt mehr als 10 000 Höfe mit den Namen aller, die dort lebten, auch der Kinder, und ihre

Wirtschaftsflächen. Da gibt es riesige und winzige Anwesen, ganz unabhängig von der Bewohnerzahl. Man stellt auch fest, dass die Gegend ziemlich übervölkert war. Näher an den konkreten Alltag kommen wir bedauerlicherweise kaum je heran. Selbst Dichtungen lassen den Alltag nur verzerrt durchdringen.

SPIEGEL: In der Literatur kommen Bauern meist nicht gut weg: Sie sind struppige, tumbe Kraftmeier wie der Bauernsohn in der Heldendichtung des Garin le Loherain aus dem 12. Jahrhundert: »Ein Riesenkerl mit grobschlächtigen Armen, breiten Hüften und Schultern«, heißt es da, »sein Haar war borstig, seine Wangen schmutzig und gegerbt; er hatte sie schon ein halbes Jahr nicht mehr gewaschen. Das einzige Wasser, das sie je genetzt hatte, war der Regen des Himmels.«

Goetz: Der Text ist eine Satire – aber da sind wir bei der nächsten Schwierigkeit: Die meisten Informationsquellen verzerren die Realität, je nachdem, wer sich äußert. Spott und Satire treffen aber nicht nur die Bauern; in sogenannten Ständespiegeln bekommen alle ihr Fett weg. Doch die Überlieferung, erst recht die literarische, stammt eben durchweg aus der gebildeten Oberschicht, die lesen und schreiben konnte und auf die Bauern herabblickte.

SPIEGEL: Wie viel Prozent der Bevölkerung waren das?

Goetz: Keine zehn, vielleicht etwa fünf Prozent, das ist schwer zu sagen. Im Spätmittelalter nahm der Anteil in den Städten zu, wo Kaufmannskindern Lesen, Rechnen und Buchführung vermittelt wurde. Stadtschulen entstanden, die nicht mehr ausschließlich kirchlich geleitet waren. Mit den ersten Universitäten wuchs die Spezialisierung, zum Beispiel in der Medizin oder der Rechtsgelehrsamkeit. Aber die absolute Zahl der Gebildeten blieb doch gering.

SPIEGEL: Normalerweise waren es Kleriker, vor allem Mönche, die Bildung überlieferten. Hatten die Klöster deshalb so anhaltenden Erfolg?

Mönch im Skriptorium
(Buchmalerei, um 1480)

Goetz: Auch deswegen. Die starke Stellung des Mönchtums, die übrigens auch durch Reformen gefördert wurde, ist wirklich frappierend: Ausgerechnet diejenigen, die sich ursprünglich vom normalen Leben hatten fernhalten wollen, erfüllten zentrale Kulturaufgaben; eine im Ganzen sehr arme Gesellschaft leistete sich vergleichsweise viele Menschen, die selbst nicht »produktiv« arbeiteten. Klöster befanden sich nämlich in der Mitte der Gesellschaft: Sie gehörten zu den größten Grundherren und waren somit ein wichtiger Wirtschaftsfaktor. Mönche und Nonnen beteten für Verstorbene, sorgten für Arme und tradierten Bildung.

SPIEGEL: Wie durchlässig waren die ja doch stark abgegrenzten Schichten? War ein Aufstieg aus unteren Klassen überhaupt möglich?

Goetz: Die Versnovelle »Meier Helmbrecht« aus dem 13. Jahrhundert erzählt die Geschichte von einem Bauernsohn, der Ritter werden will. Sicher ist das Dichtung, aber sie reagiert auf gesellschaftliche Fragen und parodiert sie aus der Sicht der Oberschicht. Der Junge scheitert, weil ihm zum Ritter nicht nur die Geburt, sondern das Ethos fehlt. Er wird am Ende sogar gehenkt. Gleichwohl war sozialer Aufstieg möglich, er vollzog sich in aller Regel aber langsam, oft über mehrere Generationen. Ein Landmann würde natürlich zunächst in die bäuerliche Oberschicht aufsteigen, durch Heirat oder Grunderwerb. In den »Gesta Karoli« über die Taten Karls des Großen wird beschrieben, wie Kaiser Karl die Klosterschule von St. Gallen besucht und dort nicht so hochgeborene Schüler für ihren Fleiß lobt. Zwei Müllersöhne beruft er in den Kirchendienst; sie können natürlich keine Bischöfe werden, bekommen aber ein Priorat. Das ist eine Anekdote, doch zugleich ein Spiegelbild der Möglichkeiten.

SPIEGEL: Waren Untergebene und Bauern der Willkür ihres Herrn rechtlos ausgeliefert?

Goetz: Die Freiheit gerade der hörigen Bauern war natürlich begrenzt. Dennoch sind auch einzelne Fälle belegt, in denen Bauern sogar vor Gericht zogen, weil der Grundherr plötzlich höhere Abgaben und Leistungen verlangte, als es über Generationen üblich war. Solcherlei Gewohnheitsrecht setzte herrschaftlicher Willkür Grenzen.

SPIEGEL: Wir haben noch überhaupt nicht den Stand der Ritter erwähnt – dabei kommt kaum ein Mittelalter-Film oder -Roman ohne ihn aus. Seit wann hat es Ritter gegeben, und warum sind sie so ein Mythos?

Goetz: Ein schwieriges Thema. Im Lateinischen heißt jeder Soldat »miles«, damit sind alle Unterschiede ausgeblendet. Das Wort Ritter meint ursprünglich einen Kämpfer zu Pferd, der seine eigenen Waffen und Panzerungen besitzt. Ein Ritterstand als niederer Adel bildete sich erst im 13. und 14. Jahrhundert. Dass er zum Mythos wurde und endlich selbst der König sich als Ritter darstellte, lag an der Überhöhung durch ein besonderes Standesethos – noch heute sprechen wir von Ritterlichkeit – und an den verschiedenen Ritterkonzepten, nicht zuletzt in Gestalt der literarischen Helden wie die Tafelrunde um König Artus oder wie Roland.

SPIEGEL: Wie sah der Alltag eines Ritters aus?

Goetz: Jedenfalls kämpfte er nicht unentwegt auf Turnieren – das taten selbst im 14. Jahrhundert allenfalls wenige Stars. Die meisten waren Grundherren oder höhere Vasallen, kümmerten sich also in Friedenszeiten um ihren Besitz oder dienten am Hof.

SPIEGEL: In Richard Wagners »Meistersingern«, die im Nürnberg des 16. Jahrhunderts spielen, kommt ein Ritter namens Walther von Stolzing in die Stadt, um sich dort anzusiedeln, also Bürger zu werden. Lässt sich so symbolisch der Aufstieg der Städte begreifen? Wann wurden Städte Motoren der sozialen Entwicklung?

Goetz: Das hat eine lange Vorgeschichte. Von römischer Zeit an gab es in Deutschland Bischofsstädte. Schon im frühen Mittelalter wurden weitere gegründet, zum Beispiel Hamburg. Vom 12. Jahrhundert an wuchsen die bestehenden, und neue kamen hinzu, die Bewohner aller Schichten anlockten. Fürstenhäuser gründeten zum Teil planmäßig Städte.

SPIEGEL: Das klingt nach einem erfolgreichen Wirtschaftsprojekt. Konnten die neuen Kommunen auch scheitern?

Goetz: Aber gewiss. Das Versprechen der städtischen Freiheit »nach Jahr und Tag«, der üblichen Rechtsfrist, hatte sicher für einige Landbewohner seinen Reiz, aber ob Markt und Handel dann florierten und die Selbstorganisation des Gemeinwesens in Gang kam, konnte niemand garantieren. Vor allem änderten sich auch die Herrschaftsverhältnisse. Die Kaufleute bauten ihre eigene Kirche – oft genau gegenüber dem Bischofsdom; und im Stadtrat, der allmählich eigene Rechte erlangte, formierte sich dann das neue Patriziat.

SPIEGEL: So zeigt sich auch hier der generelle Trend: Das soziale Gefüge wird feingliedriger und vielfältiger, auch durchlässiger.

Goetz: Für die Stadt stimmt das schon. Beim gesamten Mittelalter wäre ich aber vorsichtig mit solchen Aussagen. Jede Entwicklung hat auch Schattenseiten.

SPIEGEL: Hätten Sie als Wissenschaftler, der das Zeitalter erforscht, denn auch in ihm existieren mögen? Nicht als Leibeigener vielleicht, aber als Burgherr oder Troubadour?

Goetz: So sympathisch mir vieles geworden ist, leben hätte ich im Mittelalter nicht wollen. Gerade der Kontrast zu heute ist es, was diese doch recht ferne Welt für uns so faszinierend macht: Das Bild des Anderen lehrt, uns selbst besser zu verstehen.

SPIEGEL: Herr Professor, wir danken Ihnen für dieses Gespräch.

In der Hand des Heilands

Mittelalterliche Karten hatten weder Maßstab noch Planquadrate – sie sollten die Welt so zeigen, wie Gott sie geordnet hatte.

An den Rändern der Erde geht es wild zu. In Afrika hausen Tiermenschen und Leute ohne Nase; selbst der antike Kentaur Chiron, zu erkennen an seinem vierfüßigen Pferde-Unterleib, kann einem hier begegnen. Bräche man ans andere Ende der Welt auf, dann bekäme man es kurz vor dem Ufer des großen, allumfassenden Weltmeers vielleicht mit den gutbewaffneten Amazonen zu tun.

Wunderbar genau und zugleich beängstigend in seiner Fülle von Bizarrerien ist die Weltkarte aus der Zeit von 1300, die 1830 im Benediktinerinnenkloster Ebstorf in der Lüneburger Heide entdeckt wurde. Auf 30 Pergamentblättern, zusammengefügt fast 13 Quadratmetern, ist hier zu sehen, wie sich Menschen des späteren Mittelalters den Kosmos dachten: labyrinthisch, von Flussläufen und Meeresarmen in zahllose Provinzen geteilt, aber doch als Landteller, vom Weltenherrn gehalten. Oben erkennt man den Kopf des Heilands, seitlich lugen die Hände hervor, unten die Füße.

Oben, das ist natürlich Osten, die Gegend des Sonnenaufgangs. In der Mitte des symbolischen Weltkreises liegt Jerusalem. Nicht einmal das ehrwürdige Rom, dessen Mauerring samt Türmen in der unteren Hälfte ein wenig rechts der Mitte gut zu erkennen ist, kann es mit der Stadt des göttlichen Heils aufnehmen. Bei Jerusalem, so lehrten es die

»Etymologien« des heiligen Isidor aus dem 7. Jahrhundert, träfen die Kontinente Asien, Afrika und Europa zusammen. Asien sei etwa so groß wie die beiden anderen zusammen. Logisch also, dass schlichtere Darstellungen der Erde dem Mittelmeer eine T-Form verpassten – noch im Zeitalter des Buchdrucks wurde dieses Schema häufig verwendet.

Die Ebstorfer Weltkundler, die ein detailliertes Bild des Erdkreises zeigen wollten, trauten der simplen Dreiteilung aber bereits nicht mehr so recht: Sie schoben das, was heute Mittelmeer heißt, weiter nach rechts, um für die vielen bekannten Orte Europas den nötigen Platz zu bekommen; sie gönnten Afrika größere Ausdehnung nach Osten, ließen Platz für das herzförmige Sizilien und sorgten auch dafür, dass wichtige Bibelgeschichten lokalisierbar wurden: vom Berg Ararat, wo Noahs Arche strandete, über den eindrucksvoll hohen Turm von Babel bis zum fernen Paradiesgarten. Das Original der Karte wurde 1943 im Krieg zerstört. Zum Glück aber war sie dank Fotos und einer frühen Abzeichnung gut rekonstruierbar – einschließlich der Region in Nordeuropa, wo die Autoren stolz Lüneburg, Braunschweig und selbst ihren Wohnsitz »Ebbekestorp« eingetragen haben.

Johannes Saltzwedel

Kapitel I

Mönche und Klerus

Die Konzerne Gottes

Die Klöster des Mittelalters waren Machtzentren, Wirtschaftsunternehmen und Karriereschmieden. Die Mönche gehörten zur intellektuellen Elite.

Von Kristina Maroldt

St. Gallen, 850. Vor der Pforte des aufstrebenden Benediktinerklosters nahe des Bodensees steht ein kleiner Junge. Etwa sechs Jahre ist er alt, ein schüchternes, schmächtiges Kerlchen, seine Eltern, wohlhabende Gutsleute aus dem benachbarten Thurgau, sind gestorben. Für den Jungen ist es sein Schicksalstag: Heute wird ihn sein Betreuer, ein alter Freund der Familie, für immer dem Kloster als »puer oblatus«, als geschenkten Knaben, übergeben. Notker, das Waisenkind, soll Mönch werden.

Aus heutiger Sicht klingt dieser Lebensplan für ein Kind ziemlich düster. Doch im Mittelalter war ein solcher Weg nichts Ungewöhnliches, er konnte sogar eine große Chance bedeuten. Auch im Fall des kleinen Notker entpuppt sich die Übergabe als Segen – für den Jungen und für die europäische Kultur: Im Schutz des Ordens wird Notker, später berühmt unter dem Beinamen »der Stammler«, trotz diverser körperlicher Gebrechen zu einem der wichtigsten Dichter und Gelehrten des frühen Mittelalters heranwachsen.

Wer sich heute dafür entscheidet, Mönch oder Nonne zu werden, flieht vor dem Trubel der Welt bewusst in eine Sonderzone der Gesellschaft. Im Mittelalter dagegen öffnete das klösterliche Gelübde selbst Unfreien das Tor zur intellektuellen

Elite der Gesellschaft – und zu Karrieren, die sonst undenkbar gewesen wären.

Rund 800 Jahre lang waren die Abteien Europas Drehscheiben des religiösen, aber auch des weltlichen Lebens. Als Eigentum von Königen, Adligen oder Bischöfen waren sie eng mit dem politischen Geschehen verknüpft. Als Großkonzerne in einer wirtschaftlich kaum entwickelten Umwelt versorgten sie ganze Regionen mit Nahrung und Gütern. Als Kultur- und Bildungszentren bewahrten und vermittelten sie das Wissen der Antike, trieben selbst Forschung und schufen Handschriften und Kunstwerke, die noch heute staunen lassen.

Wie wurden Institutionen, die ursprünglich dem spirituellen Rückzug dienten, zu solchen Machtzentren? Und wie verlief das Leben von Menschen wie Notker, die ihre Zeit aus der Zurückgezogenheit der Klausur heraus so entscheidend prägten?

Um die Welt zu verstehen, die der Klosterzögling Notker Mitte des 9. Jahrhunderts betritt, muss man zunächst mehr als 500 Jahre weiter zurückreisen, in den östlichen Mittelmeerraum. Schon kurz nach Gleichstellung der Religionen durch die Mailänder Vereinbarung von 313 zieht es damals Scharen frommer Frauen und Männer in die Wüsten Ägyptens, Syriens und Palästinas. Fern von der übrigen christlichen Gemeinde und den Verführungen der Städte wollen sie als Einsiedler oder Teil einer Eremitenkolonie ein bedingungslos frommes Leben, die Vita religiosa, führen. Harte körperliche Arbeit und Kontemplation, Askese und Abgeschiedenheit prägen den Alltag der Aussteiger. Um dem gemeinsamen Leben eine Ordnung zu geben, unterwerfen sie sich bald verbindlichen Regeln. Das ist die Geburtsstunde der ersten Mönchsorden.

Die neue Lebensform trifft einen Nerv. Auch in Italien und in den römischen Provinzen nördlich der Alpen und Pyrenäen finden sich von der zweiten Hälfte des 4. Jahrhunderts an immer mehr Menschen in den Einöden und Wäldern Europas zu frommen Gemeinschaften zusammen oder wählen ein Leben als Einsiedler. Längst nicht nur zivilisationsflüchtige Asketen werden zu Ordensgründern. Auch Bischöfe wie Martin von Tours (316 bis 397) stiften Klöster – vor allem, weil sie mangels Schulen dringend Ausbildungsstätten fürs kirchliche Personal brauchen.

Viele europäische Klöster sind damit von Anfang an fest in die kirchliche Organisation eingebunden. Als geistige Zentren und hochproduktive Wirtschaftsunternehmen bilden sie oft eine wichtige Stütze der stadtbischöflichen Herrschaft, die in den Wirren der Völkerwanderung zunehmend die römischen Verwaltungsstrukturen ablöst. Vor allem das Gebiet um Mosel und Maas verwandelt sich so im 7. Jahrhundert in eine dichte Klosterlandschaft.

Nach 690 reichen die Gründungen sogar über den Rhein hinaus. Gerade in diesen Randgebieten des Frankenreiches werden die Klöster zu wichtigen Stützen der Herrschaft. Sie übernehmen Missionsaufgaben; in ihren Schulen und über ihre Bibliotheken vermitteln sie die fränkische Reichskultur. Herrscher wie Karl der Große gründen sogar gezielt neue Abteien, um eroberte Gebiete zu missionieren. Zudem kümmern sich die Nonnen und Mönche um Alte, Arme und Kranke, Pilger und Reisende und schließen so manche soziale Lücke der mittelalterlichen Ständegesellschaft.

Von der spirituellen Entrücktheit der frühen Wüstenorden ist bald nur noch wenig zu spüren. Ganz besonders gilt das, wenn die Abteien von Adligen auf deren Grundbesitz gegründet werden und als »Eigenklöster« im Besitz der Stifterfamilie bleiben.

Für den Fürsten lohnt sich das in jedem Fall. Zum einen sorgt man so vor fürs eigene Seelenheil: Selbstverständlich sind die Mönche verpflichtet, für die Familie des Klosterherrn besonders häufig Messen und Psalmen zu singen. Zudem bieten die

Abteien attraktive Bildungs- und Karrieremöglichkeiten für die eigene Familie: Vor allem Nonnenklöster werden vom Adel gern gegründet, um Töchter, die man nicht verheiraten kann oder will, dort als Äbtissinnen einzusetzen.

Ist der Fürst auf Reisen, wird er in seinem Kloster mit gebührenden Ehren bewirtet und beherbergt. Im Alter erwartet ihn ein komfortabler Ruhesitz, nach dem Tod eine standesgemäße Grabstätte. Auch sonst kann der Besitzer über das Kloster frei verfügen. Er kann es verschenken oder verleihen, Einkünfte einziehen und Verwandte oder Freunde als Äbte einsetzen. Diese plündern ihrerseits oft so schamlos die Klosterkasse, dass man im 9. Jahrhundert beginnt, Gut und Einkünfte der Klöster vorsichtshalber von vornherein zwischen Abt und Konvent getrennt zu verbuchen.

Kein Wunder, dass viele Klöster versuchen, sich aus der Fremdherrschaft zu befreien. Auch die Abtei St. Gallen, wo Notker in der zweiten Hälfte des 9. Jahrhunderts zum großen Gelehrten reifen wird, kämpft lange erbittert für ihre Unabhängigkeit. Die St. Galler Anfänge erinnern, anders als bei vielen anderen europäischen Klöstern, tatsächlich noch an die Ursprünge des Mönchtums. Als der irische Mönch Gallus, ein Weggefährte des Missionars Columban, Anfang des 7. Jahrhunderts auf seiner Pilgerschaft in der Bodenseeregion hängenblieb, wählte er ganz bewusst die menschenleeren Wälder südlich des Sees, um dort am Ufer der Steinach eine Einsiedlerzelle zu gründen. Ein paar Jünger fanden trotzdem den Weg zu ihm. Sie rangen der Wildnis etwas Land ab, errichteten einige Hütten, und nach Gallus' Tod bestand die Kolonie weiter.

Hundert Jahre später ist es dann aber vorbei mit dem ungestörten Eremitenleben: 719 beruft der adlige Grundherr des Waldgebiets einen alemannischen Priester namens Otmar als Vorsteher der Siedlung. Der macht aus der Einsiedelei ein geregeltes Kloster mit Kirche, Armenherberge und Krankenhaus – und wird dessen erster Abt. Dank Otmars Beziehungen zum alemannischen Adel wächst die Abtei schnell an Brüdern und Grundbesitz.

Doch mit wachsendem Reichtum gerät auch sie zwischen die politischen Fronten. Als die Franken die Alamannen 746 bei Cannstatt unterwerfen, greifen sich fränkische Grafen große Teile des Klostergrunds. Otmar will sich beim Frankenkönig Pippin beschweren, wird aber von den Grafen gefangen genommen, vor dem Bischofsgericht in Konstanz fälschlicherweise wegen Ehebruchs verurteilt und verbannt. Sein Nachfolger ist nun gleichzeitig Bischof von Konstanz. Das Kloster wird vom Bistum abhängig und muss fortan jährlich Zinsen an den Bischof zahlen.

Erst 818 schafft es Abt Gozbert, Kaiser Ludwig dem Frommen das Immunitätsprivileg abzuringen. Zweihundert Jahre nach dem ersten Spatenstich seines Namensgebers hat St. Gallen damit erreicht, wonach so viele Klöster des Mittelalters streben: Es ist ein Königskloster geworden, somit unmittelbar dem König unterstellt und der Amtsgewalt von Bischöfen oder Adligen entzogen. In seiner Verwaltung ist St. Gallen nun autonom; über die Menschen, die auf seinem Besitz leben, darf es selbst Gericht halten.

Ganz von Pflichten befreit sind freilich auch die Königsklöster nicht. Zu den jährlichen Abgaben kommt der Königsdienst: Die Mönche müssen für die Herrscherfamilie beten, den reisenden König und sein Gefolge beherbergen, das Heer durch Soldaten, Geld oder Naturalien unterstützen und sogar politische Gefangene aufnehmen. Dafür belohnt sie der Regent aber auch mit reichen Schenkungen und Privilegien. So erhält St. Gallen 833 das Recht der freien Abtwahl. Für das Kloster bricht nun sein goldenes Zeitalter an – hundert Jahre, in denen es eng mit dem

Königshof verbunden ist und über seine Äbte die Reichspolitik teilweise entscheidend mitgestaltet.

Von diesem Glanz profitiert auch der junge Notker, der um 850 in der Klosterschule aufgenommen wird. Zu dem für Laien verbotenen Klausurtrakt, in dem sich das Leben der Mönche fast ausschließlich abspielt, hat er wohl keinen Zutritt. Bis zum Beginn des Noviziats werden die Schüler meist in auswärtigen Gebäuden untergebracht und unterrichtet. Einige Bereiche des Klosters hat Notker aber sicher oft besucht: Bei Gottesdiensten wirken die Schüler als Sängerknaben mit; im Speisesaal und bei Versammlungen lesen sie den Mönchen aus biblischen Schriften vor.

Wie in den meisten Klöstern im Süden des Reichs erhebt sich auch im Zentrum von St. Gallen die Klosterkirche. Abt Gozbert hat die Basilika eben erst errichten lassen, einen mächtigen karolingischen Bau mit reich verzierten Säulen. Nördlich davon steht ein zweistöckiges Gebäude: das schon berühmte St. Galler Skriptorium, die Schreibstube, und die reich bestückte Bibliothek. Südlich der Kirche schließt sich der Kreuzgang an, Ort für Gespräche, Gebet und Meditation. Von ihm führen Durchgänge zum Versammlungsraum, dem Kapitelsaal, zu Schlafsaal (Dormitorium) und Speisehalle (Refektorium), zu den Vorratsräumen und zur Küche. Weitere Kirchen und Gebetsräume sowie das Wohnhaus des Abts gruppieren sich um das Ensemble.

In den folgenden Jahren wird die Anlage zu einer richtigen kleinen Stadt heranwachsen – mit Novizentrakt und Krankenhäusern, Obst- und Gemüsegärten, Stallungen, Bäckereien, Brauereien, Scheunen, Handwerksstätten und Herbergen für Gäste und Pilger. Das Modell für den mittelalterlichen Kloster-Mikrokosmos wird noch heute im Archiv der St. Galler Stiftsbibliothek aufbewahrt: ein 112 mal 77,5 Zentimeter großer Bauplan, gezeichnet auf den Häuten von vier Kälbern. Der Abt des

Klosters Reichenau hat ihn um 819 als Inspiration für Gozbert anfertigen lassen.

Der »St. Galler Klosterplan« gilt als architektonische Idealumsetzung der Benediktregel – jenes berühmten Vorschriften-Kanons des Abts Benedikt von Nursia (480 bis 547), der das Mönchsleben bestimmt. Ein Kloster soll, heißt es darin, »so angelegt werden, dass sich alles Notwendige, nämlich Wasser, Mühle und Garten, innerhalb des Klosters befindet, und die verschiedenen Arten des Handwerks dort ausgeübt werden können. So brauchen die Mönche nicht draußen herumzulaufen, denn das ist für sie überhaupt nicht gut«.

Der Alltag ist in der Benediktregel penibel vorgegeben – von den Gebets-, Arbeits- und Schlafenszeiten bis zur täglichen Brotration (»ein gut gewogenes Pfund«), von den Aufgaben des Abts bis zum Küchendienst (»am Samstag alles reinigen«). Das straffe Pensum hat Methode, denn zur Sünde soll keine Zeit bleiben. Ludwig der Fromme hat die Benediktregel im Jahr 814 für alle fränkischen Klöster vorgeschrieben. Ergänzt wird sie durch die sogenannten consuetudines, Regeln, die jedes Kloster selbst aufstellt und die manchmal sogar festlegen, wie oft am Tag man sich die Hände zu waschen hat. Bei Verstößen drohen Strafen – von der Streichung des täglichen Viertelliters Wein bis zur Kerkerhaft. Die Zahl der perfekten Mönche hält sich vermutlich trotzdem in Grenzen. Vor allem im Spätmittelalter erzählt sich das Volk genüsslich Schwänke über faule Brüder und lüsterne Nonnen. Das oft vergebliche Ringen um Disziplin wird ein Grund dafür sein, dass schon zu Notkers Lebzeiten immer wieder Rufe nach Reformen laut werden.

Vorerst jedoch versucht man, dem sündigen Kern des Menschen noch mit traditionellen Mitteln beizukommen. Schon in den Klosterschulen herrscht strenge Zucht. Schließlich gelten Kinder als besonders leicht verführbar. Als König Konrad 911 anlässlich eines Besuchs in St. Gallen befiehlt, den Schülern »für jetzt und in alle Zukunft« an drei Tagen pro Jahr Gelegenheit zum Spielen zu geben und ausnahmsweise auch Fleisch zu servieren, muss das den Jungen als unfassbares Geschenk erschienen sein. 937 fürchtet sich ein St. Galler Schüler vor einer Prügelstrafe sogar so sehr, dass er im Schulhaus Feuer legt. Die Abtei brennt fast komplett nieder.

Die Bildung freilich, die Notker und seine Mitschüler im Kloster erhalten, ist unübertroffen. Bis weit ins 10. Jahrhundert hinein haben die Klosterschulen keine Konkurrenz. Domschulen entstehen erst allmählich, Stadtschulen und Universitäten gibt es noch nicht. Der Lehrplan ist dicht gepackt: Bevor die Kinder mit den septem artes liberales, den »Sieben Freien Künsten« Grammatik, Rhetorik, Dialektik, Arithmetik, Geometrie, Astronomie und Musik, vertraut gemacht werden, bringt man ihnen Rechnen, Schreiben und Lesen bei – meist durch Zuhören und Auswendiglernen. Dazu kommt natürlich Latein, die Sprache, die den Zugang zum damaligen Wissen überhaupt erst ermöglicht. Erst dann folgt die eigentliche »Gotteslehre«, die in der Lektüre der biblischen Schriften samt Erläuterungen besteht.

Im Noviziat, der einjährigen Probezeit, lebt Notker nun erstmals im Kloster. Am Ende legt der Mönchsanwärter vor der Bruderschaft sein Gelübde (Profess) ab: Er verspricht, das Kloster nur noch auf Anweisung zu verlassen, ein Leben nach der Benediktregel zu führen und gegenüber Gott Gehorsam zu zeigen.

958 trägt auch Notker sich ins Professbuch ein und darf nun erstmals das Mönchsgewand anlegen – laut Vorschrift eine möglichst schlichte und einheitliche Tracht aus Tunika, Kapuzenmantel und Arbeitsschürze. Tatsächlich unterscheidet sich die Kleidung der einzelnen Orden schon bald. Während sich Notker wohl noch in ungefärbte schlichte Stoffe hüllt, sind die

Mäntel der vor allem im 10. Jahrhundert einflussreichen Cluniazenser tiefschwarz und faltenreich; Hildegard von Bingen lässt ihre Nonnen im 12. Jahrhundert an Festtagen sogar in weißen Wallekleidern und mit goldbestickten Kronen durchs Kloster rauschen.

Von solch künftiger Dekadenz ahnt der junge Notker freilich noch nichts. Sein Leben ist jetzt streng getaktet. Jeder Tag beginnt zwischen Mitternacht und zwei Uhr morgens mit der Matutin, der Morgenfeier mit Chorgesang. Danach schreibt die Benediktregel stille Meditation vor – bis zum nächsten Chorgesang, den Laudes, bei Tagesanbruch. Bei Tageslicht widmen sich die Mönche der Feld-, Garten- und Hausarbeit, der geistlichen Lesung oder der Arbeit im Skriptorium, unterbrochen von fünf weiteren Gebeten und, je nach Jahreszeit, ein bis zwei gemeinsamen Mahlzeiten. Zwischen 18 und 20 Uhr folgt die Komplet, das Abendgebet. Danach wird geschlafen.

Eine »Schule für den Dienst des Herrn« soll nach Benedikt von Nursia das Klosterleben sein: Alles Verlangen wird in Gottes- und Nächstenliebe und in die Vermeidung von Sünde gesetzt. Doch der Alltag zwischen ora et labora, Gebet und Arbeit, ist auch die beste Voraussetzung für die effiziente Produktion von Kunstwerken und Wirtschaftsgütern. Kein Wunder, dass die Klöster auf beiden Feldern bis ins Spätmittelalter unangefochten bleiben.

Etwa bei der Herstellung von Büchern: Aus Tierhäuten werden in den Skriptorien in einem mühsamen Verfahren Pergamentbögen gefertigt, mit Tinte und Federkiel bemalt, beschrieben und zu prachtvollen Büchern gebunden – teils für die eigene Bibliothek oder Verwaltung, teils für den Austausch mit anderen Abteien. »O wie schwer ist das Schreiben«, klagt ein unbekannter Bruder im 8. Jahrhundert, »es trübt die Augen, quetscht die Nieren und bringt zugleich allen Gliedern Qual!« Von einem jungen Mönch namens Wolo ist überliefert, dass ihn die Enge der St. Galler Schreibstube an einem Tag im Jahr 876 derart verrückt machte, dass er vom Pult aufsprang, auf den Glockenturm stürmte, abstürzte und sich den Hals brach.

Notker jedoch, der wie viele Mönche als Urkundenschreiber beginnt, scheint die Arbeit zu lieben, nicht nur wegen seines Sprachtalents. Im Skriptorium macht es nichts aus, wenn einer schüchtern ist oder wegen vieler Krankheiten schon mit Anfang 40 »stammelnd und halb zahnlos«, wie Notker sich einmal selbst beschreibt. Gerade für körperlich wenig begünstigte, doch geistig brillante Menschen wie ihn ist der behütete Klosterkosmos die beste aller Welten. Denn trotz aller Demut, die die Benediktregel verlangt, sind sich die Mönche ihrer Stellung als milites Christi, als Soldaten des Herrn, durchaus bewusst: Statt mit dem Schwert kämpft man mit dem Gebet für den Glauben, leistet also einen wertvollen Dienst für die Gesellschaft, die ihrerseits den Mönchen hohe Achtung zollt.

Schon bald schreibt Notker nicht mehr nur Urkunden, sondern auch Hymnen und Heiligengeschichten. Vor allem seine Sequenzen, zu Chorversen verdichtete Bibelgeschichten, die im Wechselgesang erklingen, machen ihn berühmt. Er wird Lehrer, Bibliothekar, Gästebetreuer. So hält er auch Kontakt zur Außenwelt und ihren Machthabern. König Karl III. etwa ist von Notkers Erzählungen über seinen Urgroßvater Karl den Großen derart begeistert, dass er ihn beauftragt, dessen Leben aufzuschreiben. In seinen »Gesta Karoli Magni«, den »Taten Karls des Großen«, liefert Notker eine als Biografie getarnte Kollektion von Vorbild-Geschichten, die das Bild Karls des Großen ganz wesentlich prägen wird.

Der Welt besonders nah sind freilich die Mönche, die im Wirtschaftstrakt des Klosters arbeiten. Hier wird keinesfalls nur für den Eigenbedarf produziert. Schließlich ist man auf

Einnahmen angewiesen, etwa für die Anschaffung liturgischer Gegenstände. Und es sind längst nicht nur Ordensbrüder, die in den Werkstätten hämmern oder die Felder bestellen. Je größer der Wirtschaftskonzern Kloster wird, desto mehr delegiert er solche Arbeiten an Laienbrüder oder Unfreie.

So gehören zur Klosterfamilie, der familia, auch mehrere vom Kloster abhängige, jedoch selbständig wirtschaftende Bauern. Sie stehen unter dem Schutz und der Rechtsgewalt der Abtei, müssen Abgaben und Frondienste leisten. Christliche Skrupel angesichts solcher Leibeigenschaft sind Notker und seinen Brü-

Rekonstruktion der Groß-Abtei von Cluny im Zustand um das Jahr 1200

dern fremd: Die Abgaben der Bauern gelten als selbstverständliche Pflicht eines Standes, der Adel und Geistlichkeit nun mal die Nahrung sichert, wofür er deren Schutz genießt. Und sind die Klöster nicht selbst ihren Lehnsherren, den Königen oder Adligen, zu Gehorsam und Zahlungen verpflichtet?

Die Könige mischen sich im frühen 10. Jahrhundert allerdings so stark in die inneren Angelegenheiten der Klöster ein, dass Abteien wie das 910 gestiftete Cluny in Burgund radikal neue Wege beschreiten. Um die geistliche Unabhängigkeit des Klosters zu sichern, verzichtet Klostergründer Herzog Wilhelm III. von Aquitanien auf seine Eigenkirchenrechte und überträgt es ganz dem Papst. Mit weltlichen Aufgaben wollen die Cluniazenser fortan nicht mehr behelligt werden.

Bald schließen sich Hunderte von Klöstern Cluny an oder übernehmen die cluniazensische Lebensweise. Die Vorstellung einer von weltlichen Einflüssen befreiten Kirche mündet schließlich in die große Kirchenreform des 11. Jahrhunderts und in den Investiturstreit.

Doch schon im 12. Jahrhundert müssen sich die Reformer selbst gegen den Vorwurf des Regelverstoßes wehren: Nur zu beten sei nie im Sinne Benedikts gewesen, monieren die Kritiker. Die Cluniazenser seien verweichlicht, ihre prunkvollen Kirchen eine äußerlich reiche, aber innerlich leere Hülle.

Vor allem der streitbare Zisterzienser-Abt Bernhard von Clairvaux attackiert Cluny und erklärt körperliche Arbeit und Armut zu den wahren mönchischen Tugenden. Von seinen Worten beseelt ziehen die Zisterzienser in die Wälder und Sümpfe, roden, pflügen, hämmern und entwickeln nebenbei raffinierte Methoden zur Entwässerung und zur Nutzung von Wasserkraft. Auch in der Salzproduktion und im Bergbau erweisen sie sich als erfinderisch und wirtschaftlich enorm erfolgreich. Bald ist der Orden ähnlich reich wie die Cluniazenser.

Im 13. Jahrhundert treten deshalb schon die nächsten Reformer auf den Plan: Franziskaner oder Dominikaner fordern Armut nicht mehr nur für den einzelnen Mönch, sondern für das ganze Kloster. Statt sich als elitäre Adelsklöster von der Masse abzusetzen, gehen sie bewusst in die neuerdings prosperierenden Städte und widmen sich dort der Seel- und Fürsorge.

Die Bettelorden, Symbol einer Geistes- und Zeitenwende, besiegeln den Niedergang von Königsklöstern wie St. Gallen. Das verliert schon bald nach dem Tod von Notker im April 912 rapide an Macht und Einfluss – teils durch Überfälle und Feuersbrünste, teils durch unheilvolle Verstrickungen in Politik und Königsdienst, vor allem aber durch den Aufstieg der dank ihres Leinwandhandels selbständig werdenden Stadt St. Gallen. Mit dem ersten bürgerlichen Abt Ulrich VIII., einem Bäckersohn, erlebt das Kloster zwar Ende des 15. Jahrhunderts eine kurze Spätblüte. Doch da wirft schon eine neue Ära ihre Schatten voraus: die Reformation.

Zentrum des Universums

Santiago de Compostela war einer von drei Hauptorten, zu denen ein frommer Christ im Mittelalter pilgerte – trotz vieler Gefahren am Wegesrand.

Von Helene Zuber

An hohen Feiertagen schwingt in der Zwölf-Uhr-Messe mit mächtigem Sausen der Botafumeiro durch das Querschiff der Kathedrale von Santiago de Compostela. Das versilberte Weihrauchfass von Größe und Gewicht eines kleinen stämmigen Mannes hüllt die Pilger in mächtige weiße Schwaden ein.

Das liturgisch so bedeutungsvoll inszenierte Schauspiel hat einen recht profanen Hintergrund: Die aromatischen Dünste dienen seit dem 12. Jahrhundert etwa dem Zweck wie heutige Desinfektionssprays, und sie überdecken unangenehme Gerüche. Denn damals kamen Menschen nicht bloß zum Gottesdienst, sie blieben ganze Tage in der Kirche, schliefen und aßen dort. Mit dem Weihrauch wurde der Gestank ungewaschener Frommer ausgeräuchert, die nach oft monatelangen Fußmärschen das Ziel ihrer Wallfahrt erreicht hatten: Santiago (Spanisch für Jakob) de Compostela, erbaut über der Stelle, an der man das Grab des Apostels Jakobus vermutete. Das lateinische »Compostum« bedeutet Begräbnisstätte.

Im Heiligen Jahr 2010, in dem der Festtag des Jakobus am 25. Juli auf einen Sonntag fiel, besuchten über 270 000 Pilger aus aller Welt die berühmte Kathedrale. Bereits im Mittelalter, so schätzen Historiker, wanderten jährlich bis zu einer Million Menschen auf den Pilgerwegen aus Frankreich, von Paris, Le

Puys oder Arles, zum Heiligengrab am äußersten westlichen Zipfel Spaniens. Doch zunächst war der Kultort das Ziel nur weniger Adliger oder Kleriker. Später waren auch fromme Deutsche darunter; schon von 1072 an sind die ersten Namen verzeichnet.

Pilgern – das Wort lässt sich vom lateinischen »peregrinus« für fremd, ausländisch herleiten – war eine im Mittelalter weit verbreitete Sitte, es war »eine der wichtigsten Formen des Unterwegsseins«, so der Erlanger Historiker Klaus Herbers, der seit vielen Jahren speziell über den Jakobsweg forscht. Als Pilger suchte man Orte auf, an denen sich Gott etwa durch Wunder offenbart hatte, solche, die an das Leben von Jesus erinnerten, oder Wirkungsstätten von Propheten und Aposteln. Häufig waren auch Städte ein Ziel, in denen Knochenreste, kostbare Reliquien von Heiligen, aufbewahrt wurden.

Nicht nur Adlige oder Kleriker, sondern alle Schichten der Christenheit, Männer und fast gleich viele Frauen, versuchten, zumindest einmal im Leben eine der drei »Peregrinationes maiores«, Hauptziele, Jerusalem, Rom oder eben Santiago de Compostela, zu vollenden. Man pilgerte, um für etwas zu bitten, als Dankritual oder weil einem die beschwerliche Reise als Buße auferlegt worden war. Muslime begaben sich schon von dem 7. Jahrhundert an in nennenswerter Zahl auf die Hadsch nach Mekka.

Ein Brief des Papstes an den Erzbischof von Santiago de Compostela aus dem Jahr 1207 offenbart, dass es im zusammengewürfelten Haufen der Pilger aus unterschiedlichen Nationen nicht nur um Nächstenliebe ging: Wiederholt hatten Wallfahrer gewaltsam um die Nachtwachen am Altar gestritten, es gab sogar Tote. Nun forderte Innozenz III. den örtlichen Würdenträger auf, seine Kirche rasch von den Blutsünden zu reinigen, sonst müsse sie erneut geweiht werden.

Versucht man sich heute vorzustellen, wer die Jakobspilger vor gut 800 Jahren waren, was sie in die Ferne trieb und wie sie sich ausrüsteten, so gibt es als Quellen natürlich keine solch unterhaltsamen Erlebnisberichte wie Hape Kerkelings Bestseller »Ich bin dann mal weg«. Die offiziellen Chroniken und historischen Annalen erwähnen einfaches Volk überhaupt nicht. Immerhin entstand in der Mitte des 12. Jahrhunderts ein erster Pilgerführer nach Santiago de Compostela. Das sogenannte Jakobsbuch zählt auf, wer sich damals um das Grab versammelte: »Arme, Reiche, Kriminelle, Ritter, Fürsten, Regierende, Blinde, Lahme, Wohlhabende, Edle, Helden, hochgestellte Persönlichkeiten, Bischöfe, Äbte, viele barfuß und ohne Mittel, andere aus Strafgründen in Ketten«. Männer trugen Haare und Bart meist lang.

Ein bekanntes Pilgerlied des Mittelalters (»Wer das elent bawen wel«) empfiehlt dem Wallfahrer als Ausrüstung zwei Paar Schuhe, eine Schüssel zum Essen oder Waschen, eine Flasche fürs Wasser unterwegs, einen breitkrempigen Hut, einen Mantel, »besetzt mit Leder, damit, wenn es schneit oder regne oder der Wind wehe, ihm die Luft nicht Schaden zufügt«, Tasche und Stab.

Im Jakobsbuch wird auch das Gebet dazu notiert, das der Priester vor dem Aufbruch als eine Art Reisesegen spricht: »Nimm diese Tasche als Zeichen deiner Pilgerschaft, damit du geläutert und befreit zum Grab des heiligen Jakobus gelangen mögest … nimm diesen Stab zur Unterstützung deiner Reise und deiner Mühen für den Pilgerweg, damit du alle Feindesscharen besiegen kannst.«

Hauptreisezeit war der Sommer, wenn die Gebirgspässe begehbar und die Flüsse nicht mehr vom Tauwasser angeschwollen waren. In den Landschaften Südwestfrankreichs, so rät das Jakobsbuch, »schütze sorgfältig dein Gesicht vor den riesigen

Fliegen. Hierzulande Wespen oder Rossbremsen genannt, treten sie in großen Schwärmen auf«.

Wie müssen die Wallfahrer unter der Last des Mantels und unter dem Filzhut geschwitzt haben, in denen sie beispielsweise auf den Titelblättern des ältesten deutschen Pilgerführers »Die walfart und straß zu sant Jakob« dargestellt sind. Im Buch von Hermann Künig findet sich der Hinweis auf ein Städtchen nahe dem Gebirge, »da macht man negel, die die brüder in die schuch schlan«. An anderen Stellen wird geraten, sich die Schuhe flicken zu lassen.

Gewarnt wurden die frommen Wandersleut schon im Jakobsbuch vor allerhand Gefahren am Weg, etwa den Fährleuten: »Aus tiefstem Herzen wünsche ich diese Kerle zur Hölle.« Sie verlangen viel Geld für Ross und Reiter, dann überladen sie ihre Boote, »dass das Schiff kentert und die Pilger im Fluss ertrinken«. Weitere Feinde sind Wegelagerer, Zöllner und böse Wirte. Zwar gebe es beispielsweise in Kastilien reichlich Brot, Wein, Fleisch, Fisch, Milch und Honig. Aber die Menschen seien »böse und lasterhaft«. Am meisten schimpft das Jakobsbuch über die Navarrer, die mit Händen aus einer Schüssel äßen und deren Sprache an »Gekläffe von Hunden« erinnere. Daran fänden »wir aus Franzien« keinen Gefallen, erklärt der Verfasser und rühmt, wohl weil er selbst aus dieser Gegend stammte, vor allem die Leute im Poitou: »Es dürfte schwerfallen, Menschen zu finden, die freigebiger und gastfreundlicher sind als sie.«

Die meisten gingen wohl aus freien Stücken in die Ferne, um Seelenheil, zumindest die Fürsprache des Heiligen zu erlangen. Andere erfüllten ein Gelübde oder taten Buße. Besonders in Norddeutschland und in den Niederlanden verhängten auch weltliche Gerichte als Strafe eine Pilgerfahrt. Auf diese Weise konnten die Heimatorte ihre Störenfriede für eine Zeit loswerden.

Im Spätmittelalter konnte man dann sogar testamentarisch Fürbittreisen bestellen. Dafür standen neben den Nachfahren auch quasi professionelle Mietpilger zur Verfügung, die bezahlt wurden, um Segen für den Verstorbenen zu erbitten. Für manche boten Pilgerreisen eine willkommene Möglichkeit, aus dem unerquicklichen Alltag auszubrechen. Da die Menschen ihr Dasein auf Erden ohnehin als Kette von Prüfungen und Unbill verstanden und sich allzeit vom Tod bedroht sahen, schreckten die Gefahren von Fluss- und Gebirgsüberquerungen sie nicht ab. Für Adlige und reiche Bürger steigerte es das Ansehen, wenn sie auf einer Wallfahrt andere Länder und Kulturstätten kennenlernten.

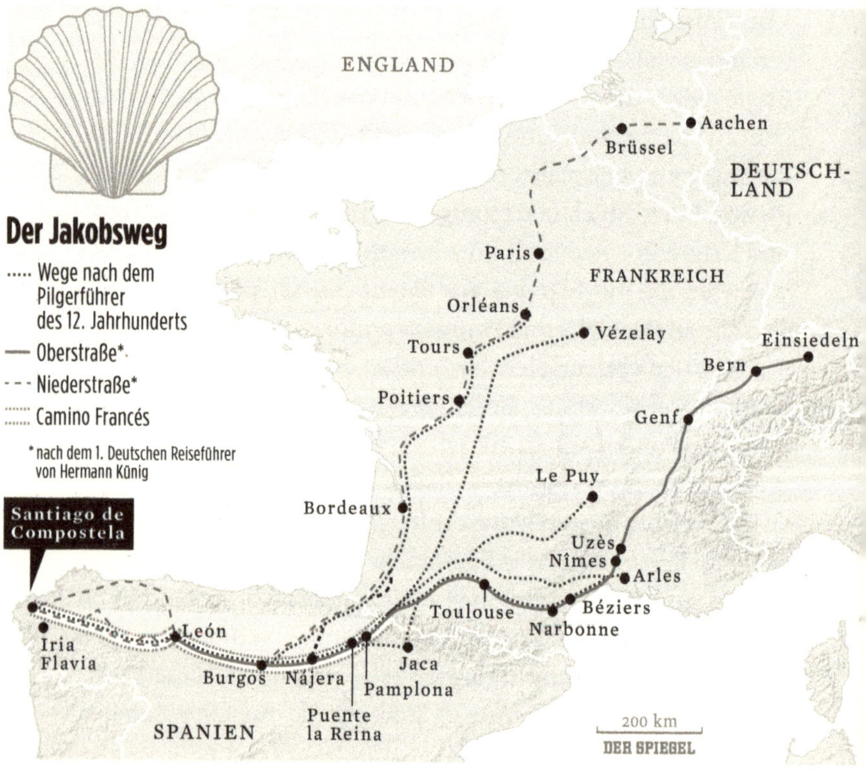

Unterwegs trieben auch viele Handel, wovon Zollbestimmungen beispielsweise in Jaca am Fuß der Pyrenäen, mit Pamplona Eingangstor für Nordspanien, zeugen. Die Tarife für Stoffe aus Brügge etwa, Seide aus Konstantinopel, Lebensmittel und Goldmünzen waren genau festgelegt. Waren, die zum persönlichen Gebrauch dienten, mussten Pilger freilich nicht verzollen.

Warum aber wurde ausgerechnet eine Kirche nahe dem Kap Finisterre, einem Ort sprichwörtlich am Ende der damals bekannten Welt, zu einem Anziehungspunkt für Millionen fromme Wanderer und zu einem der wichtigsten Anbetungsorte der Christenheit? Auf der Suche nach einer Antwort stößt man auf die Legende von der wundersamen Entdeckung des Grabs von Jakobus dem Älteren in Galicien zu Beginn des 9. Jahrhunderts. Deren Entstehung, so der Historiker Herbers, sei »ein Politikum« gewesen.

Die Geschichte des Knochenfunds wurde von interessierten Kreisen im Nordwesten der Iberischen Halbinsel und im Frankenreich in der Umgebung des Reformklosters Cluny ausgeschmückt und mit Wundertaten angereichert. So rückte Santiago de Compostela allmählich vom Rand ins Zentrum des christlichen Universums.

Bei der Eroberung der Iberischen Halbinsel durch muslimische Heere seit 711 waren nur der Norden und die Gebirgslandschaft der Pyrenäen verschont geblieben. Hier nahmen die Könige von Asturien den Kampf auf. Es begann die Reconquista, die erst 1492 mit der Vertreibung der Nasriden-Dynastie aus Granada enden sollte.

Auch in theologischen Fragen errang Asturien Vormacht, seit Toledo, bislang Hochburg der christlichen Glaubenslehre, unter muslimische Herrschaft gefallen war. Dort hatte der Erzbischof die Lehre verkündet, Christus sei nicht wahrer Sohn Gottes, sondern nur adoptiert. Dagegen hielten die kirchlichen Würdenträger im Norden an der Dreifaltigkeitsvorstellung fest. Sie schlossen sich mit karolingischen Kirchenlehrern zusammen und obsiegten beim Konzil von Frankfurt 794.

So gestärkt, verbreiteten die Gegenspieler der Toledaner: Jakobus der Ältere, von dem nur durch die Apostelgeschichte bekannt war, dass er um das Jahr 44 nach Christus in Jerusalem geköpft worden war, habe einst in Hispanien missioniert. Also lag es nahe, dort sein Grab zu suchen. Im Ringen um einen Platz an der Spitze der Christenheit wurde nun eine komplizierte Geschichte erfunden: wie Gefolgsleute den Leichnam des Jakobus nach Jaffa schafften, dort auf ein Schiff luden und dieses, von glücklichen Winden getrieben, schließlich in Iria Flavia landete. Dieser Ort heißt heute Padrón und ist bekannt für seine kleinen pikanten Peperoni, die auch die heutigen Jakobspilger gern zu einem Glas Ribeira nehmen.

Nicht weit davon will zu Beginn des 9. Jahrhunderts ein Eremit schließlich die Grabstätte gefunden haben. Der Bischof von Iria Flavia wiederum, dem er davon berichtete, meldete die Entdeckung dem König, der über der Grabstelle eine Kirche errichten ließ.

Seit dem 12. Jahrhundert gewinnt eine andere Legende die Oberhand: Karl der Große selbst habe das vergessene Grab auf seinem Zug gegen die Sarazenen nach Spanien 778 entdeckt. Im Traum sei ihm der Heilige erschienen und habe ihn zum Kampf gegen die Heiden angestachelt.

Rasch verbreitete sich die Nachricht von der angeblichen Entdeckung über Galicien und Spanien hinaus. Nicht nur Gelehrte, auch Gläubige in ganz Europa erfuhren von der »Sensation«, so Jakobsweg-Experte Herbers. Als schließlich 250 Jahre später die Details schriftlich festgehalten wurden, war längst ein Strom von Pilgern unterwegs zum Grab, auch aus Ländern jenseits der Pyrenäen: Zunächst kamen sie vor allem aus dem heutigen

Frankreich, Deutschland und Italien, dann auch aus Schweden, Polen, Ungarn und dem Vorderen Orient.

In heiligen Jahren, wenn die Gläubigen mittels sogenannter Ablässe all ihre Sünden durch eine Wallfahrt loswerden konnten, sollen im 15. Jahrhundert allein aus England bis zu 18 000 Pilger übers Meer angereist sein. Ritter, die zu Kreuzzügen ins Heilige Land aufbrachen, holten sich zuvor ihren Segen. In Santiago wurde 1170 ein eigener Jakobus-Ritterorden für die katholische Reconquista und zum Schutz der Pilgerstraßen gegründet.

Wohl waren es gerade die Mühen des Wegs, die Pilger so respektabel machten. Mitunter waren sie bis zu zwei Jahre von der Heimat entfernt. Weil keiner wusste, wann und ob er wieder nach Hause zurückkehren würde, musste er Abschied von der Familie nehmen, als wäre es auf immer. Reiche hinterließen ihr Testament. Als Pilger war man für die Welt einstweilen gestorben. Viele mussten ihre Güter beleihen oder auf andere Weise dafür sorgen, dass sie die Wallfahrt finanzieren konnten, denn auf Almosen und Gratisverpflegung war kein Verlass. Zu Beginn des 14. Jahrhunderts kostete die Pilgerreise von Deutschland nach Galicien und zurück den Gegenwert von vier Ochsen oder bis zu acht Pferden.

Santiago de Compostela sei die »spirituelle Hauptstadt der europäischen Einheit«, schrieb Papst Johannes Paul II. in einer Grußbotschaft zum Heiligen Jahr 2004. Der »camino de Santiago« wurde erstmals um 1110 wahrscheinlich von einem Asturianer in einer Klosterchronik erwähnt. König Sancho von Navarra habe den Verlauf festgelegt. Eine ähnliche, von der alten Römerstraße abweichende Strecke skizziert unter anderem der erste Pilgerführer, das Jakobsbuch aus der Mitte des 12. Jahrhunderts.

So wurde der klassische Jakobsweg, über die französischen Orte Auch, Pau und die Pyrenäenpässe Somport und Roncesvalles, wie ihn Kerkeling und andere moderne Jakobsjünger noch heute nehmen, zur wohl wichtigsten Achse der kulturellen Entwicklung Spaniens im Mittelalter. Dank ihrer fand das Land hinter den Bergen Anschluss an europäisches Denken und künstlerische Strömungen der Zeit. Auf diese Weise, so Herbers, kam es zur »Europäisierung« der Iberischen Halbinsel, die durch die weitgehende muslimische Herrschaft lange isoliert war.

Der Liber Sancti Jacobi, auch genannt Codex Calixtinus, weil der einleitende Brief und einige weitere Stellen Papst Calixt II. zugeschrieben wurden, ist eine Sammlung von Handschriften, die wohl 1140 bis 1150 in Santiago de Compostela zusammengestellt wurde. Möglicherweise war daran der am Schluss erwähnte Priester Aimeric Picaud aus Parthenay in der westfranzösischen Region Poitou Charente beteiligt. Der darin enthaltene Führer, so Herbers, »kanonisiert« vier Wege für die Jakobspilger, die sich in Navarra bei der Anfang des 11. Jahrhunderts für die Pilger errichteten Königinnen-Brücke, an der Puente la Reina, über den Arga-Fluss treffen. »Von dort gibt es nur einen Weg bis Santiago«, stellt das Jakobsbuch fest.

Das gilt bis heute; der »camino francés« wurde 1993 von der Unesco als Welterbe der Kultur registriert. Er liegt in Spanien, trotz des Namens, und führt, von Frankreich kommend, 800 Kilometer quer durch Nordspanien bis Santiago.

Andere Trassen wurden in Pilgerführern regelrecht »erfunden«, so Experte Klaus Herbers, um die wichtigen konkurrierenden Kultzentren in Frankreich dem spanischen Jakobsgrab unterzuordnen. Dabei sind die Etappen in Spanien nach der Pyrenäenüberquerung zeitlich stark gerafft – nur 13 Tage für 600 Kilometer Luftlinie; ein gemütlicher Reiter oder Fußgänger schaffte jedoch allenfalls 30 Kilometer pro Tag. Durch diese Mogelei rückte das ferne Santiago de Compostela in scheinbar leicht erreichbare Nähe.

Was die Pilger gleichsam magnetisch anzog, waren die Berichte von Wundern. So erzählt das Jakobsbuch etwa von Totenerweckungen, die der Apostel nach seinem Ableben bewerkstelligt habe. Das beweise, so die Handschrift, dass Jakobus noch im Grab so lebendig sei wie der Herr selbst. Daher sei Jakobus anderen Heiligen überlegen, beispielsweise Martin, der im französischen Tours vom 4. Jahrhundert an verehrt wurde.

Die bequemeren Routen mit weniger steilen Pässen von Aachen, Brüssel, Paris über Tours, Poitiers und den Cisapass nach Roncesvalles oder von Einsiedeln, Genf über Arles, Toulouse und den Somportpass setzten sich bald durch. Davon künden schon Deutsche, die um 1500 über ihre Abenteuer als Jakobspilger berichteten. Der Mönch Hermann Künig von Vach aus der Nähe von Fulda verfasste den ersten deutschen Jakobs-Reiseführer, der häufig nachgedruckt wurde und seinen Landsleuten zumindest vom Hörensagen wohl bekannt war. Künig unterscheidet die Routen über die Oberstraße von der Schweiz aus für den Hinweg und zurück über die Niederstraße entlang der Atlantikküste. Der niederrheinische Ritter Arnold von Harff oder der Nürnberger Arzt Hieronymus Münzer, der so der Pest entfloh, schrieben dann um 1495 erstmals persönlichere Erinnerungen auf.

Heutzutage sieht man Gruppen in leichtem Goretex gekleidet und mit Schuhen aus Microfaser nach Santiago wandern. Auf dem breit angelegten Weg, gekennzeichnet mit dem Symbol der Muschel, streben sie auf französischer Seite parallel zur Landstraße, Walking-Stöcke schwingend, den Pyrenäen zu.

Hermann Künig, der deutsche Mönch, gab den Jakobspilgern damals sehr genaue Warnungen mit auf den Weg, etwa vor »mancherlei Gemeinheiten der Kapaune«, also Eunuchen, wie er Gast- und Herbergsleute abschätzig titulierte. Offenbar schrieb er auch speziell für deutsche Wanderer, denn er empfahl mehrfach, »zu dem deutschen Wirt zu gehen«. »Da findest du genug zu trinken und zu essen«, sagte er über Genf, über einen gewissen Ryngeler in Saint-Antoine hingegen: »Du musst dich gut vorsehen, denn er ist sehr geschickt und arglistig.«

In Montpellier erlebte er einen Spitalmeister von der Sankt-Jakobs-Herberge, der »den Deutschen nicht gewogen« sei. Im spanischen Burgos, schon nahe dem Ziel, erwähnte er eine Säule, wo »man den Spitalmeister erschossen hat, der 350 Brüder vergiftet« habe.

In solchen Spitälern, die im Hochmittelalter entlang der Wege eingerichtet wurden, übernachteten gesunde Pilger, Arme, Alte zusammen mit Kranken, Behinderten und Geistesverwirrten. Daneben entwickelte sich Europas erstes kommerzielles Wirtsgewerbe. In den Sälen der Gasthäuser schlief man meist unbekleidet. Selbst Wohlhabende landeten in der Gemeinschaftsunterkunft, wo sie ihre Habe wie alle anderen auf Bänken ablegen mussten. Oft wurden sie nachts bestohlen.

In Künigs Vademecum fanden die Pilger natürlich auch die wichtigsten Jakobs-Wunder, so das mit den Hühnern von Santo Domingo de la Calzada. Die Geschichte von dem hinterlistigen Wirt, der im Gepäck zweier Gäste, Vater und Sohn, einen kostbaren Gegenstand verbirgt, um sie des Diebstahls bezichtigen zu können, ist schon im Jakobsbuch aufgezeichnet: Der Sohn wird zum Tode verurteilt, der Vater zieht weiter bis ans Jakobsgrab. Dort erhält er ein heiliges Zeichen: Der Sohn lebe noch. Als er das dem Richter erzählt, der das Todesurteil gefällt hatte, macht der sich lustig: Der Sohn sei höchstens so lebendig wie die Hühner auf seinem Bratspieß über dem Feuer. Doch die fliegen plötzlich davon. So wird der Sohn tatsächlich unversehrt vom Galgen abgenommen. Sogar heute noch können Wanderer in der Kirche von Santo Domingo einen Hahn und eine Henne im Käfig bestaunen; viele stecken sich als Glücksbringer eine Feder an den Hut.

Vor langen Strecken durch die Ödnis etwa zwischen Uzès und Nîmes, hinter Béziers oder in der Heidelandschaft der Landes solle man sich mit Wein und Brot eindecken, empfiehlt Künig, der Mönch. Und er verrät, wo es Almosen gibt: »Auf Nájera kannst du dich freuen.« Rechtzeitig fordert er zum Geldwechseln auf, wenn die Währung sich ändert.

Mit dem Ziel der beschwerlichen Reise hat sich der deutsche Mönch um 1500 jedoch gar nicht mehr richtig abgegeben. Er erwähnt nur den ersten Blick auf »Compostell«, auf den sich viele brave Reisegefährten gefreut hätten. Dann folgt sofort der nicht minder beschwerliche Rückweg auf der »nyderstrassen«.

Das Jakobsbuch des 12. Jahrhunderts dagegen zelebriert die Beschreibung der Stadt Santiago und besonders der Jakobsbasilika. Dabei folgte der Verfasser offenbar den Rom-Schilderungen, wie sie im 12. Jahrhundert üblich waren, glaubt der Historiker Herbers. Der Besuch der Basilika gleiche der Ankunft im himmlischen Jerusalem, ihre Maße deuteten auf vollkommene Harmonie hin: »Wer oben durch die Schiffe der Emporen geht, wird, wenn er traurig hinaufgestiegen ist, froh und glücklich werden.«

Am Grab wachten die Neuankömmlinge dann mindestens eine Nacht lang. Das Jakobsbuch beschreibt die unterschiedlichen Rituale der Volksgruppen. Bei den Deutschen hatte sich im späten Mittelalter eingebürgert, sich eine Krone aus dem Kirchenschatz aufzusetzen und damit hinter dem Altar hochzusteigen. Jedenfalls schrieb der Adlige Arnold von Harff Ende des 15. Jahrhunderts, die Spanier hätten sich über diese Sitte lustig gemacht.

Ohnehin gab sich der Ritter aus dem Rheinland enttäuscht vom Jakobsgrab: Die Geistlichen hätten ihn trotz großzügiger

Geschenke die Reliquien des Heiligen nicht sehen lassen. Dabei waren ihm schon auf dem Hinweg in Toulouse Knochen gezeigt worden, die angeblich vom Heiligen Jakobus stammten.

Wo also lag der »wahre Jakob«? Auch der Arzt Hieronymus Münzer notierte 1494 in seinen Reiseaufzeichnungen, nur wer fest im Glauben sei, sei überzeugt, dass sich der Leichnam des Jakobus wirklich in Santiago de Compostela befinde.

Die wenigsten Pilger wird diese im Mittelalter entscheidende Glaubensfrage heute noch drücken. Wenn sich die Wallfahrer, endlich am Ziel, zur täglichen Pilgermesse um zwölf Uhr mittags auf die Bänke der Kathedrale fallen lassen und der Botafumeiro sie in weißen Wohlgeruch einhüllt, fühlen sie sich vielleicht schon wie im Paradies.

Eines aber ist gleich geblieben: Damals wie heute nehmen sie eine Jakobsmuschel mit in die Heimat als Zeichen für ihre erfolgreich bestandene Pilgerfahrt.

Strafvollzug im Jenseits

Die Angst vor der Hölle trieb die Gläubigen zu Bußübungen und Ablasszahlungen. Auch das Geschäft mit Reliquien blühte.

Von Rainer Traub

Wucherer erwartet in der Hölle ein kochender See aus Eiter und Blut. Mörder kommen in ein enges Gelass, wo Reptilien auf ihnen herumkriechen. Wer die Gerechtigkeit verhöhnt hat, wird über loderndem Feuer an der Zunge aufgehängt.

Solch eindringliche Bilder vom ewigen Grauen beschwor schon die erste minutiöse Beschreibung der christlichen Hölle, die Apokalypse des Petrus im 2. Jahrhundert. Indem die neue Jesus-Religion sich allmählich in Europa ausbreitete, malten Kirchenväter und fromme Visionäre, Künstler und Dichter immer detaillierter die Schrecken der Strafvollzugsanstalt im Jenseits aus.

Im Übergang von der Spätantike zum Frühmittelalter entwickelte Papst Gregor der Große im 6. Jahrhundert die Grundzüge der Lehre, nach der das ewige Feuer nicht nur für Heiden da sei: Auch getaufte christliche Sünder fahren zur Hölle. Doch haben sie, wenn ihre Übeltaten nicht zu schwer wiegen, in einer oberen Höllenregion immerhin noch eine Chance zur Läuterung. Diese Idee vertiefte die erst im Spätmittelalter ausgereifte Glaubensvorstellung vom reinigenden Fegefeuer (»Purgatorium«). Dante Alighieri schuf in den konzentrischen Kreisen seiner »Divina Commedia« eine poetisch vollendete, ausgezirkelte Hölle.

Der imaginäre Ort stellte für die Menschen jener Ära eine beängstigend reale Drohung dar. Nur den wenigsten schien es möglich, ein so gottgefälliges Leben zu führen, dass sie den Status von Heiligen erwarben, denen ein Platz im Paradies sicher war. Ein Normalsünder musste sich mit regelmäßiger Beichte begnügen. Er konnte nur hoffen, der Hölle zu entgehen, wenn er die vom Priester auferlegte Buße übte – kürzeres oder längeres Fasten, Gebete verschiedenster Art, die Mitarbeit am Kirchenbau und anderes mehr.

Erst die Sündentilgung (»Ablass«) durch Geld sollte im späteren Mittelalter einen neuen Rettungsweg eröffnen.

Um die Angst vor der ungewissen Zukunft im Jenseits zu verringern, suchte man schon im frühen Christentum die handfeste Nähe zum Religionsstifter, zu verfolgten Märtyrern und zu anderen Kirchenheiligen – in Überbleibseln, »Reliquien«, ihrer irdischen Existenz.

Das Bestreben, durch Reliquien ein wenig Heiligkeit abzubekommen, war in der vom Glauben beherrschten Welt des Mittelalters Arbeit am Seelenheil. Dem Reliquienkult lag die Vorstellung von einer zweifachen Gegenwart des Heiligen zugrunde: einerseits spirituell am Throne Gottes im Himmel, andererseits im sterblichen Leib, der auf Erden des Jüngsten Gerichts harrte.

Weil Gottes Sohn, wie allseits bekannt, leiblich zum Himmel aufgefahren war, kamen als körperliche Christus-Reliquien allenfalls Nabelschnur, Vorhaut oder Milchzähne in Betracht. »Doch zweifelten schon Kritiker des Mittelalters an der Echtheit solcher Überbleibsel, da man sie seinerzeit aufzubewahren kaum für wert befunden hätte«, schreibt Anton Legner in seiner Studie »Reliquien in Kunst und Kult«.

Als echte Heiligtümer gingen dagegen sogenannte Berührungsreliquien durch – Gegenstände, denen durch Kontakt mit Jesus Heiligkeit zugewachsen war: das Kreuzesholz (»lignum crucis«), die Kreuzesnägel, die Dornenkrone und andere Passionswerkzeuge oder das Grabtuch. Seit der Ära des römischen Christianisierungs-Kaisers Konstantin waren zahllose Späne vom angeblich »wahren Kreuz« Christi, der höchsten Reliquie des Jesus-Glaubens, in Umlauf.

Das Rohrgeflecht der – wie es hieß – Dornenkrone Christi wurde im Jahr 1063 von Jerusalem nach Konstantinopel überbracht. König Ludwig der Heilige von Frankreich, Anführer zweier Kreuzzüge, kaufte 1239 für eine immense Summe die inzwischen nach Venedig verpfändete Krone und machte sie zum Mittelpunkt des prachtvollen Reliquienschreins seiner dafür eigens erbauten »Sainte Chapelle« in Paris. Einzelne Dornen, »spinae Christi«, wurden im 13. Jahrhundert in juwelengeschmückte Herrscherkronen eingearbeitet.

Göttliches Heil und himmlischen Schutz suchten Pilger im Hochmittelalter bei dem, was im Dom zu Trier als Jesu Heiliger Rock, im Aachener Dom als Windeln und Lendentuch, Gürtel und Geißelstrick des Gekreuzigten vorgezeigt wurde.

Umbettungen (»Translationen« oder »Translokationen«) verstorbener Heiliger waren gang und gäbe, so dass Translationsberichte eine eigene Quellenart wurden. Der Karolinger-Kaiser Lothar etwa bat im 9. Jahrhundert brieflich um Märtyrer-Reliquien aus Rom, die unter den frisch vom Heidentum bekehrten, noch nicht in Frömmigkeit gefestigten Grenzvölkern den Glauben stärken sollten. Oft gelangten freilich nur Teile der heiligen Leiber an den neuen Ort. In solchen Fällen war ein und derselbe Heilige, wie der Historiker Legner trocken anmerkt, »nicht nur im Himmel und auf Erden, sondern auch hienieden mehrfach präsent«.

Die Stadt Köln wurde zu einem der wichtigsten Pilgerorte des Mittelalters und zum frühesten urbanen Zentrum in deutschen Landen, nachdem Erzbischof Rainald von Dassel im Jahr 1164 die Gebeine der Heiligen Drei Könige von Mailand nach

Köln hatte bringen lassen. Es handelte sich um Kriegsbeute des Kaisers Friedrich Barbarossa, dem Rainald als Kanzler diente; nach Mailands Eroberung hatte ihm der Herrscher die heiligen Knochen als Dank überlassen.

Angesichts der immensen Bedeutung solcher Besitztümer war Betrug mit gefälschten Reliquien weit verbreitet. Das römische Laterankonzil von 1215 verdammte diese sündige Methode, »Geld zu erraffen«. Zum makabren Missbrauch trieb aber nicht allein materielle Gier, auch Wunderglaube und Seelenangst um den Platz im Jenseits waren starke Motive. Dem aufgebahrten Leichnam der Heiligen Elisabeth von Thüringen (1207 bis 1231) riss man nicht nur Stücke vom Gewand, sondern sogar vom Körper, wie der Zisterziensermönch Caesarius von Heisterbach als Chronist überlieferte: Fromme Reliquienräuber brachten Haare und Nägel an sich, stutzten die Ohren der Heiligen und säbelten ihre Brustwarzen ab.

Nach dem Maßstab ihrer Ära waren die Menschen vor allem Sünder. Seit dem Frühmittelalter fanden die Priester in »Bußbüchern« die Tarifstrafen für jede erdenkliche Verletzung kirchlicher Gebote. Immerhin entstanden ab dem 7. Jahrhundert allerlei Formen der Bußlinderung. Ein strenges Fasten war zum Beispiel durch Gebet und fromme Werke ersetzbar. Man kann diese Bußumwandlungen oder »Redemptionen« als Keim eines Tauschgeschäfts verstehen, das im Lauf von Jahrhunderten auch mit Geldzahlungen abzuwickeln war. Es wuchs sich schließlich zum ökonomisch-religiösen Komplex des »Ablasshandels« aus, an dem sich zahllose geistliche Würdenträger und Päpste bereicherten.

Außerdem gab es schon im 11. Jahrhundert Bußerlässe, die etwa für Schenkungen an Kirchen oder für Wallfahrten gewährt wurden. Papst Alexander II. (1061 bis 1073) räumte besonders Rom-Pilgern Bußrabatte ein. Auch für den Einsatz in Glaubens-

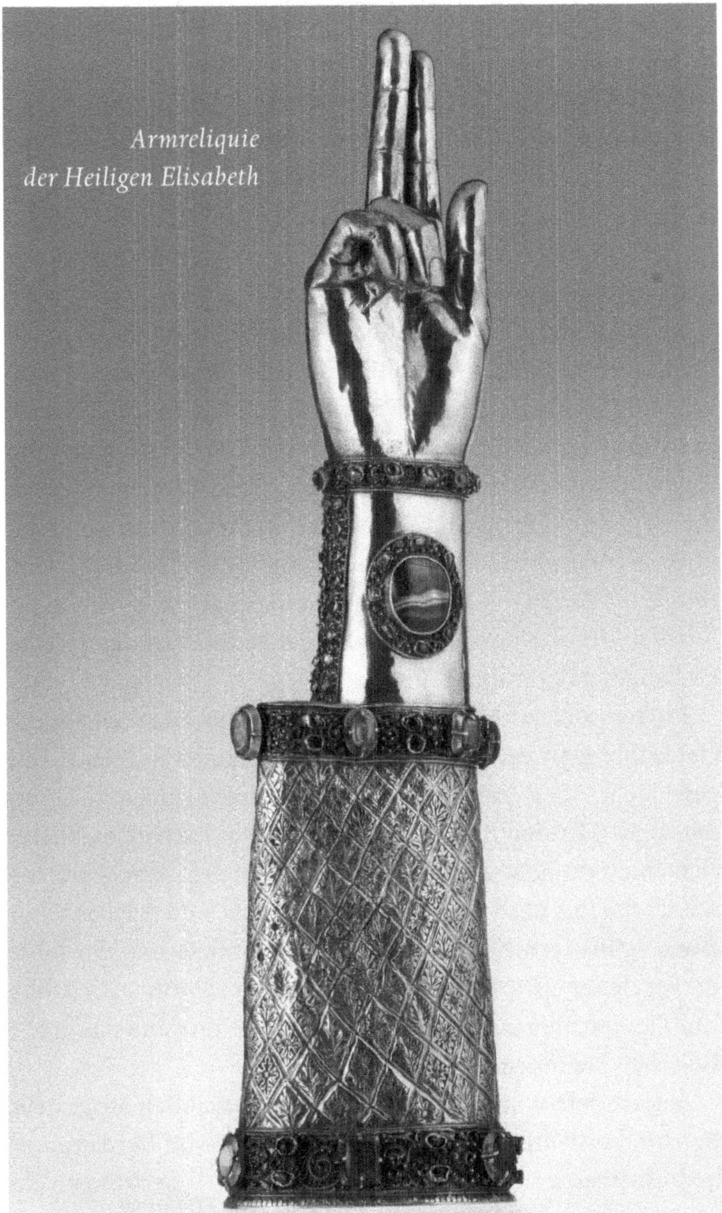

Armreliquie
der Heiligen Elisabeth

SEEGER PRESS

kriegen gegen die Mauren in Spanien oder gegen die Sarazenen in Afrika gewährten mehrere Päpste generelle Ablässe. Nicht jeder Stellvertreter Gottes differenzierte dabei so fein wie 1128 Honorius II.: Wer im Krieg gegen Roger II. von Sizilien sein Leben ließ, bekam postum alle Bußstrafen erlassen – Überlebende mussten sich mit einem Rabatt von 50 Prozent begnügen. Mit den Kriegszügen ins Heilige Land erreichten derartige »Kreuzzugsablässe« ihren Höhepunkt.

Im 12. Jahrhundert schuf die römische Kurie die »Apostolische Pönitentiarie« – eine Behörde zur Vergabe und Verwaltung von Ablässen. 1274 wurde das Fegefeuer auf dem Konzil in Lyon zur offiziellen Kirchendoktrin erklärt. Fortan galt: Im Fegefeuer werden postum all jene von ihren Sünden gereinigt, die weder gut genug sind, um sofort ins Paradies zu kommen, noch dermaßen sündhaft, dass sie ewig im Höllenfeuer leiden müssen. Allerdings schien den meisten Zeitgenossen schon die Aussicht auf ein ausgedehntes Purgatorium statt des ewigen Höllenfeuers grausig genug.

Frühere Ablassformen waren inzwischen weitgehend durch Geldzahlungen verdrängt worden. Die Handel treibende Bürgerschicht stieg gesellschaftlich auf, der Frühkapitalismus entstand. Mit der Ausbreitung der Geldwirtschaft etablierte sich eine rationelle Buchführung. Auch in der irdischen Justiz wurde der Ruf nach deliktgerechten Strafen laut. All dies schuf einen »günstigen Rahmen für eine Quantifizierung der Buße im Fegefeuer«, wie der Historiker Georges Minois (»Die Hölle. Zur Geschichte einer Fiktion«) schreibt: »Nun kann das große Feilschen beginnen.«

Ablassbriefe wurden von Päpsten und Bischöfen ausgestellt. Reiche Kaufleute, die wegen ihrer Habgier von Verdammnis bedroht waren, erkauften sich mit großen Schenkungen ihr Seelenheil, manch einer sogar die Heiligsprechung. Der prunkvolle, 1626 eingeweihte Petersdom in Rom, dessen Bau mehr als ein Jahrhundert in Anspruch nahm, wurde wesentlich durch Ablässe finanziert. Die Rettung vor der Hölle konnte jetzt mit ganz diesseitigen Mitteln gesichert werden.

Der Wirtschaftswissenschaftler Achim Mayer hat das Geschäft mit der Angst als »Päpstliches Marketing im 13. Jahrhundert« analysiert. Die Konsequenz, mit der er ökonomische Begriffe und Formeln von heute auf Glaubenslehre und Geschäfte der mittelalterlichen Kirche anwendet, ist erhellend, entbehrt aber auch nicht der Komik.

Ablasszahlungen erklärt Mayer als »Versicherungsprämien für die Fegefeuerversicherung«, kirchliche Bußbücher als »Instrumente der Preisbindung«. Ins Fegefeuer zu kommen ist demnach ein Schadensfall, gegen den sich ein risikoscheuer Mensch versichern kann. »Weiterhin erhöhte die Lehre und Praxis der Kirche im Zusammenhang mit dem Fegefeuer die Nachfrage nach diesem Produkt.« Damit habe Rom »Marketing im ureigensten Sinn« betrieben: der »Schaffung und Ausweitung von Bedürfnissen«.

Der Frontalangriff der lutherschen Reformation gegen diese Art frommer Marktwirtschaft, die finanzkräftigen Sündern das Sterben und kapitalhungrigen Klerikern das Leben versüßte, provozierte ab 1517 naturgemäß den geballten Widerstand der katholischen Kirche. Auf lange Sicht bewirkte der Protestant aus Wittenberg aber sogar in Rom eine Mini-Reformation: Der Geldablass ist abgeschafft.

»Tötet sie alle!«

Erbarmungslos verfolgte die Inquisition Andersgläubige als Ketzer – Prozessakten zeigen das Schicksal des südfranzösischen Dorfes Montaillou.

Von Thorsten Oltmer

Es gibt kein Entrinnen. Alle wissen, was es bedeutet, wenn plötzlich der Pfarrer an die Tür klopft oder nach der Predigt einen Brief überreicht – es ist die Vorladung der Inquisition.

Guillaume Fort erhält sein Schreiben am 6. April 1321, dem Montag vor Palmsonntag. Darin steht, er sei der Ketzerei, der Häresie, verdächtig und habe am Samstag in der Stadt Pamiers vor den Untersuchungsrichtern der Inquisition zu erscheinen. Komme er nicht aus freien Stücken, werde er vorgeführt. So bleibt Guillaume Fort keine Wahl, als den beschwerlichen Fußmarsch von rund 60 Kilometern anzutreten. Aber der Inquisitor ist beschäftigt und schickt ihn weg; erst am Montag hat er wieder Zeit.

Der Bischof von Pamiers ist Forts Inquisitor. In tagelangen Verhören bringt er ihn dazu, alles zu gestehen – so notiert es jedenfalls der Schreiber der Inquisition: dass er nicht an die Wiederauferstehung des Leibes nach dem Tode glaubt und Häretiker auf dem wahren Pfad Gottes sieht. Sicherheitshalber ist im Protokoll noch vermerkt: »Hast Du dieses Geständnis gemacht, weil Du im Gefängnis bist oder gefoltert wurdest?« Fort: »Nein, aus freien Stücken.« Obwohl der Delinquent allem abschwört, hört er am 1. August sein Todesurteil. Schon am nächsten Tag wird er als »rückfälliger« Ketzer mit drei anderen »Irrgläubigen« bei lebendigem Leib verbrannt.

Fort stammte aus der Gegend um Montaillou, einen abgelegenen Ort in der Grafschaft Foix am Fuß der Pyrenäen. Auf einer waldigen Ebene mit rauem Klima liegt das Dorf in über tausend Metern Höhe. Etwa 250 Menschen leben hier. Sie gehören 26 Familien an, Bauern, Viehzüchtern und Schafhirten, deren Sippen dort seit Jahrhunderten leben. Das Land eignet sich gut für Hafer und Roggen; auch Futterrüben, Flachs und Hanf kann man anbauen. Der karge, kalkige Boden wird mit primitiven Hakenpflügen bearbeitet. Es gibt Kühe, Schweine und riesige Schafherden. Die Erträge reichen in normalen Jahren zum Überleben. Weitgehend autonom, schafft es die Gemeinde sogar, schlimme Hungerjahre zu überstehen.

Dörfer wie Montaillou gibt es Hunderte in Okzitanien. Was gerade dieses für die Geschichtswissenschaft so interessant macht, sind fast vollständig erhaltene Akten der Inquisition. Der Historiker Emmanuel Le Roy Ladurie hat die Bestände des »registre d'inquisition« in der Bibliothek des Vatikans akribisch ausgewertet und als Quelle bäuerlicher Sozial- und Glaubensgeschichte des Spätmittelalters erschlossen. Die Dokumente belegen, wie gnadenlos die Inquisition die im Dorf lebenden Andersgläubigen über Jahrzehnte hinweg verfolgte.

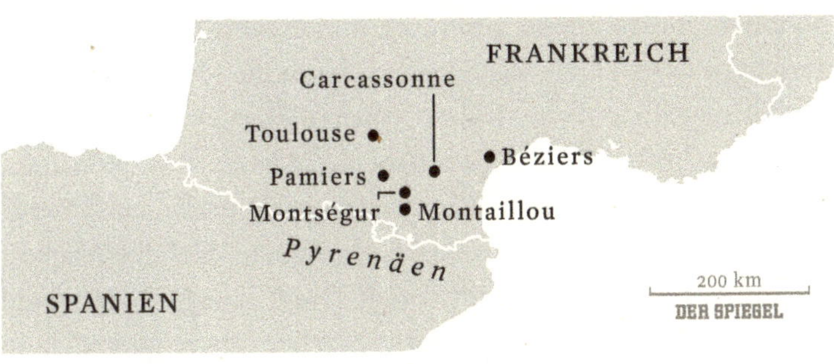

Montaillou gilt als Widerstandsnest der Katharer. Viele Familien dort folgen der neuen Glaubensbewegung, die nach religiösen Idealen jenseits der Kirchendoktrin lebt. Über Jahre setzt die Kirche alles daran, die Katharergemeinde von Montaillou zu zerschlagen, 1309 kommt es nach einer Denunziation zur Massenverhaftung. Viele unbescholtene Bürger enden im Kerker, einige gar auf dem Scheiterhaufen. Wer Glück hat, kommt mit der Auflage davon, ein gelbes Stoffkreuz gut sichtbar auf der Kleidung zu tragen, als öffentliche Ermahnung zum rechten Glauben.

Was wirft die Kirche den biederen Bauern und Handwerkern überhaupt vor? Welche Bedrohung sieht sie in den Abweichlern? Die Katharer, die »Reinen«, wie sie erst später genannt wurden, lehnen viele Elemente der traditionellen Kirche ab. Für die »Bons hommes«, die »guten Menschen«, wie sie sich selbst nennen, sind von der Heiligen Schrift nur Teile des Neuen Testaments, das Johannes-Evangelium, die Apokalypse und die Psalmen gültig. Sie weisen selbst die heiligen Sakramente zurück.

So beginnt die Befragung der Adeligen Béatrice de Planissoles aus Montaillou am 25. August 1320 auch mit dem Vorwurf, sie habe über die Sakramente gelästert. Wenn diese tatsächlich den Leib Christi darstellten, hätten die Priester sie längst alle gierig aufgegessen, soll sie gesagt haben.

Nachdem sie zunächst alle Vorwürfe bestreitet, wird sie plötzlich überraschend geständig und erzählt bereitwillig, so berichten es jedenfalls die Akten, warum die Ideen der Ketzer sie faszinierten und wie sie den örtlichen Priester mehrmals pro Woche in ihr Bett ließ. »Ja, ich habe diese Irrlehre vollkommen geglaubt und hätte keine Schmerzen gescheut, sie zu verteidigen.« Vielleicht hilft ihrem Geständnis nach, dass die Wachen aus ihrem Stoffbeutel merkwürdige Dinge zutage fördern, die sie sogar der Hexerei verdächtig machen: zwei getrocknete

Nabelschnüre von Babys, Tücher mit Menstruationsblut, einen Spiegel, ein Messer, Kräuter. Doch sie hat Glück und kommt mit einer Kerkerhaft davon.

Die katholische Kirche ist erbost, dass die »guten Menschen« eine eigene Kirchenhierarchie schaffen: Über den »croyants«, den einfachen Gläubigen, stehen die Initiierten, darüber die »parfaits«, die Perfekten. Diese spirituelle Elite hat eine mehrjährige Probezeit hinter sich, muss keusch und bescheiden leben und strenge Fastenkuren halten. Auch eigene Diakone und Bischöfe gibt es.

Besonders heikel für den Herrschaftsapparat Kirche ist, dass die Katharer den Zehnten ablehnen. Doch ohne die Abgaben der Bauern könnte der Klerus schwerlich überleben. Das gut organisierte klerikale Machtmonopol ist in Gefahr. Der Zisterzienser Pierre des Vaux-de-Cernay beklagt die Situation in seiner Diözese: »Sie alle, Glieder des Antichrist, Erstgeborene des Satans, schlechte Saat, Verführer schlichter Herzen, hatten mit dem Gift ihrer Perfidie fast die ganze Provinz Narbonne verseucht.«

Innozenz III., seit 1198 auf dem Heiligen Stuhl, ruft nach dem Mord an einem päpstlichen Legaten Anfang 1208 zum Kreuzzug gegen die Abweichler auf. Söldner aus allen Teilen Europas strömen herbei, auf der Suche nach Abenteuern und Beute. Die Anführer sind Adlige aus dem Norden Frankreichs, die sich in der Grafschaft Toulouse Ländereien erobern wollen.

Innozenz erteilt den Truppen schon im Vorfeld Absolution wie sonst nur im Krieg gegen die Heiden. Es darf nach Herzenslust vergewaltigt und gemordet werden. »Erhebt Euch, Soldaten Christi! Widmet Euch der Vernichtung der Häresie mit allen Mitteln, die Gott Euch eingeben wird«, hetzt der Papst. »Seid gewissenhafter als bei den Sarazenen, denn sie sind gefährlicher.«

Ende Juli 1209 erobert das Heer Béziers, angeführt von Arnaud Amaury, dem Abt des Klosters Cîteaux. Viele Einwohner haben sich in die Hauptkirche geflüchtet, aber das hilft ihnen nichts. Ausnahmslos werden auch sie abgeschlachtet. Chronisten berichten von bis zu 20 000 Toten. Als die Kreuzfahrer fragen, wie denn Ketzer von treuen Katholiken zu unterscheiden seien, soll Amaury geantwortet haben: »Tötet sie alle! Gott wird die Seinen erkennen.«

Die Verteidiger des Katharerortes Bram bei Carcassonne werden Anfang 1210 bestialisch verstümmelt: 100 Männern werden die Nasen abgehackt, die Oberlippen abgeschnitten und die Augen ausgestochen. Nur einem lässt man ein Auge: Er muss seine Kameraden zur nächsten Stadt führen, als abschreckendes Exempel.

20 Jahre lang wüten die Kreuzfahrer in Südfrankreich; aus dem Glaubenskampf ist längst ein Kolonialkrieg geworden. Aber noch sind die Abweichler nicht vernichtet. Als letzte Zuflucht der Abtrünnigen in Frankreich hält sich die Bergfestung Montségur. Nach langer Belagerung fällt sie am 16. März 1244. »Die Häretiker wurden mit Gewalt aus der Burg gezerrt und verbrannt«, heißt es lapidar über das letzte Autodafé. Über 200 Männer, Frauen und Kinder, darunter auch der Katharerbischof von Toulouse, werden auf dem »Prats de Cremats«, dem Feld der Verbrannten, Opfer der Flammen.

Mit dem Fall von Montségur ist der bewaffnete Widerstand gebrochen, die Organisation zerschlagen. Viele Geistliche der Gegenkirche fliehen in die Lombardei, aber auch dort werden sie gnadenlos verfolgt. Die Machtverhältnisse in der gesamten Region haben sich verschoben. Die Franzosen aus dem Norden sind die neuen Herren in Okzitanien. Der Glaube aber lebt von Generation zu Generation weiter, bei umherziehenden Hirten und in abgelegenen Flecken. Das lässt die katholische Kirche nicht ruhen. Nun ist die Inquisition am Zug. Sie soll die Irrlehre vollständig ausrotten.

Seit 1294 interessieren sich die Schnüffler der Kirche verstärkt für das Dorf Montaillou, in dem sie ein widerständiges Nest der Katharer vermuten. In einer großen Säuberungsaktion im August 1309 verhaftet der Inquisitor von Carcassonne alle Einwohner über 14 Jahre. Treue Katholiken und »Irrgläubige« gleichermaßen werden scharfen Verhören unterzogen. Enttarnte Ketzer werden in den Kerker geworfen, einige verbrannt. Doch das Dorf ist nicht permanent bedroht. Es gibt Jahre, in denen die Menschen ihrer Arbeit und ihrem Glauben ungestört nachgehen können.

1318 sind die ruhigen Zeiten wieder vorbei. Das »Ketzernest« sieht sich einem unerbittlichen Verfolger gegenüber: Jacques Fournier, dem neuen Bischof von Pamiers, zu dessen Diözese das Dorf gehört. Hatte sein Vorgänger nur widerwillig in der unwegsamen Region ermittelt, glüht der Zisterzienser Fournier vor Eifer. Er arbeitet eng mit den dominikanischen Inquisitoren in Carcassonne zusammen, gründet ein eigenes Ketzergericht. Dabei wird ihm von Zeitgenossen sogar noch ein gewisses Einfühlungsvermögen bescheinigt. Er ist gewitzt, ein Meister in der Kunst, »den Lämmern zur Welt zu helfen«, der angeblichen Wahrheitsfindung, auch ohne die Folter.

Von 1318 bis 1325 tagt die Inquisition unter Fourniers Vorsitz an 370 Tagen. 578 Vernehmungen führt er durch, in 114 Fällen wird Anklage erhoben. Und 25 der Beschuldigten stammen aus Montaillou. Für das Dorf bedeutet dies eine Zerreißprobe. Wichtige Arbeitskräfte darben monatelang im Gefängnis, Kinder müssen ohne ihre Eltern überleben. In der festgefügten Gemeinschaft entstehen Risse, es gibt Spitzel, Verrat und Denunziation. Bischof Fournier besitzt die Fähigkeit, alte Fehden aufzuspüren und die Sippen gegeneinander auszuspielen: die katholischen

Azémas gegen die begüterten Clergues, die reichen Belots, in deren Haus sich die Katharer treffen, die Familie des Schäfers Pierre Maury und die des Webers Prades Tavernier.

Über vier Jahre zieht sich allein das Verfahren gegen die Brüder Clergue hin. Sie stehen an der Spitze der Dorfhierarchie: Bernard ist der örtliche »Bayle«, Gerichtsbeamter und Pachteintreiber, sein Bruder Pierre katholischer Gemeindepfarrer und ein notorischer Frauenheld. Dies und seine frühere Verbundenheit mit den Katharern werden ihm zum Verhängnis, obwohl er mit Gewalt und Sex versucht, Aussagen zu verhindern.

Etliche Familien hassen ihn und hoffen, in der Dorfhierarchie aufzusteigen. Vor Gericht schwärzen sie ihn an; der Pfarrer habe selbst dafür gesorgt, dass so viele Einwohner vor den Inquisitor gebracht wurden: »Es ist höchste Zeit, dass er und die Seinen selbst in die Verliese geworfen werden!«

Bischof Fournier verhört im Sommer 1320 auch jene Béatrice de Planissoles, eine der ehemaligen Geliebten des Pfarrers. Erst zögert sie, dann aber belastet sie ihn schwer: Eines Nachts habe er sogar ein Lager mitten in der Kirche errichtet, um sie »fleischlich zu erkennen«. Pierre Clergue wird verhaftet und zu 15 Monaten Kerker verurteilt. Er hält lange durch, aber schließlich bricht ihn die Haft. Im Frühherbst 1321 stirbt er. Seinem Bruder ergeht es nicht besser: Einen Monat nach seiner Verurteilung zu Haft in Ketten bei Wasser und Brot stirbt auch er.

Aber die Inquisition gönnt den Toten ihren Frieden nicht. Acht Jahre nach Pierres Kerkertod ergeht das Urteil, seine Überreste als die eines »Reuelosen« zu verbrennen.

Schimmer der Ewigkeit

Filigran und doch gewaltig sind
die lichtdurchfluteten Kirchen der Gotik,
steil ragen sie in den Himmel. Ausgelöst
hat diese Revolution in der Baukunst
ein französischer Abt.

Von Sonja Hartwig

Licht! Diese Kirche braucht mehr Licht! Wie soll man es aushalten in dieser Düsternis. Zentimeter für Zentimeter schieben sich die Pilger voran, um am Ende, nach Stunden des Wartens, im Schummerlicht das Grab des Heiligen Dionysius zu küssen. Kaum Sonne dringt durch die Gemäuer, die Strahlen prallen ab am harten Gestein.

Die wenigen Fenster sind viel zu klein, um dieses Gotteshaus auszuleuchten, das einer karolingischen Festung gleicht: das Kloster Saint-Denis, ein paar Kilometer nördlich von Paris, eine der wichtigsten Abteien des Landes. Pippin, der Vater Karls des Großen, wurde hier beigesetzt; die gekrönten Häupter Frankreichs lassen sich hier bestatten. Auch die geheiligte Kriegsfahne des Heeres, die Oriflamme, lagert in dieser Trutzburg des Herrn. Aber wie kann man in dieser dumpfen Enge Gott ehren, ihn lobpreisen?

Ein neuer Bau muss her, davon ist Abt Suger überzeugt. Prachtvoller, glamouröser, erhabener als all die anderen Pilgerkirchen Frankreichs. Filigran soll die Kirche sein, aber auch gewaltig. Steil in den Himmel ragen soll sie und innen mystisch leuchten. Ein Lichtpalast Gottes! So stellt es sich Abt Suger vor.

Suger ist mächtig und eigenwillig wie kaum ein anderer Kleriker seiner Zeit. Nur er kann einen so revolutionären Plan anordnen: 1137 legt er den Grundstein für einen Neubau, der sein Kloster zum geistigen Zentrum der Île-de-France machen soll. Es ist ein mutiges, ja wahnsinniges Vorhaben, denn es bricht mit allem, was die Architektur bislang ausmacht – typisch für das Denken eines Ausnahmecharakters.

Geboren wird Suger 1081, ein Junge aus einer einfachen Familie. Mit zehn nimmt ihn die Schule der Abtei auf. Mönche ziehen ihn groß, mit Prinzen und Adeligen wächst er auf. Sein bester Freund ist der spätere König Ludwig VI. Das Leben im Kloster hat den immergleichen Takt: Lernen und Beten, Schule und Kirche.

Schon in jungen Jahren, schreibt Suger später, träumte er von einer anderen Abteikirche. Dieser romanische Bau mit seinen wuchtigen Wänden und den winzigen Lichtspalten lässt ihn als Kind nicht los: Die Kirche zieht ihn an, zugleich stößt sie ihn ab. Nun, als er das Amt hat, will er sie abreißen lassen, neu aufbauen und weit über Paris hinaus erstrahlen lassen. Suger ist ein epochaler Denker und ein umtriebiger Macher.

Als Propst in der Normandie lernt er erst einmal, effizient und zielstrebig zu arbeiten – Tugenden, die man einem tüchtigen Geschäftsmann zuschreiben würde. Abt Adam, der für ihn wie ein Vater ist, schickt ihn zur Kurie nach Rom und auf Konzilien. Sein Verhandlungsgeschick bei Königen und Fürsten, Kardinälen und Äbten macht ihn berühmt. Er ist gewitzt und unterhaltsam; Historiker vergleichen ihn später gar mit Richelieu, dem größten französischen Kirchendiplomaten aller Zeiten. 1122 kommt Suger an seinen Bestimmungsort: Er wird zum Abt von Saint-Denis gewählt.

In den ersten Jahren sichert er seine Macht und die des Klosters. Er kümmert sich weniger um Geistliches, mehr um das

Gotische Bauzeichnung aus dem Musterbuch des Villard d'Honnecourt (um 1230)

Handfeste. Suger bringt die Finanzen in Ordnung und holt Besitztümer zurück, die einmal der Abtei gehört haben, kauft Kelche, Goldbecher, Vasen. Den Altar umrahmt er mit Tafeln aus purem Gold.

Auf Schlichtheit und Demut gibt Suger nichts: »Jene, die uns kritisieren, wenden ein, dass es zum Feiern des Abendmahls allein einer reinen Seele, eines reinen Geistes und eines frommen Glaubens bedarf. Und auch wir sind der Ansicht, dass das wirklich das Allerwichtigste ist. Aber wir meinen, dass man Gott auch durch den äußeren Schmuck heiliger Gefäße dienen muss.« Ein bisschen Show soll schon sein.

Das Geld, das Suger erwirtschaftet, gibt ihm die Unabhängigkeit, auch seine Kirche zu solch einem heiligen Gefäß zu formen. Niemand kann ihm in seinen Plan vom lichten Gotteshaus hineinreden. Er ruft Baumeister, Steinmetze, Maurer und Glasmaler; aus dem ganzen Land kommen sie nach Saint-Denis.

Suger, der Bauherr, hat sich nicht nur das Konzept ausgedacht, sondern feilt auch an den Details. Die Säulen, so notiert er später, sollten aus Rom kommen, »über das Mittelmeer, dann durch die englische See und den gewundenen Lauf der Seine«. Der Plan erscheint zu tollkühn. Schließlich findet sich das passende Baumaterial nur 30 Kilometer entfernt: in einem Steinbruch bei Pontoise.

»Sooft die Säulen vom untersten Abhang mit zusammengeknoteten Seilen heraufgezogen wurden, schafften Einheimische und Nachbarn sie demütig weiter, Edle und Unedle, ihre Leiber, Ober- und Unterarme mit Tauen wie Zugtiere umschnürt. Wenn sie im Ort angekommen waren, legten Handwerker ihr Werkzeug beiseite und boten ihre Hilfe an.« Alle, so heißt es in seinen Schriften, packen mit an, helfen, diesen Bau zu errichten, an dem alles prächtig sein soll, mit dem Suger protzen will, ein Gottestempel, der seinen Rang im Reich rühmt.

Nach drei Jahren wird die Westfassade eingeweiht. Auf den vergoldeten Bronzetürflügeln prangt die Inschrift: »Edel erstrahlt das Werk, doch das Werk, das edel erstrahlt, soll die Herzen erhellen, so dass sie durch wahre Lichter zum wahren Licht gelangen, wo Christus die wahre Tür ist.«

Das aber war nur der Prolog. Noch fehlt das Licht. 1140 ordnet Suger den Neubau des Chores an. Ein himmlisches Jerusalem auf Erden, das ist seine Vision. Die Gläubigen sollen durch das Licht der Wahrheit zum ewigen Licht finden. »Die Stadt, die aus dem Himmel kommt, die Stadt aus Glas mit goldenen Straßen mit zwölf Toren, in der Mitte der Altar, die Himmelsstadt.« So beschreibt es der Kirchenhistoriker Arnold Angenendt.

Das ewige Leben nach dem Tod ist das Ziel gläubiger Christen. Die Kirche mit ihrer Transzendenz des Lichts ist als Vorstufe gedacht; sie symbolisiert die Vorbereitung auf das, was kommt. Gottes Haus, so formuliert es Suger, soll ein Zwischenraum sein, eine Region des Universums, die »weder im Schlamm der Erde noch völlig in der Reinheit des Himmels existiert«, in der der Gläubige durch die Gnade des Herrn »von dieser niedrigeren in jene höhere Welt versetzt werden kann.«

Statt meterdicker Mauern entsteht ein schlankes Strukturwerk aus Stützpfeilern und Seitenstreben, in das riesige Fenster gesetzt werden, eine Konstruktion, die sich selbst trägt und ganz ohne Wände auskommt. Statt eines gewaltigen Tonnengewölbes wird ein filigranes Kreuzrippengewölbe gebaut. Statt wuchtig wirkt alles elegant.

Die Planung ist gewagt: Es gibt keinerlei Berechnungsgrundlagen, keine Formel, die die Statik des neuen Stils absichert. Niemand hat das je ausprobiert.

Die Bauleute schuften und werkeln Winter und Sommer, drei Jahre und elf Monate lang. Dann steht der Palast, »getragen von zwölf Säulen, die zwölf Apostel repräsentierend, und im inneren Umgang von weiteren zwölf für die geringeren Propheten«, wie der Bauherr schwärmt, »die ganze Kirche erglänzt in dem wunderbaren und ungebrochenen Licht der so heiligen Fenster«.

Aus Tausenden von Einzelteilen wurden die Fenster zusammengesetzt wie ein überdimensionales Mosaik. Nur wer ganz nah herantritt, sieht das feine Geäst der Bleiruten, das die Saphirglasscheiben zusammenhält. Wenn die Sonnenstrahlen

Irdisches Paradies

Gartenlust zur Karolinger-Zeit:
Abt Walahfrids Gedicht feiert Kräuter und Blumen.

Sobald der Frühling sich zeigt, wird es Zeit zum Schaufeln, Hacken und Rechen: Da wuchern Nesseln, die man wegrupfen muss, anderswo gar tückisches Unkraut »mit ätzendem Gifte«. Plackerei gibt es genug: So muss der Gärtner, bevor er säen, düngen und bewässern kann, manchmal den »lichtscheuen Maulwurf« bekämpfen, wobei dann auch Regenwürmer zutage kommen.

Die liebevoll-akkurate Beschreibung klingt fast wie von heute. Aber es sind lateinische Verse, geschrieben in der ersten Hälfte des 9. Jahrhunderts. Für ihren Autor, den Abt Walahfrid Strabo, war die Pflege seines Kräutergartens so wichtig, dass er sie auch literarisch verewigte: Nach dem Vorbild des Römers Vergil beschrieb der Benediktiner in 444 Hexametern eine Galerie von Heilpflanzen wie Odermennig (gegen Bauchweh), Rettich oder den blutstillenden Kerbel, aber auch Flaschenkürbis, Sellerie und Melone. Ob der nützliche Rainfarn unter dem Namen Ambrosia wirklich das Glei-

durch die Fenster fallen, erleuchtet das Gebäude in Rot, Blau, Grün, Gelb, Violett, Weiß. Ziehen Wolken auf, verdunkelt sich das Kircheninnere. So hüllt die göttliche Natur die Kirche in ein geheimnisvolles Farbenspiel. In das gleißende Licht des Chores stellt Abt Suger den goldenen Reliquienschrein des Heiligen Dionysius, der bisher in der dunklen Krypta aufbewahrt wurde. Nun dominiert er das Zentrum des lichten Gotteshauses.

che ist, was in alten Geschichten als himmlische Nahrung auftaucht? Solche Zweifel erwähnt der milde Naturdoktor in seinem »Liber de cultura hortorum« (Über den Gartenbau), aber sie beunruhigen ihn nicht: Gott wird sich bei allem etwas gedacht haben.

Schon seine frühen Mönchsjahre hatte Walahfrid – der heute Wilfried hieße – auf der sonnenverwöhnten Insel Reichenau im Bodensee verbracht, absolvierte dann an der Klosterschule in Fulda beim hochgelehrten Rabanus Maurus ein entbehrungsreiches Studium und wurde 829 als Prinzenerzieher an den Hof Ludwigs des Frommen geholt. Als der Kaiser ihn 838 zum Abt der Reichenau machte, ging für ihn ein Traum in Erfüllung: Endlich wieder in der Heimat, endlich Zeit zum Dichten! Im Lob der Lilien und zuletzt der Rose, dieser »Blume der Blumen«, überhöhte Walahfrid sein Krautgärtlein beinahe zum irdischen Paradies. Aber jeder zufriedene Gärtner kann ihm die Begeisterung nur allzu gut nachfühlen.

Johannes Saltzwedel

Etwas Großes ist hier entstanden, etwas völlig Neues, die Kombination von Kreuzrippengewölbe und Spitzbogen als Stilelement. Es ist die Geburtsstunde der Gotik.

Am zweiten Sonntag im Juni 1144 wird der Chor eingeweiht; die 20 Altäre des Kapellenkranzes werden eingesegnet. König und Königin, Erzbischöfe und Bischöfe kommen aus ganz Frankreich, aus Sens, Senlis, Soissons, Chartres, Reims, Beauvais. Alle sind überwältigt von der neuen Stätte des Gebets. Und bald beginnt im Land ein Wettstreit.

Alle eifern Sugers Meisterwerk nach, alle wollen sie diesen neuen Stil für sich. Dieser zweite Sonntag im Juni 1144 hat »die Architektur eines Landes und einer Epoche vielleicht mehr geprägt als irgendein anderer Tag der Weltgeschichte«, schreibt der französische Mediävist Jean Gimpel.

Bauherren und Architekten entwerfen Pläne für neue Gotteshäuser, Skizzen, die vor Selbstbewusstsein und Geltungsanspruch strotzen. Das wichtigste Gebot für jeden, der ins Team aus Spezialisten gerufen wird: strikte Geheimhaltung. Die Zimmermänner, Maurer, Steinmetzen, Schmiede und Glaser arbeiten wie in einem Großunternehmen. Die Aufgabenteilung organisiert der Bauherr mit seinen Planern.

Wer seine Arbeit erledigt hat, zieht weiter, zur nächsten Baustelle – und lernt dort das nächste streng gehütete Betriebsgeheimnis jener Bauwerke kennen, die nun den Himmel stürmen: Je gigantischer die Kathedrale, desto großartiger das Lob Gottes, rechtfertigen die Bischöfe ihr Streben. Zwischen 1050 und 1350 werden so in Frankreich 80 Kathedralen, 500 Kirchen und Zehntausende von Gemeindekirchen gebaut. Die prächtigsten entstehen in Sens, Chartres, Reims und Amiens.

Sens mit seinem Triforium: Auf dem schmalen, verdeckten Laufgang, einer Art Mittelgeschoss in den Seitenwänden der

Kathedrale, die als erste rein gotische gilt, können Chorsänger sitzen und scheinbar aus dem Nichts zum Gotteslob ansetzen.

Chartres mit seinen Heiligenstatuen: Sie thronen am Königsportal der Kathedrale, diesem Koloss auf einem Hügel, und gehören zu den ersten Skulpturen des frühen Mittelalters, die mit der Vorstellung brechen, dass Statuen nur in der heidnischen Antike Kunst sein dürfen.

Reims mit seinen Maßfenstern: Anstelle eines einzelnen Fensters, das aus einem Stein geschlagen wird, fertigen die Steinmetzen Einzelteile in Serie an, die sie erst am Schluss zusammensetzen, eine architektonische Fließbandarbeit.

Amiens mit seinen Dimensionen: 42,30 Meter ist das Mittelschiff hoch, so hoch wie kein anderer Kirchenraum der Welt zu dieser Zeit.

Und dann Beauvais mit seiner Besessenheit: 48 Meter hoch spannen sich die kühnen Spitzbogenstellungen, ein neuer Rekord. Zwölf Jahre können die Baumeister ihn halten, dann, 1284, wird aus dem Triumph die größte Baukatastrophe jener Zeit: Das Gewölbe stürzt ein.

Der Höhenrausch war gestoppt, aber nicht der Baueifer. An vielen bedeutenden Orten Europas, keineswegs nur in Frankreich, wachsen die Gotteshäuser gen Himmel: in Canterbury, in Prag, in Wien, in Magdeburg, in Köln. Dort am Rhein beginnen 1248 die Bauarbeiten. Gerhard von Rile, Architekt, Ingenieur und Mathematiker in einem, muss wissen: Die Vollendung wird er nicht erleben. Seine Vision ist zu gigantisch. Die meisten gotischen Kirchen haben drei Schiffe, er will fünf. Die Türme: 157 Meter hoch. Die Fensterflächen: 10 000 Quadratmeter groß. Ein Werk, geplant für die damals mächtigste Stadt in deutschen Landen, eine würdige Stätte für die Reliquien der Heiligen Drei Könige, eine Kirche so gewaltig wie keine zuvor. Mehr als 600 Jahre dauert es, bis der Kölner Dom tatsächlich fertig wird.

Es ist die Krönung eines unvergleichlichen Bauwahns, zu dem der Abt von Saint-Denis den Grundstein gelegt hat.

Suger selbst kann den Glanz seiner Revolution nur kurz genießen. Drei Jahre nach der Chorweihe wird er nach Paris berufen. Es ist eine Beförderung in die höchste Politik: König Ludwig VII., der Sohn von Sugers Jugendfreund Ludwig VI., zieht nach Jerusalem. Während des Kreuzzugs soll der visionäre Abt das Land regieren.

Suger, der Pragmatiker, kümmert sich um die Finanzen, stärkt die Macht des Königs, fördert Landwirtschaft und Handel. Als er im Januar 1151 stirbt, nennen die Franzosen ihn den »Vater des Vaterlandes«. In seiner Abtei wird er zu Grabe getragen, dort ruht er neben den Königen Frankreichs, wie er es gewünscht hatte.

Sein eigentliches Monument aber ist die Abteikirche von Saint-Denis. Damit das auch Jahrhunderte später niemand übersehen kann, hat sich Suger schon während der Bauzeit mit vielen kleinen Denkmälern in dem Prachtbau verewigt. 13 Inschriften sind erhalten, in denen er Gott und seinen Auftrag lobt.

Zu Ehren der Kirche, die ihn nährte und beflügelte, hat Suger gearbeitet.
Dir gebend, was Dir zustand, Märtyrer von Saint-Denis.
Er betet, dass er durch Dein Gebet teilhat am Paradies.
Im Jahre des Wortes Eintausendeinhundertvierzig wurde
sie eingesegnet.

So steht es an der Westfassade von Saint-Denis. Mehrere Male taucht in den Glasfenstern und Skulpturen Sugers Ebenbild auf. Der barfüßige Abt zwischen dem Engel der Verkündigung und der Mutter Gottes, der Abt zu Füßen des Weltherrschers Jesus Christus. Auf einem Bild kniet Suger in einem grünen Gewand, in der Hand sein Erkennungszeichen – ein lichtdurchflutetes Kirchenfenster.

Kapitel II

Bauern und Volk

Joch der Sklaverei

Über Jahrhunderte war das Leben der Bauern
von Plackerei, Abgaben und strenger Kontrolle geprägt.
Nach und nach regte sich Widerstand.

Von Christoph Gunkel

Nein, wie sein Vater wollte Helmbrecht auf keinen Fall enden. Der junge Bauernsohn mit den schulterlangen, gelockten Haaren dachte nicht daran, für immer auf dem heimischen Acker zu schuften. Helmbrecht hatte andere Pläne: Er wollte Ritter werden, künftig ein angenehmeres Leben führen – und genau das eröffnete er eines Tages seinem überraschten Vater. In den Versreimen des mittelalterlichen Epikers Wernher der Gärtner klang es um das Jahr 1250 so:

Trink, Vater, Wasser weiter,
für mich ist Wein gescheiter.
Auch Grütze magst du essen:
Ich will sie bald vergessen
und mich am frisch gekochten Huhn
in aller Ruhe gütlich tun.
Auch will ich bis an meinem Tod
nur essen feines Weizenbrot;
denn Hafer ist für mich zu schlecht.

Er schwor sich, nie wieder Säcke zu schleppen, Mist zu schaufeln und mit Ochsen die Felder zu bestellen. Schließlich könne ihn die harte Pflugarbeit »in peinlichste Verlegenheit« bringen, falls eine Frau aus edlem Geschlecht Schwielen an seinen Händen entdeckte. Der Adel werde einen Bauern nie als Gleichrangigen akzeptieren, warnte der Vater den Sohn. Sein einfacher Rat: »Geh aufs Feld und nimm den Pflug, dann nützest du der Welt genug.«

Mit seinen Versen über den rebellischen Bauernspross muss Wernher der Gärtner einen Nerv der Zeit getroffen haben, denn er trug sie an Höfen überall im deutschsprachigen Raum vor. Seine Erzählung vom blonden Jüngling, der sich schon in den feinsten Seidenkleidern wähnte, mag satirisch überzogen gewesen sein. Und doch verrät sie der Nachwelt einen Traum, der sich durch das gesamte Mittelalter zog: die Sehnsucht der Bauern, ihrer Armut, Plackerei und Unfreiheit zu entkommen.

Der Wunsch der Ackersleute nach sozialem Aufstieg war im 13. Jahrhundert offenbar derart verbreitet, dass Wernher der Gärtner – vermutlich ein Adeliger oder ein Geistlicher – seiner Geschichte einen warnenden Schluss verpasste: Helmbrecht geriet, nachdem er trotz aller Mahnungen den heimischen Hof verlassen hatte, nicht an ehrenhafte Edelmänner, sondern an gesetzlose Raubritter. Mit denen zog er mordend und plündernd von Dorf zu Dorf. Doch die Bande wurde gefasst und auch Helmbrecht schließlich von Bauern an einem Baum aufgeknüpft.

Die Botschaft war klar, und sie findet sich in Variationen in etlichen Schriften wieder: Wer Bauer war, sollte Bauer bleiben und demütig wie Christus jegliche Qual ertragen. »Du musst sein, was Gott will«, predigte der Franziskaner Berthold von Regensburg im 13. Jahrhundert den Geknechteten und fragte rhetorisch: »Wer sollte uns den Acker bestellen, wenn ihr alle Herren wärt?«

So wurde den Menschen die ungerecht verteilte Arbeitslast als gottgewollte Ordnung erklärt. Im 11. Jahrhundert fasste der französische Bischof Adalbero von Laon die Aufteilung der Gesellschaft in einem banalen Satz zusammen: »Die einen beten, die anderen kämpfen, die dritten arbeiten.« Gern zogen christliche Gelehrte in dieser Zeit auch Vergleiche mit dem menschlichen Körper: Der Kopf entspreche der Kirche, der Mund den Predigern. Die Hände wiederum seien die Ritter, bereit, die Kirche mit dem Schwert zu verteidigen. Und die Aufgabe der Bauern? Sie waren in diesem Bild die Füße, die das Gewicht des ganzen Körpers tragen mussten.

Eine Last, die zunehmend schwerer wurde: Die Bauern, von denen die meisten in germanischer Zeit noch in Freiheit gelebt hatten, gerieten zwischen dem 9. und dem 13. Jahrhundert fast ausnahmslos in Abhängigkeit von den aufstrebenden Großgrundbesitzern. Gründe dafür gab es viele: Die Bevölkerung wuchs rasant, für neue Ackerflächen mussten Wälder gerodet und Sümpfe trockengelegt werden. Der Kampf um fruchtbares Land nahm zu, und weil die Bauern mit verbesserten Pflügen und anderen Werkzeugen ihre Felder intensiver bewirtschaften konnten, wurden sie sesshafter – damit aber auch gefährdeter.

Denn gleichzeitig erweiterten die Großgrundbesitzer ihre wachsenden Ländereien zunehmend mit Hilfe von gepanzerten Reiterkriegern. Daraus bildete sich langfristig das Rittertum, eine machtbewusste Kriegerkaste, deren Feldzüge auch regelmäßig Äcker und Dörfer verwüsteten. Zudem konnten die fränkischen Könige die Bauern selbst zum Kriegsdienst verpflichten; die immens teure Ausrüstung mussten sie mitbringen, was viele endgültig ruinierte.

Freiheit bedeutete immer häufiger Armut und Wehrlosigkeit: Etliche Bauern suchten daher freiwillig den Schutz eines mächtigen Grundherrn; andere wurden dagegen gewaltsam verknechtet. Schon bald waren die Mehrzahl der Bauern sogenannte Halbfreie oder Hörige – persönlich frei, aber de facto unfrei, da sie sich in absoluter Abhängigkeit zu ihrem Grundherrn befanden: Sie bestellten das von ihm gepachtete Land, mussten dafür aber einen großen Teil ihrer Ernteerträge abliefern und zusätzlich Arbeitsdienste auf seinem Gutsbesitz verrichten. Noch schlechter waren die leibeigenen Bauern gestellt, die fast so rechtlos wie Sklaven auf dem Hof ihres Herrn schufteten und keinerlei Ackerflächen besaßen.

Die Profiteure dieser Ordnung überzogen die Geknechteten auch noch gern mit Spott: In derben Gedichten amüsierten sich Adel und Bürgertum regelmäßig über die vermeintliche Dummheit, Tölpelhaftigkeit und Trunksucht der Bauern. Die Kirche wetterte gegen ihr angeblich sittenloses und sündhaftes Benehmen, während die Landbesitzer ihnen ständig Ungehorsam und Faulheit unterstellten. Autoren wie der Nürnberger Diplomat Lorenz Schaller verfassten regelrechte Hass-Traktate:

»Von den Bauern ist kein einziger gut. (…) Sie sind grausam und unmenschlich, sie reden eitel und mit gespaltenen Zungen. Sie sind vollgefressen wie die Kröten, sie ziehen nachts aus wie die Eulen und stehlen wie die Räuber, verspritzen Gift wie die Drachen. Man sollte die Bauern erschlagen. (…) Unheil und Pest möge sie treffen.« Wie hier im ausgehenden Mittelalter wurden die häufig als dickbäuchig und einfältig karikierten Ackersleute jahrhundertelang belächelt und verhöhnt.

Doch wie waren sie jenseits dieser Zerrbilder wirklich? Zwar gibt es Tausende schriftliche Quellen über sie – aber da nur die wenigsten schreiben konnten, fehlen Aufzeichnungen von ihnen selbst. Und trotzdem können sich Historiker ein überraschend gutes Bild vom bäuerlichen Alltag machen. Denn neben Liedern, Gedichten oder Predigten gibt es noch eine weit nüchternere Quellenart: Rechtsvorschriften, die das Zusammenleben der Bauern mit ihren adeligen oder kirchlichen Grundherren detailliert regelten.

Das Leben der Bauern war demnach in ein extrem enges Korsett an Regeln gepresst. Da gab es etwa genaue Vorgaben, wie breit ein Mühlweg zu bauen ist (»so weit, dass ein Ross dem anderen mit einem Sack ausweichen kann«) und wann der Bauer einen neuen Zaun zu setzen hat (»ehe er aussät, sonst wird er bestraft«). Schon im Frühmittelalter unterschied eine fränkische Rechtssammlung 20 verschiedene Formen des Schweinediebstahls und teilte die Tiere dabei ähnlich penibel wie heute die EU in unterschiedliche Klassen ein. Und selbst wenn sich benachbarte Bauern stritten, etwa um Nutzpflanzen, die über den Grenzzaun wucherten, gaben Rechtsbücher wie der berühmte »Sachsenspiegel« Antworten:

»Rankt der Hopfen über den Zaun, so greife der, auf dessen Hof die Wurzeln sind, so weit er kann und ziehe den Hopfen herüber. Was er herauszieht, gehört ihm. Was auf der anderen Seite bleibt, gehört dem Nachbarn.«

Nicht immer waren die Vorschriften derart nüchtern formuliert. Im Dorfrecht von Schwarzenbach bei St. Gallen beispielsweise wurde auf humorvolle Art geregelt, wie weit die Hühner eines Bauern auf das Nachbargrundstück laufen durften: Für die Messung der Entfernung musste sich die Bauersfrau auf den Dachfirst stellen und versuchen, »eine Sichel, die sie mit der linken Hand an der Spitze gefasst hat, unter dem rechten Bein fortzuwerfen«. So weit sie die Sichel in dieser akrobatischen Haltung werfen konnte, so weit durften auch ihre Hühner laufen – also nicht besonders weit. Varianten dieser Regelung forderten von Bauersfrauen in anderen Regionen Fähigkeiten im Eier-Weitwurf oder Pflugeisen-Schleudern.

Allerdings dürften sich in den Dörfern, von Hochzeiten und Feiertagen abgesehen, selten solch ausgelassene Szenen zugetragen haben. Denn spätestens sobald es um die Abgaben ging, die die Bauern an ihre Grundherren zu leisten hatten, wurde nicht mehr mit unterhaltsamen Spielchen, sondern mit präziser, bürokratischer Kälte gemessen.

Auch Konflikte innerhalb des Dorfes, so lassen es ausführliche Strafkataloge vermuten, wurden oft mit Gewalt gelöst. Da gab es etwa pauschale Entschädigungen für Verletzungen an »Mund, Nase und Augen, Zunge und Ohren oder am Geschlechtsglied«; Finger und Zähne wurden gesondert abgegolten. »Wie bei wilden Tieren«, klagte Bischof Burchard von Worms im Jahr 1023, seien innerhalb eines Jahres 35 Menschen der Gemeinde St. Peter ermordet worden, weil die Bauern immer wieder wegen Nichtigkeiten oder Trunkenheit übereinander herfielen.

Solche Schilderungen mögen übertrieben gewesen sein, und womöglich spiegelte die zweifellos vorhandene Gewaltbereitschaft auch den Zorn auf die tägliche Ausbeutung. Denn obwohl sich die Regelungen im Laufe der Zeit veränderten und ohnehin regional sehr unterschiedlich waren, gab es doch eine Gemeinsamkeit: Die Steuer- und Abgabenlast war so erdrückend, dass der Alltag der Bauern häufig zum Überlebenskampf wurde.

Da war nicht nur der Kirchenzehnte (zehn Prozent aller Erträge mussten an die Kirche abgeben werden), den jedermann leisten musste, wollte er nicht »Raub am Eigentum Gottes« begehen. Auch die Grundherren, gleichgültig ob es sich nun um einen Bischof oder einen adligen Landbesitzer handelte, verlangten Pachtzinsen in Form von Naturalien und Geld.

Bauern, die nicht zahlten, mussten harte Strafen fürchten: »Wer seinen Zins nicht an den festgelegten Tagen gibt, der soll ihn in doppelter Höhe am zweiten Tage zahlen«, heißt es 1230 etwa im »Sachsenspiegel«. Im schlimmsten Fall verloren Zahlungssäumige das Recht, das gepachtete Land an ihre Söhne zu vererben, oder wurden gleich zu Leibeigenen herabgestuft.

Zu den Abgaben auf die eigenen Erträge kamen noch die sehr unbeliebten Frondienste, selbst wenn die hörigen Bauern dafür die Ernte auf ihren eigenen Äckern vernachlässigen mussten. Diese Frondienste waren Arbeitsdienste am Hof und auf den nicht verpachteten Ländereien ihrer Grundherren: etwa Weinberge bebauen, Vieh hüten, Bier brauen, Getreide dreschen, Brote backen und Eicheln für die Schweinemast mahlen.

In der Regel fiel für die Hörigen dabei wenig bis nichts ab, wie ein typisches Beispiel aus der Gemeinde Friemersheim am Rhein zeigt: Wenn dort ein Bauer seinem Grundherrn, dem Abt des örtlichen Klosters, 24 Brötchen aus dem Korn des Klosters gebacken hatte, durfte er davon nur eines behalten. Und von einem Kessel gebrauten Bieres blieben ihm lediglich anderthalb Krüge Nachbier – zweitklassiger Gerstensaft also, der aus der ausgekochten Maische nochmals gebraut wurde.

Zudem mussten die Bauern ihrem Landbesitzer oft noch Gebühren für die Nutzung der Wälder, Weiden oder Bäche bezahlen. Besonders akribisch achtete der Lehnsherr darauf, dass seine Leute ihr Korn ausschließlich in seiner Mühle mahlen ließen – und kontrollierte das sogar mit einer Frühform der doppelten Buchführung. Wenn ein Bauer sein Korn trotzdem heimlich bei sich mahlte oder zu einer fremden Mühle brachte, wurde er hart bestraft.

Wenig lief ohne Zustimmung des Grundherrn. Der verbot sogar Eheschließungen, falls er dadurch einen Bauern an einen anderen Lehnsherrn verlieren würde. Nur mündlich überliefert ist, dass der Bauer ihm seine künftige Frau für den ersten Beischlaf anzubieten hatte. Das viel zitierte »Recht der ersten Nacht« ist nicht sicher belegt. Die Gebühr, die der Grundherr erhob, damit er es nicht ausübte, soll im Volksmund zynisch Jungfernzins genannt worden sein.

Solch willkürliche Ausbeutung der »armen Männer«, wie die Ackersleute in vielen Quellen genannt werden, ging sogar über ihr Leben hinaus: Im Todesfall musste die Familie dem Landbesitzer ihr bestes Schwein oder Rind vermachen; ein Koch begutachtete, ob es sich wirklich um hochwertige Tiere handelte. Starb die Bauersfrau, wurde ihr teuerstes Kleid zwangsweise vererbt.

Zwar hatten die Bauern, etwa durch die Erfindung der Dreifelderwirtschaft, ihre Äcker im Laufe der Jahrhunderte ertragreicher bewirtschaften können. Doch ihr Überleben war durch die agrartechnischen Fortschritte keineswegs gesichert, denn das wirtschaftliche Risiko trugen sie allein: Die Abgaben an ihre Herren waren Fixbeträge – unabhängig von möglichen Missernten.

Dürre, Schädlinge oder Naturkatastrophen trieben daher regelmäßig Tausende in den Hungertod. Da berichten Annalen von Menschen, die in ihrer Verzweiflung Baumrinde aßen, das Blut ihrer Weidetiere tranken oder gar zu Kannibalen wurden. Fasziniert von der Insektenplage, beschreibt ein Chronist aus Fulda detailliert das »breite Maul« und die »steinharten Zähne« der Heuschrecken; sie seien in so großen Schwärmen gekommen, dass sie die Sonne verdunkelten und »in einer Stunde 100 Morgen Feldfrüchte abfraßen«.

Wahlweise mit heidnischen Zauberformeln oder christlichen Gebeten versuchten sich die Bauern gegen solches Unheil zu wappnen. Sie segneten alles, wovon ihr Leben abhing: Saatkörner, Schweine, Rinder und sogar Bienen, die sie bei Anrufung der Jungfrau Maria baten, bloß nicht in den fernen Wald zu fliegen.

Wie hilflos die Menschen dennoch den Launen der Natur ausgeliefert waren, zeigt im 15. Jahrhundert ein offizieller kirchlicher »Befehl« gegen gefräßige Nacktschnecken: Darin wurden die örtlichen Pfarrer ernsthaft angewiesen, mit erhobenem Kreuz und Weihwasser gegen Nacktschnecken vorzugehen und die Schädlinge dreimal zu ermahnen, das Verwüsten der Felder bitte zu unterlassen. Blieben die Tiere »auf Anstiften des Satans« weiter uneinsichtig, »so verfluchen und exkommunizieren wir sie«.

Ernährer der Welt sollten die Bauern sein. Doch unter solchen Umständen war ihr eigene Not oft derart groß, dass Berthold von Regensburg eine Brandrede gegen die Maßlosigkeit der Grundherren hielt: »Ihr Räuber, ihr Ausplünderer, (...) ihr unrechten Richter und habgierigen Wucherer: Was wollt ihr Gott antworten am jüngsten Tage, wenn diese armen Gotteskinder (die Bauern) dann über euch klagen werden? Denn da steht mancher vor meinen Augen, der jetzt hundert Pfund Geldes für seine Arbeit haben müsste, und der nicht so viel hat, dass er sich vor dem Froste schützen kann.«

Ein Aufruf zur Rebellion war das allerdings nicht. Denn auch Berthold dämmte den Zorn, indem er den Bauern himmlischen Reichtum für ihre irdische Schufterei versprach. Doch nicht immer ließen sich die Landwirte mit der Hoffnung auf Gerechtigkeit im Jenseits vertrösten. Trickreich wehrten sie sich gegen den Abgaben-Wucher, zumindest lassen das die vielen Klagen der Adeligen vermuten. Da ist etwa die Rede von Bauern, die versuchten, ihren Herren schlechte Ware unterzujubeln: Kranke Tiere seien für gesunde ausgegeben, verdorbenes Korn sei ganz unten im Getreidesack versteckt worden.

So wuchs das gegenseitige Misstrauen. Ab dem 12. Jahrhundert durften Bauern vielerorts keine Waffen mehr tragen; dies sah die noch junge, aufstrebende Ritterschaft als ihr alleiniges Privileg an. Die Bauern, die noch im Frühmittelalter regelmäßig an Kriegszügen teilgenommen hatten, sollten sich fortan auf ihre Feldarbeit konzentrieren und sich bescheiden kleiden: ein grober Bauernkittel, der nur grau oder schwarz sein durfte; kurze Kniehosen; Riemenschuhe aus Rindsleder. Jeglicher Protz war verpönt.

Die strengen Kleidervorschriften waren zwar vorrangig der Versuch, eine dauerhafte und sichtbare Standesgrenze zwischen Adel und Bauernschaft aufzubauen. Gleichzeitig zeugten sie aber von der Angst der Oberschicht vor Aufständen. Wenn ein Bauer mit einem Schwert angetroffen werde, so hielt es die Regensburger Kaiserchronik von 1150 fest, dann sei er gefesselt vor die Kirche zu bringen und »mit Haut und Haar« zu verprügeln.

Trotz solch rabiater Maßnahmen eskalierten manchmal die Konflikte zwischen Grundherren und Bauern, etwa als der Bischof von Osnabrück im 11. Jahrhundert plante, ein neues Kloster im Teutoburger Wald zu errichten. Das dafür vorgesehene Waldstück wollten auch die örtlichen Bauern gemeinschaftlich nutzen, weil sie dort viele Eicheln für ihre Schweinemast vorfanden. »Der ungebildete Haufe«, klagte ein kirchlicher Chronist, habe daraufhin den Statthalter des Bischofs mit Waffengewalt bis nach Osnabrück verjagt. Damit war der Streit für die Bauern jedoch nicht gewonnen: Mit massiven Drohungen konnte sich langfristig der Bischof durchsetzen. Seine immer noch widerspenstigen Untertanen ließ er fortan »durch Schläge zur Zahlung ihrer schuldigen Abgaben« zwingen.

So endeten die meisten Machtproben. Nur in wenigen, sehr entlegenen Randgebieten konnten sich die Bauern über Jahrhunderte ihre Unabhängigkeit und Freiheit bewahren. »Sie wählen lieber den Tod, als sich unter dem Joch der Sklaverei zu beugen«, heißt es in einer Chronik bewundernd über die widerspenstigen Friesen, der keinem Herrn unterworfen seien. Und im norddeutschen Dithmarschen erschlugen Bauern 1144 sogar den Grafen von Stade, weil sie »seine Unterdrückungen nicht mehr länger ertragen konnten«.

Nicht weit von Dithmarschen, im Stedinger Land westlich der Weser, gingen die Bauern so weit, dass ein blutiges Exempel an ihnen statuiert wurde: Nachdem sie dem Erzbischof von Bremen die Zahlung von Abgaben verweigert hatten und 1229 auch noch überraschend seine Strafexpedition zurückgeschlagen hatten, schritt Papst Gregor IX. ein. Er ließ die Stedinger als Ketzer exkommunizieren und rief zum Kreuzzug gegen diese »wilden Bestien« auf.

Im Mai 1234 kam es in der Wesermarsch zum ungleichen Duell zwischen den mit Langspießen und Kurzschwertern bewaffneten Bauern und den gepanzerten Kreuzrittern. 6000 Aufständische seien »durch die Truppen des Herrn zermalmt« und »von Lanzen durchbohrt« worden, notierte ein kirchlicher Chronist zufrieden über das vorhersehbare Ende der Schlacht.

Kriegsähnliche Unruhen wie in Stedingen waren jedoch ganz seltene Ausnahmen und blieben lokal begrenzt. Viel häufiger wurde im Hochmittelalter dagegen um die verhassten Frondienste gestritten, die die Bauern oft absichtlich versäumten oder in einem passiven Widerstand verrichteten: langsam, nachlässig, widerwillig. Vielerorts war die Arbeitsleistung derart schlecht, dass die Grundherren einlenkten, zumal sich den Bauern mit dem Aufblühen der Städte im 11. Jahrhundert Alternativen boten: Flohen sie vom Land, konnten sie in der Stadt ihr Glück als Handwerker versuchen und galten dort nach einem Jahr und einem Tag rechtlich als freie Bürger.

Dadurch gerieten erstmals die Grundherren unter Druck: Manche versuchten, die Arbeitsmotivation ihrer Bauern zu steigern, indem sie ihnen eine Gewinnbeteiligung bei den Frondiensten versprachen. Andere senkten für besonders harte Arbeiten wie das Trockenlegen von Sümpfen die Steuerlast oder lockten ihre Untertanen, indem sie ihnen Privilegien verliehen.

Der bäuerliche Unmut blieb trotz solcher Maßnahmen groß und stellte schließlich das ganze System der Frondienste in Frage: Seit dem 12. Jahrhundert konnten sich die hörigen Bauern von den lästigen Arbeitsdiensten freikaufen, indem sie zusätzliche Steuern zahlten. Fortan verpachtete der Grundherr meist seine gesamten Ländereien und ließ seinen Hof ausschließlich von Leibeigenen und Bediensteten in Schuss halten.

Das mag die Situation vieler Bauern verbessert haben. Manch erfolgreicher Landwirt war im Spätmittelalter wirtschaftlich bessergestellt als ein verarmter Ritter und versuchte sich, sehr zum Unwillen der Oberschicht, wie ein Edelmann zu kleiden. Den viel gehegten Traum vom sozialen Aufstieg in den Klerus oder den Adel konnten jedoch nur die wenigsten verwirklichen.

»Weiß Gott, wie ich vom Pfluge weggeholt und der heiligen Wissenschaft verpflichtet wurde«, wunderte sich der Bauernsohn Werner Rolevinck im 15. Jahrhundert über sein Glück. Ihm war nach einer juristischen Ausbildung in einem Kölner Kloster der Sprung zum angesehenen Theologen gelungen. Empathie für das Schicksal seines einstigen Standes löste der rasche Aufstieg bei ihm aber offenbar nicht aus. »Eine allgemeine Unterordnung von Mensch zu Mensch ist ohne Zweifel gerecht«, schrieb Rolevinck 1472 in einem Verhaltenskodex für den »guten Bauern«, der seinem Herrn stets »demütig« zu gehorchen habe.

53 Jahre später sollte niemand mehr auf solche Worte hören: Erstmals kam es auf deutschem Boden zu einem revolutionären Flächenbrand, als im Bauernkrieg von 1525 Zehntausende für Menschen- und Freiheitsrechte zu den Waffen griffen.

Siegeszug der Erbse

Getreidegrütze, Gammelfleisch und stark gewürzter Gerstensaft: Anders als Bilder üppig gedeckter Tische vermuten lassen, hatten die meisten Mahlzeiten im Mittelalter mit Genuss wenig zu tun.

Von Nils Klawitter

Bauer Thankmar knurrt der Magen. Seit Stunden ist er nun schon dabei, das kleine Feld zu beackern. Doch sein Ochse ist lahm und der Holzpflug brüchig. Auch die Hühner legten schon mal besser. Wie er seinem adligen Herrn, dem Landeigner, auch noch Getreide und Eier als Abgaben liefern soll, ist ihm ein Rätsel.

Von ein paar Blättern Sauerampfer abgesehen, hat er den ganzen Morgen noch nichts gegessen. Als er mittags in seine Hütte aus Holz, Lehm und Flechtwerk zurückkehrt, hat seine Frau das Mittagessen bereitet. Es gibt mit Honig gesüßten Getreidebrei, wie fast jeden Tag. Dünner, mit Wasser zubereiteter Haferbrei war das verbreitetste Gericht im deutschen Mittelalter. Auch bei Thankmar wird er in einem Kessel über der Feuerstelle im Haus gewärmt. Er schmeckt noch nach dem Bodensatz der Kohlsuppe vom Vortag. Ein Löffel geht in der Familie um, einer für alle. Zu trinken gibt es Molke und für der Vater einen Rest Haferbier, das ihm in den Bart träufelt.

Anders als viele Darstellungen üppig gedeckter Tafeln vermuten lassen, war das Essen für die meisten Menschen im Mittelalter kein Genuss, wie der Alltag eines Bauern zeigt, der in diesem Beispiel Thankmar genannt wird. Es war Existenzsicherung. Das ebenerdige offene Herdfeuer ließ kulinarische Künste sowieso nicht zu. Übergewicht war ein Problem der Oberschicht, die Gefahr einer Hungersnot tief im Bewusstsein der Menschen verankert. Selbst am Hofe Karls des Großen lebten die Höflinge in der Sorge, nicht genug zu essen zu bekommen.

Die Vorstellungen von Gelagen mit Wein, Wild und Wachteln verdanken wir der »Wohlstandsfixierung der deutschen Kulturgeschichtsschreibung«, so der Göttinger Historiker Ernst Schubert. Vom Fressen und Saufen bei Festen abgesehen, sei im gemeinen Volk »Schmalhans Küchenmeister« gewesen.

Europa vor 800 Jahren: Der einfache Bauer isst meist vegetarisch, Fleisch kommt selten auf den Holztisch. Wenn doch, ist es oft alt und hat mitunter schon einen leicht gammeligen »hautgout«. Milch gibt es ausreichend nur in Gebieten mit Rindviehzucht. Vom 13. Jahrhundert an wird Brot neben Kraut und Rüben zum Standardlebensmittel. Hauptgetreide und Energielieferant ist der Roggen, der zunächst zwischen Feldfrüchten wie Dinkel und Einkorn als »Unkraut« wächst. Später werden im Winterfeld dann Roggen und Weizen und im Sommerfeld Gerste und Hafer angebaut.

Im Spätmittelalter liegt der jährliche Pro-Kopf-Verbrauch an Brot bereits bei 200 Kilogramm – heute sind es nur noch 57 Kilo. Die Ernte bringt damals gerade mal das Drei- bis Vierfache der Aussaat ein – ein Bruchteil des heutigen Wertes. Während der anspruchsvolle Weizen zum hellen Brot verbacken wird, das sich nur die Oberschicht leisten kann, bleibt das Roggenbrot das Grundnahrungsmittel des armen Mannes. Um Schimmel abzuhalten, wird es so stark gebacken, dass es theoretisch auch als Tellerersatz dienen könnte. Backtriebmittel gibt es noch nicht, so dass die meisten Brote flache Fladen bleiben. Voluminöseres Sauerteigbrot kommt erst im späten Mittelalter auf.

Küchenszene (aus einem Augsburger Kochbuch von 1507)

Das Haltbarmachen ihrer Nahrungsmittel, für die eine einfache Familie drei Viertel ihres Etats aufwenden muss, fällt den Bauern schwer. Das Konservierungsmittel Salz gilt noch als Luxusgut, dessen Handel einflussreiche Städte wie Reichenhall beherrschen. Um Salz werden Kriege geführt, vor allem zwischen Bayern und Salzburg. Zölle auf die wertvolle Ware bringen reichlich Einnahmen und festigen so die Macht etlicher Herzöge.

Wo das Salz zur Konservierung fehlt, wird mit scharfen Gewürzen oder Kräutern der strenge Geschmack der oft allzu alten Lebensmittel übertüncht. In den Bauernhütten riecht es nach Knoblauch, Kümmel und Bohnenkraut. Exotischen und teuren Safran können sich dagegen nur der Adel und der hohe Klerus leisten.

Doch es wird nicht nur scharf gewürzt, sondern auch kräftig gefärbt – am liebsten schwarz, mit geriebenem Lebkuchen oder mit Kirschsaft. Der Adel trumpft gern mit Schaugerichten auf: Eingelegte Bärentatzen etwa sollen ebenso Eindruck bei den Gästen schinden wie mit Blattgold überzogene Kuchen.

Jenseits der Oberschicht ist das Mittelalter jedoch eine Welt der Armut. Nachhaltige Überschüsse können die einfachen Bauern nicht erwirtschaften. Erst im späten Mittelalter ändert sich das, mit dem »Siegeszug der Erbse«, so der Historiker Schubert. Die Bauern haben entdeckt, dass auf dem Brachfeld der Dreifelderwirtschaft Hülsenfrüchte angebaut werden können. Erbsen werden zum Fleisch des kleinen Mannes.

Um genügend Flüssigkeit aufzunehmen, wird Alkohol getrunken. Das hat den Vorteil, sich nicht mit Keimen zu vergiften, was häufig vorkommt. Fluss- und auch Brunnenwasser sind mit Abfällen und Exkrementen belastet und gelten als ungenießbar. Als sauberste Trinkquelle wird Regenwasser angesehen, mit dem die Menschen ihren Wein verdünnen.

Dank eines täglichen Quantums von zwei bis drei Litern sind die meisten Männer Spiegeltrinker. Auch Frauen trinken bereits am Vormittag – Wein gilt als gut für den Teint. Mit Honig und Kräutern versetzt, wird aus dem dünnen Rebensaft ein übelwürziger Trunk. Apfel- und Birnenmost kommen erst später auf.

Das klassische Bier gilt im frühen Mittelalter noch nicht als Volksgetränk. Verbreiteter sind schwacher Haferbräu oder Met aus in Wasser gesottenem Honig. Doch die aufkommende Braukunst sorgt ab dem 13. Jahrhundert für flächendeckende Versorgung mit Bier und soziale Differenzierung: »Bier ist des Armen Malvasier«, heißt es, oder: »Trink Bier, bis du Wein bezahlen kannst.« Der Siegeszug des Bieres geht nach und nach auf Kosten des Weins. Der mitunter mit Ochsengalle, Nelken oder Schafsgabe versetzte Gerstensaft bleibt dauerhaft günstig: In Landshut beispielsweise kostet im Jahr 1265 ein Eimer gerade mal 18 Pfennige, die gleiche Menge Frankenwein jedoch schon 55 Pfennige.

Führt man sich die Gemengelage im Magen der Menschen damals vor Augen, verwundert es kaum, dass körperliche Ausscheidungsvorgänge ein großes Gesprächsthema der Zeit sind. Selbst im »buoch von guoter spise«, dem ersten deutschsprachigen Kochbuch von 1350 mit durchaus anspruchsvollen Rezepten, wird betont, dass erst »guote wuertze die grozzen furtze« bringe.

Und in der Fastnacht bogen sich die Leute vor Lachen, wenn Magenkranke imitiert wurden, die mit verkniffenem Gesicht bei Quacksalbern auftauchten und Heilung erflehten, weil sie unter akuter »Laufscheisse« litten.

Tasselmantel und Herrenrock

Kleider machen Leute: Das Gewand gab Auskunft über Herkunft, Rang, Beruf und Gesinnung. 800 Arbeitsstunden erforderte eine Wollgarnitur für Frauen.

Von Jan Keupp

Wer sich von Norden her der mächtigen Kathedrale von Chartres nähert, begegnet einem Bauern und einer Königin. Beide blicken vom rechten Seitenportal auf den Besucher herab, wo einst die Textilhändler ihre Ware anboten. Noch heute erzählen diese Skulpturen dem aufmerksamen Betrachter Geschichten, die tief in die Alltagswelt des Mittelalters führen. Denn die um 1220 geschaffenen Figuren dienten nicht nur als schmückendes Beiwerk. Als »Bücher der Laien«, so formulierte es damals der Zisterzienser Adam von Dore, hatten kirchliche Kunstwerke die Aufgabe, selbst »einfältige Leute zum göttlichen Wissen hinzuführen«. So sind sie nach wie vor Wegweiser für denjenigen, der die Kleiderwelt des Mittelalters erkunden will.

Der Bauer ist im Rhythmus seiner monatlichen Arbeiten dargestellt – das Beschneiden der Weinstöcke im Februar, Ernten im August, im November die Eichelmast. Sein Gewand scheint unabhängig von der Jahreszeit rein praktischen Erwägungen zu folgen: Stets trägt er einen einförmigen, knapp über die Knie reichenden Rock, der Armen und Beinen größtmögliche Bewegungsfreiheit garantiert. In der kalten Jahreszeit schützt ihn vor Wind und Wetter eine haubenartige Kapuze, die »Gugel«, die auch die Schultern umschließt. Die Füße stecken in einem Paar fester Stiefel; nur während der Kornernte in der Hitze des

Augusts geht der Landmann barfuß, das Haupt bleibt unbedeckt. In gleicher Gestalt sieht man den Bauern bereits auf dem rund 75 Jahre früher fertiggestellten Bogenfeld des Westportals. Seine Garderobe scheint dem Lauf von Zeit und Modeentwicklung vollständig enthoben.

Ganz anders die Königin: Es ist die biblische Herrscherin von Saba, die an der Seite von König Salomo im Gewände des Nordportals auftritt. Ihr Kleid sticht durch seinen Stoffreichtum ins Auge. Seine bodenlange Fülle, kaum gebändigt durch einen überlangen Schmuckgürtel, lässt unter einer Schleppe nur die Schuhspitzen erkennen. Der filigrane Faltenwurf verweist auf die exquisite Qualität eines feingewebten Seidenstoffs. Wie die mythische Königin selbst verbreitete er das exotische Flair des fernen Orients: Kostbare Tuche aus Persîâ und Arabî, aus Alexandriê und Ninivê stimulierten die Modephantasien der Poeten.

Ihr prächtiger Schultermantel verlangt der Königin volle Aufmerksamkeit ab: Während die eine Hand den schweren Stoff nach oben rafft, umschließt die andere die sogenannte Tasselschnur, die sich zwischen zwei metallenen Schließen (Tasseln) von Schulter zu Schulter spannt. Das Gewandstück selbst nötigte offenkundig zu diesem Gestus. Denn ohne den sichernden Griff drohte der Mantel nach hinten von den Schultern zu gleiten und seine Trägerin vor den Augen der adligen Gesellschaft im wahrsten Sinne des Wortes bloßzustellen. Nur wer es sich dank einer Dienstbotenschar leisten konnte, dauerhaft auf den Gebrauch seiner Hände zu verzichten, vermochte sich mit solch einem textilen Statussymbol zu schmücken.

Zwischen dem königlichen Kleideraufwand und der bäuerlichen Arbeitsmontur scheinen Welten zu liegen. Zweckmäßig jedoch war beides: Der Acker-

Jan Keupp
ist Professor für Mittelalterliche Geschichte an der Westfälischen Wilhelms-Universität Münster.

mann wollte in seiner Arbeit nicht behindert werden; in Adelskreisen hingegen galt gerade die selbstauferlegte Beschränkung der Bewegungsfreiheit als vornehmste Standespflicht. Dichter der Epoche bejubelten eine Haltung, wie die Skulptur der Königin sie zeigt, als Inbegriff höfischer Grazilität: »Dort wo die Tasseln hingehörten, da war ein dünnes Band von weißen Perlen befestigt, darein hatte die Schöne den Daumen ihrer linken Hand geschlagen. Die Rechte hielt sie etwas tiefer, dort wo man – wie ihr wohl wisst – den Mantel schließen soll, und hielt ihn in höfischer Weise mit zweien ihrer Finger zusammen«, schwärmte Gottfried von Straßburg um 1210 über den Auftritt der irischen Prinzessin Isolde.

Für den Poeten und sein Publikum erwuchs aus dem Einklang von körperlicher Schönheit und modischem Schick eine Sehnsuchtsgestalt, deren vornehme Erscheinung zugleich von sinnlicher Verheißung erfüllt war. Mit jedem Schwung des Mantels, so seufzte der Dichter, »sah man inwendig lauern das Bild, das sich die Liebe selbst in ihrer Gestalt und ihrem Gebaren so schön gedrechselt hatte«. Das subtile Spiel von Verhüllung und Zurschaustellung habe an diesem Tag so manchen Mann um den Verstand gebracht.

Erotische Eleganz stand einer Königin von Saba sicherlich gut zu Gesicht. In Chartres tritt sie in jungfräulicher Unschuld auf; nur ein Kronreif umfängt ihr offenes Haar. Verheiratete Frauen dagegen mussten ihr Haupt in einen Schleier oder eine Haube, das »Gebende«, hüllen. Die fremdländische Herrscherin aber galt dem Hochmittelalter zugleich als große Verführerin, die sich mit Salomo auch körperlich vereinigt habe. Hieß es nicht im Alten Testament, der weise König habe der Südländerin alles gewährt, »was sie wünschte und begehrte«?

An einem Kirchenportal war solch eine Figur nur akzeptabel, weil Theologen ihre exotische Schönheit mit der »schwarzen« Braut im Hohenlied Salomos gleichgesetzt hatten. Das wertete die sexuelle Verschmelzung zur mystischen Verbindung auf: Die Königin wurde zum allegorischen Sinnbild der christlichen Kirche, die sich dem Gottessohn ganz und gar hingeben konnte. Die Kleriker von Chartres mochten gleichwohl eindringlich davor warnen, es der Sabäerin gleichzutun. Den Gläubigen setzte man im Südportal ein Mahnmal falscher Eitelkeit: Eine Frau wird hier von einer Teufelsgestalt in den Abgrund der Hölle gezerrt – auch sie bekleidet mit Tasselmantel und höfischem Schleppkleid.

Mit ihrer Kleidung verband sich für Menschen des Mittelalters die Frage von Sein oder Nichtsein, sogar über den Tod hinaus. Auf Erden sicherte das Gewand die schiere Existenz, sei es durch harte körperliche Arbeit bei jeder Witterung oder durch die Erfüllung der strikten Standesnorm höfischer Etikette. Vor dem Thron des Weltenrichters aber entschied das Kleid als Zeichen von Eitelkeit oder keuscher Demut über den Platz im ewigen Leben. Damit wird eine Dimension mittelalterlicher Mode sichtbar, die weit über das scheinbar beliebige Formenspiel unserer Tage hinausgeht.

Von Anfang an mussten die Menschen viel Zeit, Wissen und Geschick in die Herstellung ihrer schützenden Hüllen investieren. Die Textilerzeugung des Mittelalters begann auf Feld und Weide. Um Leinen zu gewinnen, wurden Flachsstängel abgeerntet, die dann durch eine Kaskade von Verarbeitungsschritten – Riffeln, Rösten, Darren, Brechen, Schwingen, Hecheln, Spinnen, Haspeln und Schären – zum fertigen Leingarn wurden.

Wer sich in wärmende Schafswolle hüllen wollte, musste sich zunächst mit dem Schurmesser in der Hand dem blökenden Rohstofferzeuger zuwenden. Für eine Garnitur Frauenkleidung benötigte man etwa den jährlichen Wollertrag von zwei oder drei Schafen. Die grob- und mischwolligen Vliese wurden dann sortiert, durch Waschen und Schlagen von Schmutz, Schweiß und Tierfett gereinigt und durch Kämmen und Krempeln der Fasern für die Garnproduktion vorbereitet. Mit der Handspindel, seit dem 12. Jahrhundert auch mit dem Spinnrad, stellte man in einem mühevollen, monotonen Arbeitsgang Fäden her, die hernach auf dem Webstuhl zum Wollstoff weiterverarbeitet wurden.

Die Qualität und Haltbarkeit der Tuche ließ sich durch sogenanntes Walken verbessern, bei dem das Gewebe durch Verfilzung der Oberflächenfasern haltbar und wasserabweisend gemacht wurde. Das Tuchscheren glättete besonders wertvolle Ware zusätzlich. Und dann galt es, mit Schere, Nadel und Faden ein gut sitzendes Kleidungsstück zu fertigen.

Wie viel Zeit steckte am Ende im Kleid? Historiker und Archäologen haben sich bemüht, die Abläufe zu rekonstruieren. Experimente am dänischen Centre for Textile Research haben ergeben, dass um die Jahrtausendwende annähernd 800 Arbeitsstunden für eine einzige weibliche Kleidergarnitur von feiner Wollqualität benötig wurden. Auch wenn geübte Handwerkerinnen die einzelnen Arbeitsschritte wohl erheblich flotter erledigen konnten, der schnelle Kauf im Textildiscount blieb den Zeitgenossen des Mittelalters verwehrt.

Umso mehr achtete man deshalb auf das äußere Erscheinungsbild seiner Mitmenschen. »Kleider machen Leute« war kein bloßer Spruch. In Erzählungen der Epoche verschmolzen Gewand und Person zur Einheit: »Als ein Narr, Lobelin geheißen, mit einem neuen Rock bekleidet war, da erkannte er sich selbst nicht mehr. Und er fragte alle Leute, die ihm begegneten, ob sie nicht Lobelin gesehen hätten.«

Was eine gelehrte Scherzsammlung des 14. Jahrhunderts als bloße Narretei abhandelt, war für weite Teile der Bevölkerung bitterer Ernst. Da es an Wechselwäsche mangelte, avancierte das alltägliche Gewand zum verbindlichen Erkennungsmerkmal. Nicht allein Herkunft und Rang eines Menschen, auch Geschlecht, Alter und Beruf glaubte man an Farbe, Schnitt und Machart der Kleider ablesen zu können. Selbst Rückschlüsse auf Gesinnung und moralische Qualität schienen gestattet.

Kein Wunder, dass in Steckbriefen des ausgehenden Mittelalters nur selten die Gesichtszüge der Gesuchten näher beschrieben wurden. Gewöhnlich hielt man es für ausreichend, die Kleidung der Delinquenten zu benennen. Im Jahr 1426 etwa ließ die Stadt Leipzig nach zwei Brandstiftern so fahnden: »Der eine trägt einen grauen, geflickten Mantel, der ist am Hals mit blauem Stoff gefüttert und er hat ein schwarzes Untergewand aus Barchent und eine graue Kapuze auf. Der andere trägt einen grauen Rock mit gekrempelten Ärmeln und eine schwarze Mütze und hat schwarzes Haar.«

Für das Gros der Bevölkerung des 10. Jahrhunderts mochte durchaus zutreffen, was der maurische Reisende Ibrahim-Bin Ahmed al-Tartuschi voller Abscheu an den Hof des Kalifen von Córdoba meldete: »Du siehst nichts Dreckigeres als sie! Ihre Kleider waschen sie nicht, nachdem sie sie einmal angezogen haben, bis dass sie zu Lumpen zerfallen.« Dennoch wäre es verfehlt, an dieser Stelle das altersmüde Klischee vom zerlumpten und schmutzstarrenden Pöbel des »finsteren« Mittelalters wiederzubeleben. Denn der muslimische Autor preist fast im selben Atemzug die Qualität der englischen Wolle und rühmt den Goldbesatz des königlichen Ornats.

Gerade der Wohlstand seiner adligen Eliten, verbunden mit dem stetigen Ausbau der Ressourcen, bescherte dem lateinischen Abendland eine anschwellende Flut modischer Neuerungen. Orientierten sich die Führungsgruppen des Frühmittelalters mehrheitlich am Vorbild des griechischen Ostens, so erwachte im Lauf der nachfolgenden Jahrhunderte das Modebewusstsein auch im Westen zu immer größerer Eigenständigkeit.

Der rasche Rhythmus des Formenwandels lässt sich an den Skulpturen von Chartres ablesen: Auch die strahlende Königin von Saba findet am Westportal ihr Gegenstück. Die um 1145 geschaffene Figur unterscheidet sich stark von ihrer Nachfolgerin aus dem 13. Jahrhundert: Sie verzichtet gänzlich auf den Mantel, dafür sind die Ärmelenden in Überlänge trompetenförmig ausgearbeitet. Ein eng geschnürtes Gewand betont die Sinnlichkeit der Erscheinung. Es lässt die kleinen Brüste, die schmale Taille und den leicht gewölbten Bauch hervortreten – damals an Damen besonders geschätzte Schönheitsattribute.

Technische Fortschritte wie die Einführung von Spinnrad und Trittwebstuhl, die Spezialisierung des städtischen Textilhandwerks und eine erfolgreiche Schafzucht sorgten dafür, dass seit dem hohen Mittelalter immer mehr hochwertige Tuchwaren verfügbar wurden. Neben dem feudalen Adel gelangten damit auch wohlhabende Stadtbürger und selbst potente Großbauern in den Genuss raffiniert geschnittener Gewandstücke. Mitte des 14. Jahrhunderts war die kritische Masse erreicht, die in Europa eine regelrechte Modeexplosion auslöste – bei Frauen wie Männern: Während die Damen Dekolleté zu zeigen begannen, verkürzte sich in der Herrenmode der Rock derart radikal, dass das Männerbein als Hauptmerkmal maskuliner Erotik die Blicke ungehindert auf sich zog.

Selbst die Krisen und Katastrophen des späten Mittelalters konnten die wachsende Nachfrage kaum bremsen. Als der erste Seuchenzug der Pest gerade ein Jahr vorüber war, »da begann die Welt wieder zu leben und fröhlich zu sein und es machten sich die Männer neue Kleider«, berichtet 1350 ein rheinischer Chronist. Einige Jahre später notiert er bestürzt: »Wer heuer ein Schneidermeister war, der wurde übers Jahr wieder zum Lehrburschen, so sehr hat sich in unseren Zeiten der Schnitt der Kleider verändert.« Den tieferen Grund der Neuerungssucht glaubte der Geschichtsschreiber dabei präzise benennen zu können: Es sei die Hoffart der Menschen, die gegen die gottgewollte Ordnung stolz ihren Nacken erhebe.

Vergebens suchten Klerus und weltliche Obrigkeit gegen die Extravaganzen der Mode einzuschreiten. Eine Flut von Predigten und Erlassen gegen Kleiderluxus sollte den Menschen die Grenzen von Stand und Sittlichkeit erneut ins Gedächtnis rufen. Doch die einmal freigesetzte Energie ließ sich mit den Waffen von Recht und Gesetz nicht wieder eindämmen. Das Bedürfnis, sich in zeitgemäßer Kleidung schmuckvoll ins Bild zu setzen, in Mittelalter wie Moderne ein menschliches Grundanliegen, hatte sich endgültig Bahn gebrochen.

Der große Unbekannte

Die Geschichten von Till Eulenspiegel sind berühmt, doch über seine Herkunft weiß man wenig. Wer war der Schelm wirklich?

Von Hubertus J. Schwarz

Anno 1339. Gerichtsbezirk der Altstadt Braunschweig. Tile van Cletlinge und seine sechs Kumpane sind vor dem Rat angeklagt, mutmaßlich wegen Straßenraubs. Zum Prozess erscheinen sie jedoch nicht. So verhängt der Rat die »Verfestung« über die Unglücklichen. Jeder, der sie künftig im Raum Braunschweig antrifft, kann sie festnehmen, und niemand darf ihnen Gastfreundschaft gewähren, sonst macht er sich selbst strafbar. Nach der mittelalterlichen Rechtsprechung macht sie das faktisch zu Geächteten.

Die Spießgesellen kommen aus dem verarmten niederen Adel des Braunschweiger Umlands. Oft mittellos und ohne ertragreichen Boden oder Pfründen, geht es dem Landadel im 14. Jahrhundert nicht viel besser als den Bauern. Häufig lassen sich junge Männer von Landesfürsten anstellen. Im Grunde sind sie dann oft nichts anderes als Söldner, die sich mit ihrem Schwertarm an den Meistbietenden verdingen.

Alle sieben geben an, in Diensten des Grafen von Regenstein gestanden zu haben. Dieser führt seit Jahren einen erbitterten Kleinkrieg gegen den Bischof von Halberstadt. Der Anlass sind offenbar Erbschaftsstreitigkeiten. Immer wieder kämpfen die Männer des Bischofs und die Vasallen des Grafen gegeneinander. Ob die sieben Delinquenten tatsächlich in diese Auseinandersetzungen verstrickt waren, ist nicht belegt. In den Braunschweiger Urkunden ist lediglich das Urteil niedergeschrieben. Das Geschlecht derer van Cletlinge aber verlässt den Ort und siedelt in den Magdeburger Raum um.

Viele Informationen enthält das »stadtbraunschweigische Verfestungsbuch«, in dem das Urteil und die Namen der Angeklagten festgehalten sind, nicht. Dennoch ist die knappe Notiz aufschlussreich. Belegt sie doch, dass es im 14. Jahrhundert einen Tile van Cletlinge oder in anderer Schreibweise Till von Kneitlingen gegeben hat, der im Raum Braunschweig sein Unwesen trieb. Eines ist auffällig: Sein Name, die Lebensdaten und der zweifelhafte Ruf decken sich mit der Biografie eines berühmten Narren und Helden mittelalterlicher Erzählungen – Till Eulenspiegel.

Seine Streiche kennt jedes Kind. Die volkstümlichen, kurzen und oft derben Erzählformen der Schwänke oder Fazetien waren vor allem unter der einfachen Bevölkerung beliebt, die weder lesen noch schreiben konnte. Eulenspiegel ist schlau, aber er stellt sich dumm: So nimmt er den Wunsch des Königs von Dänemark, dessen Pferd mit den allerbesten Beschlägen auszustatten, wörtlich und lässt dem Gaul Hufeisen aus purem Gold anschlagen. Oder: Nachdem ihm der Herzog von Celle verbietet, sein Land zu betreten, belädt Eulenspiegel einen Karren mit Erde. Darauf setzt er sich, fährt triumphierend vor der Burg des Herzogs herum und tönt, er setze ja keinen Fuß auf dessen Boden.

Selbst der tote Eulenspiegel gibt keine Ruhe. Während der Beerdigung rutscht er den Trägern aus den Händen und fällt so unglücklich ins Grab, dass er aufrecht stehen bleibt. Der Legende nach war es den Bürgen dann auch genug der Scherze: Sie begruben in einfach stehend.

Die Schwänke um den lustigen Schurken wurden schon im 16. Jahrhundert in etliche Sprachen übersetzt und in großen

Auflagen gedruckt. Für die damalige Zeit, in der noch wenige Bücher im Umlauf waren, ist diese Verbreitung ein beeindruckender Erfolg. Das Eulenspiegel-Buch wurde zum Klassiker – und Till zum deutschen Nationalnarren.

Dabei diente er unterschiedlichsten Ideologien als Galionsfigur. 1807 deutete der Hochschullehrer Joseph Görres, noch beeinflusst von den Idealen der Französischen Revolution, Eulenspiegel als bäuerlichen Prototyp und »plebeyischen Tribun mit der Schellenkappe«. Im Nationalsozialismus musste er als Beleg für die Klugheit der germanischen Rasse herhalten. Die Forschung der DDR sah Eulenspiegel dagegen als Vorreiter des Klassenkampfs.

Aber wer war Till Eulenspiegel wirklich? Das Buch selbst liefert dafür nur wenige Anhaltspunkte. Till soll im Jahr 1300 geboren sein, seine Eltern werden als schlichte Leute beschrieben. Der Vater besitzt allerdings ein Pferd – im Mittelalter ein Luxus, den sich ein einfacher Bauer nicht leisten konnte. Auch das kaum bekannte Dorf Kneitlingen wurde wohl nicht zufällig als Geburtsort des Narren angegeben. Eines Tages ziehen Eulenspiegels Eltern mit ihrem Sohn in die Nähe von Magdeburg – genau wie die Angehörigen Tile van Cletlinges oder Kneitlingens. Diese Übereinstimmungen sprächen dafür, dass das Leben des Straßenräubers in die Figur des Narren Eulenspiegel eingeflossen sei, meint der Historiker Bernd Ulrich Hucker.

Und wie kam Till zu seinem Namen Eulenspiegel? Eine Antwort findet man in Mölln. Die norddeutsche Stadt hat eine lange Eulenspiegel-Tradition. Hier soll er aufrecht begraben worden sein. Und tatsächlich starb wohl 1350 ein Tilo dictus Ulenspegel in Mölln. Er war angeblich ein Hofbeamter des Herzogs von Sachsen-Lauenburg. Vielleicht sogar ein Hofnarr. Die Spaßmacher im Rang eines Ministerialen waren gebildet und im

Mittelalter hoch geachtet. Auf unterhaltsame Weise erzählten sie den Herrschenden, was das Volk so über sie dachte.

Auch in dem Lauenburger Hofbeamten steckt womöglich ein Stück des historischen Till. »Die Überlieferung vom Möllner Ulenspegel verschmolz mit der Sage von seinem Zeitgenossen Tile von Kneitlingen«, sagt der Eulenspiegel-Experte Hucker. Tatsächlich erwähnt der spätere Bischof von Lübeck, Johannes Scheele, in einem Brief von 1411 einen Ulenspegel, der einen Streich begangen haben soll. Sechzig Jahre nach dem Tod Tilos sind die beiden Personen demnach schon zu einer Figur geworden.

Der anonyme Verfasser des Eulenspiegel-Buchs dürfte von diesem Ulenspegel gehört haben – einem Tunichtgut, der im Raum Braunschweig sein Unwesen trieb und in Mölln verstarb. Ihm die mitunter bitterbösen Gaunereien anzudichten, wie sie im Eulenspiegel-Buch zu finden sind, lag nahe. Eine Figur, von der man im deutschen Raum berichtete, eignete sich gut als Hauptfigur der Erzählungen. Die Menschen bekamen etwas zu hören, das sie kannten und mit dem sie etwas verbinden konnten. Beweisen lässt sich das alles allerdings nur schwer. Dafür wurden die Geschichten des Nationalnarren über die Jahrhunderte zu sehr verändert; historische Belege fehlen weitgehend.

Zudem stammt das Eulenspiegel-Buch nicht aus einer einzigen Quelle, sondern ist eine Sammlung von Geschichten unterschiedlicher Herkunft. Mit dem gleichbleibenden Titelhelden bekamen sie ihre Rahmenhandlung. In der ältesten erhaltenen Ausgabe von 1510/11 wird Eulenspiegel übrigens ohne Narrenkappe und Schellenkostüm dargestellt. Dieser Ur-Eulenspiegel glich noch sehr viel mehr einem Schurken als dem lustigen Gaukler, den man heute kennt.

Ein aufmerksamer Leser wird schnell feststellen, dass etliche Eulenspiegeleien in einem anderen Stil geschrieben sind als die übrigen Kapitel. Auch die Persönlichkeit des Narren verändert sich.

Und es gibt weitere Ungereimtheiten: So wird Eulenspiegel als Zeuge historischer Ereignisse genannt, die lange vor seiner Geburt oder weit nach seinem Tod stattgefunden haben. So soll er zur Wahl Lothars von Supplinburg zum deutschen König gereist sein. Die fand jedoch bereits 1125 statt, also 175 Jahre vor der Geburt Eulenspiegels. Auch kann er, anders als in der Erzählung behauptet, keinen Papst in Rom besucht haben, da dieser damals in Avignon residierte. So wie viele ihn kennen, hat es Till Eulenspiegel sicherlich nie gegeben. Sein letztes großes Geheimnis behält er also weiter für sich – aber was für ein Schalk wäre er schon, wenn er all seine Schliche verriete.

Staatliche Sühne

Ein gebildeter Ritter schrieb das erste deutsche Rechtsbuch: den »Sachsenspiegel«. Er regelt Morgengabe, Gottesurteil, Hinrichtungen – und begründet doch den modernen Strafprozess.

Von Thomas Darnstädt

Es gibt Gesetze, die halten ewig. Sie überstehen die Jahrhunderte, Revolutionen, den Untergang von Staaten, sie geraten in Vergessenheit – und haben immer noch Geltung. Ihretwegen kann man sogar 750 Jahre später einen Prozess verlieren.

So ging es 1981 einem Briefträger aus dem Bayerischen. Der Hobbyarchäologe hatte auf dem »Runden Berg« im schwäbischen Urach ein paar kulturgeschichtlich bedeutsame schmiedeeiserne Geräte aus dem frühen Mittelalter ausgegraben, in sein Auto geladen und nach Hause gebracht.

Der Griff in die Geschichte war eine Straftat. Das baden-württembergische Landesrecht bestimmt, dass solche Fundstücke dem Land gehören und abzuliefern sind. Der wegen Unterschlagung verurteilte Postmann zog ob der »entschädigungslosen Enteignung« empört bis vors Bundesverfassungsgericht – und verlor.

Im Boden verborgene Schätze gehörten dem Landesherrn und nicht dem Finder, so entschieden die Richter, das sei auf deutschem Boden schließlich schon lange vor Geltung des Grundgesetzes so gewesen, seit spätestens 1230. Damals entstand der Sachsenspiegel. Und darin steht: »Jeder Schatz, unter der Erde begraben, tiefer als ein Pflug geht, gehört der königlichen Gewalt.« Sachsenspiegel, 1. Buch, Nummer 35, Paragraf 1.

Was ist das für ein Gesetzbuch, das es aus dem hohen Mittelalter in die offizielle Sammlung der Entscheidungen des Bundesverfassungsgerichts schafft? Rechtshistoriker, Verfassungsrechtler, Kunstgeschichtler beugen sich im 21. Jahrhundert noch immer über die wenigen vollständig erhaltenen, reich bebilderten Abschriften des ältesten deutschen Rechtswerks. Denn das Buch ist nicht nur eine Sammlung schlicht genialer Regeln, die bis in den Alltag des 21. Jahrhunderts hinein Gültigkeit haben; die alte Schwarte ist zugleich ein Handbuch über das wahre Leben des 13. Jahrhunderts – »das Drehbuch des Mittelalters«, so der Mainzer Jurist Paul Kaller, der das alte Werk ins moderne Hochdeutsch gebracht hat.

Ausgerechnet ein Rechtstext ist die älteste bedeutende Prosaschrift deutscher Sprache. Dabei weiß niemand genau, wie und warum der Sachsenspiegel entstanden ist. Bis heute streiten Fachleute über den Autor und seine Motive. Selbst von japanischen Rechtshistorikern wurden Theorien entwickelt über die Genese jenes rätselhaften Buchs, das bis in die Gegenwart Wellen schlägt.

Der Mann, der es zwischen 1220 und 1230 schrieb – oder diktierte –, hieß Eike, und weil er aus dem anhaltinischen Reppichau stammte, nannte er sich Eike von Repgow. Bilder aus dem Sachsenspiegel finden sich heute dekorativ auf Mauern des Dörfchens an der Landstraße zwischen Dessau und Köthen.

Eike war – wahrscheinlich – ein gebildeter Ritter, der – wahrscheinlich – am Hofe Heinrichs I., des Fürsten von Anhalt, beim Ausbau der Herrschaft mithalf und dabei allerlei über Regeln und Gebräuche sowohl der besseren Gesellschaft als auch im Umgang mit dem einfachen Volk, den Bauern, mitbekam. Graf

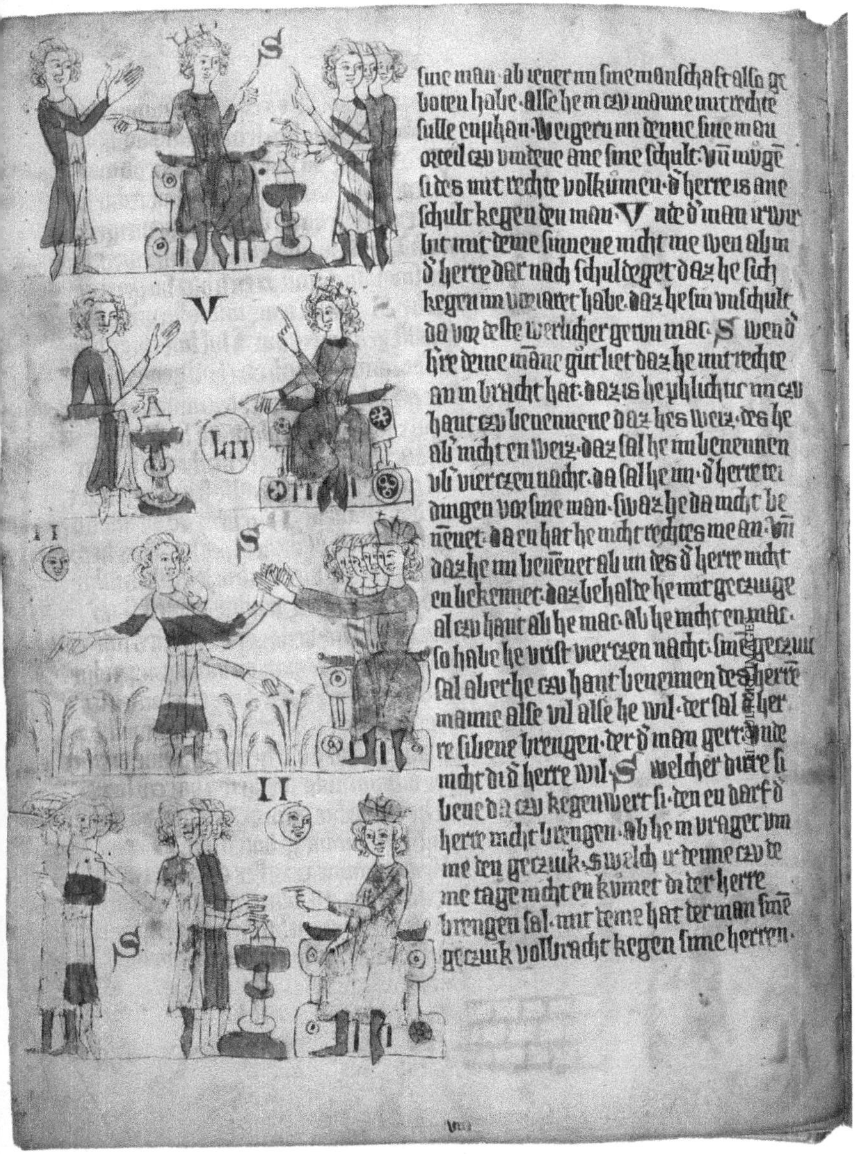

Heidelberger Handschrift des »Sachsenspiegels« mit Symbolbildern (14. Jahrhundert)

Hoyer von Falkenstein wirkte ebenfalls am anhaltinischen Hof. Er bat seinen Freund Eike, die Arbeit des Landesherrn als regionaler Richter durch ein Regelhandbuch zu unterstützen.

Wie soll man ein Gesetzbuch schreiben, wenn es überhaupt keinen Gesetzgeber gibt? Warum Eike sich das antat, ist bis heute ungeklärt. Niemand im Reich hatte seinerzeit die Autorität, allgemeingültige Gesetze zu machen und durchzusetzen. Die Könige waren zwar oberste Gerichtsherren. Was auf deutschem Boden Recht war, konnte aber jeder Landesfürst für sich bestimmen. Selbst die Fürsten aber kamen nur mühsam und erst nach und nach gegen das altverwurzelte Stammesrecht in den Dörfern an, über dessen Geltung in vielen Gemeinden autonom entschieden wurde.

In den dicken Filz eingeborenen, ungeschriebenen Rechts sickerte nun ganz neue Juristerei aus Italien: Von den gelehrten Wissenschaftlern aus der Rechtsschule in Bologna stammte neu kommentiertes und systematisch geordnetes römisches Recht, die Digesten. In der gerade heftig sich modernisierenden Agrarhandelsgesellschaft machte das fremde Recht mächtigen Eindruck: Diese Gesetze waren eindeutig und übersichtlich – und vor allem aufgeschrieben.

»Schreib das auf!«, war die Losung des Jahrhunderts. Geschriebenes Recht war im Volke bislang unnütz, weil eh kaum jemand lesen konnte. Doch dann kam aus einem Kloster bei Bologna ein dickes Buch, das an deutschen Universitäten bald wegweisend sein sollte: Der Mönch Gratian hatte auf Pergament zusammengebracht, was als Kirchenrecht durch die fromme Welt verstreut war. Das Decretum Gratiani von 1140 war schon zu Eikes Zeiten ein Standardwerk.

Gemessen am wissenschaftlichen Recht aus Italien war Eikes Werk ein grober Klotz: Der Sachsenspiegel ist ein recht ungeordnetes Sammelsurium juristischer Sätze. Die Regeln, gegliedert in Bücher, Ziffern und einzelne Paragrafen, hat sich der Ritter aus Reppichau nicht ausgedacht. Er hat sie zusammengestellt, wie sie ihm im täglichen Leben in den Dörfern und bei Bauern und Burgherren in den Hügeln des Westharzes begegneten – ein »Spiegel« eben, gewissermaßen das deutsche Rechtsmagazin für Haus und Hof.

Das meiste dreht sich in diesem Buch um den Tod. Der Sterbefall als Erbfall war in der bäuerischen Gesellschaft nach der Ehe der bedeutendste Vorgang von rechtlichem Gewicht. Darum steht das Erbrecht im Mittelpunkt des Sachsenspiegels. Zentrale Frage: Wie wird der väterliche Hof verteilt? Nur unter den Söhnen. Was bekommen die Töchter? »Schafe, Gänse, Kästen mit gewölbten Deckeln« und »Bücher«, denn: »Die Frauen pflegen zu lesen.« Und was erbt die Witwe? Gar nichts. Alles Weitere siehe Eherecht.

Das schreibt vor: »Der Mann ist auch Vormund seines Weibes, sogleich sie ihm getraut ist. Das Weib ist auch des Mannes Standesgenossin, sogleich wenn sie in sein Bett tritt.« Der Tritt ins Bett ist auch von vermögensrechtlicher Bedeutung: Am Morgen nach der Hochzeitsnacht gibt es die »Morgengabe«. Knecht, Magd, ein paar Stücke feldgängiges Vieh gehören fortan der Frau, wenn sie auch nicht darüber verfügen darf. Sie dienen der Versorgung, wenn der Gatte stirbt. Im Übrigen bleibt das Vermögen streng getrennt: So sollte verhindert werden, dass nach dem Tode Vermögensteile in die Familie des Ehepartners abwandern.

Etwas völlig Neues brachte Eike mit dem Strafrecht. Dass der Staat die Sühne für Rechtsbruch als seine Sache betrachtet, also nicht mehr – wie seit ewigen Zeiten – ausschließlich der Geschädigte auf dem Wege der Privatjustiz Wiedergutmachung und Buße fordert, diese Innovation breitete sich mit der aus Frankreich kommenden Landfriedensbewegung aus.

Immer häufiger wurden im 13. Jahrhundert so Friedensverträge zwischen Fürsten und Adel geschlossen, die vorsahen, auf Blutrache und Fehde unter den Stämmen zu verzichten – zugunsten staatlicher, gerichtlicher Streitschlichtung. Diese Idee sollte 1495 schließlich zur Verkündung des »Ewigen Landfriedens« in Worms und zur Gründung des Reichskammergerichts durch Maximilian I. führen: Es war der Beginn des umfassenden staatlichen Gewaltmonopols, für Juristen der Beginn der Neuzeit.

Eigentlich aber, sagen maßgebliche Rechtshistoriker, hat die Neuzeit im Kleinen schon mit Eikes Buch begonnen. Seine Verankerung des staatlichen Untersuchungs- und Strafanspruchs und eines geregelten Strafprozesses im Sachsenspiegel war für die Zeit revolutionär – mögen auch die Regeln selbst heute Grauen erregen.

So galt auch noch das Prinzip der »spiegelnden Strafen«: Wer ein paar Silberlinge stahl, verlor seine Hand. Je schlimmer man die Tat fand, desto drastischer war die Bestrafung: Ehebrecher und Vergewaltiger wurden geköpft, Zauberer auf dem Scheiterhaufen verbrannt, Mörder aufs Rad geflochten.

Um die Beweisführung vor Gericht zu erleichtern, bekam jeder, der den Täter auf frischer Tat ertappte, das Recht zugesprochen, den Delinquenten festzunehmen. Das gilt bis heute, nur die Details waren damals anders: Der Täter musste umgehend gefesselt vor den Richter gebracht werden, die Tatwaffe an ihm festgebunden.

In komplizierteren Fällen griff die Justiz zum Gottesbeweis: Der Verdächtige musste glühende Eisen anfassen; anschließend wurde von Sachverständigen seine Haut begutachtet: Entzündete sich die Wunde, galt dies als Schuldnachweis. Ausführlich geregelt ist auch die Beweisführung durch Zweikampf. Dabei sieht Eike eine Sonderregelung für lahme Verdächtige vor: Sie dürfen sich von einem Vertrauensmann vertreten lassen.

Eine effiziente Strafrechtsordnung war besonders nötig für die immer zahlreicher aufblühenden neuen Städte. Die wuchsen schnell, weil sich hierhin das verarmte Bauernvolk flüchtete. Obdachlosigkeit, Verwahrlosung, Kriminalität bedrohten den jungen Kaufmannsgeist, der vom freien, sicheren Handel und vom Wandel lebte.

Eikes Buch enthielt wichtige Handreichungen für diese Gesellschaft im Aufbruch. Sogar ein Straßenverkehrsrecht gab es: Vorfahrt an engen Brücken hatte, wer zuerst kam. Die Idee, das »Prioritätsprinzip«, hatte der Autor wahrscheinlich von den Juristen aus Bologna übernommen; aber der Mann aus dem 13. Jahrhundert hat sie unsterblich gemacht. Paragraf 12 Absatz 5 der heutigen Straßenverkehrsordnung: »An einer Parklücke hat Vorrang, wer sie zuerst unmittelbar erreicht.«

So wurde der Musterentwurf aus dem Sachsenland schnell zum Vorbild für weite Teile Europas. In Süddeutschland, Österreich und der Schweiz entstand auf seiner Grundlage der »Schwabenspiegel«. Das Stadtrecht von Hamburg, Bremen, Breslau stützte sich auf den Sachsenspiegel. Eikes Text wurde ins Polnische und Niederländische übersetzt; mit der Ostkolonisation verbreitete er sich über weite Teile des Kontinents. In der Ukraine und in Weißrussland gilt das Jus Teutonicum auch heute wieder als traditionelle Grundlage der eigenen – schwierigen – Rechtskultur.

Immer wieder aktualisierte Eike sein Grundlagenwerk. Der Verbreitung war auch dienlich, dass neue Generationen von Illustratoren die Regeln mit kleinen Bildern anreicherten: eine unentbehrliche Hilfestellung für all jene, die nicht lesen konnten.

Jahrhundertelang beschäftigten sich Rechtskommentatoren mit Ergänzungen und Erläuterungen des Textes aus dem wilden 13. Jahrhundert, dem heimlichen Beginn der Neuzeit. Amerika war längst entdeckt, die Buchdruckerkunst lange erfunden, die

Neuzeit schon nicht mehr neu, da galten die Regeln des Sachsenspiegels immer noch.

In Preußen löste erst 1794 das Allgemeine Landrecht Eikes Regelwerk ab. In Holstein, Lauenburg, Anhalt und einigen thüringischen Kleinstaaten galt Sachsenspiegel-Recht sogar bis zum Inkrafttreten des Bürgerlichen Gesetzbuchs im Jahr 1900.

Dass aus Eikes illustriertem Rechtsmagazin ein Jahrtausenderfolg werden konnte, liegt an seiner Schlichtheit. Der Sachsenspiegel war die volksnahe Alternative zur gelehrten Rechtswissenschaft, die aus den Elfenbeintürmen und Klöstern jenseits der Alpen stammte. Eikes Recht dagegen war Hausmacher-Art.

Es war so richtig volksdeutsch, dass die Nazis es bald nach 1933 für sich entdeckten und dem alten Eike neue Denkmäler bauten. Den Völkischen gefiel das urwüchsig Germanische am Sachsenspiegel. Doch nichts Herrenmenschenhaftes haftet am Recht des späten Mittelalters. Liberal, manchmal sogar aufsässig ist die Grundhaltung des Rechtssetzers aus Reppichau.

An einer berühmten Stelle packt es ihn gar derart, dass er aus der Rolle fällt. Mitten im trockenen Regelwerk, im 3. Buch unter Nummer 42, kommt der Ritter zur Sache: »Gott hat den Menschen nach sich selber gebildet und hat ihn durch seinen Martertod erlöst, den einen wie den anderen; ihm ist der Arme ebenso lieb wie der Reiche.« Und da, Paragraf 5: » ... der Mensch Gottes sein soll«, heißt das, wer »ihn anders jemand zuspricht als Gott, dass er wider Gott tut«. Folglich, Paragraf 6: »Nach rechter Wahrheit hat Leibeigenschaft Beginn von Zwang und von Gefangenschaft und von unrechter Gewalt, die man seit Alters in unrechte Gewohnheit gezogen hat und nun für Recht halten will.«

Das heißt nichts anderes als: Freiheit, Gleichheit – Brüderlichkeit. Ob das der König gelesen hat? »Berührend« findet der Frankfurter Rechtshistoriker Albrecht Cordes diese »schönste

Stelle« in Eikes Werk. Cordes, der seine Studenten gelegentlich Prüfungsklausuren über Rechtsbilder aus dem Sachsenspiegel schreiben lässt, sieht das alte Werk durchzogen von freiheitlichen Ideen: »Die Bauern wurden ökonomisch unabhängiger vom Grundherrn, weil die Nutzung des Bodens auf eine rechtlich gesicherte Grundlage gestellt wurde.« Auch in den Städten habe Eikes liberaler Geist geweht: »Auf der Grundlage des Sachsenspiegels«, so Cordes, »entstanden vielerorts freiheitliche Ratsverfassungen.«

Es war der Mix aus »gesundem Menschenverstand, praktischer Lebenserfahrung und Tradition« (Cordes), der dem ersten deutschen Rechtsbuch Ewigkeitswert verliehen hat. Aus dieser Mischung entstanden Regeln von zeitlosem Nutzwert. Eine davon wirkt bis heute auf fast jedem Kindergeburtstag befriedend und befreiend im Streit um die Aufteilung des letzten Stückes Kuchen. Sachsenspiegel, 3. Buch, Nummer 29, Paragraf 2: »Der Ältere soll teilen, der Jüngere soll wählen.«

Gottes Troubadour

Ein italienischer Patriziersohn
brach mit dem Bürgerleben, predigte Demut
und Armut. Rasch fand Franz von Assisi
Anhänger in ganz Europa.

Von Daniel Steinvorth

Welch ein missratener Sohn! Eine Schande für die Familie! Was hatte der Tuchhändler Pietro Bernardone nicht alles in seinen Jungen investiert. Eine Ausbildung in der Pfarrei von San Giorgio, damit er Lesen und Schreiben, Rechnen und Latein lernte. Edle Gewänder, damit er sich nach der Mode kleide. Und Geld – genug, um verschwenderische Gelage zu feiern, um Eindruck zu schinden bei seinen Freunden. Ein stolzer Kaufmann hätte er werden sollen, ganz wie sein Vater: geachtet, gefürchtet, beneidet von den Bürgern Assisis.

Und nun? Steht sein Sohn in aller Öffentlichkeit nackt vor ihm. Vor den Augen des Bischofs und all der Edlen und Einfachen, die sich an diesem Frühjahrstag im Jahre 1207 zur Gerichtsverhandlung auf dem Domplatz von Assisi eingefunden haben. Giovanni Battista Bernardone, genannt Francesco, ist angeklagt, zum wiederholten Male Geld und Waren aus dem Geschäft des Vaters gestohlen zu haben. Für wohltätige Zwecke und den Wiederaufbau einer Kirchenruine, wie er selbst behauptet. Pietro Bernardone schäumt vor Zorn. Er will seinen Sohn enterben, er ist am Ende seiner Geduld.

Mit der Gerte hat er Francesco zu züchtigen versucht, ins Verlies werfen ließ er ihn. Und trotzdem spricht dieser Nichtsnutz weiter von Gott und von höheren Aufgaben, zu denen er berufen sei. Aus so einem wird kein Kaufmann mehr. So soll nun das Gericht entscheiden.

Doch Francesco wartet gar nicht erst ab, bis ein Urteil gesprochen wird. Er geht auf seinen Vater zu, entledigt sich seiner teuren Kleidung, wirft sie ihm vor die Füße, dazu alles Geld, was er noch besitzt, und ruft aus: »Bis heute habe ich dich meinen Vater genannt auf dieser Erde; von nun an will ich sagen: Vater, der du bist im Himmel.«

Mit dieser öffentlichen Loslösung von seiner wohlhabenden Familie stellt Francesco sein Leben ganz in den Dienst des Glaubens – so wie er ihn versteht. Visionen sollen den etwa 25-Jährigen auf seinen neuen Weg geführt haben; er sagt, er habe die Stimme von Jesus Christus gehört, es war ihm, als habe er die Wundmale des Gekreuzigten an sich gespürt. Er glaubt, denselben Lebensweg wie der Heiland gehen zu müssen, einen Weg in Armut und Demut. Dass aus ihm, dem verhätschelten Patrizier, nicht nur ein armer Büßer, sondern einer der wichtigsten christlichen Ordensstifter werden soll, weiß er noch nicht. Er wird in die Geschichte eingehen – als der heilige Franziskus (Franz) von Assisi.

Der Chronist Thomas von Celano (1190 bis 1260) hat die Geschichte der unerhörten Wandlung als Zeitgenosse und teilweise Augenzeuge miterlebt; er hat die erste Biografie über den »kleinen Armen«, den »Poverello«, wie sie ihn zu Lebzeiten nennen, verfasst. Darin beschreibt er ihn als Charismatiker, als außerordentlich redegewandt, »mit fröhlichem Antlitz und gütigem Gesichtsausdruck«, als dunkelhaarigen Mann »von nicht gerade großer Gestalt, eher klein als groß«, mit »mächtiger, lieblicher, klarer und wohlklingender« Stimme. Auch der inszenierte Bruch mit dem Vater geht auf die Beschreibungen des Thomas zurück – ebenso wie die vielen Legenden, die den Lebenswandel des Kaufmannssohns erklären sollen.

Geboren im Jahr 1181 oder 1182, verbringt Franziskus demnach eine unbeschwerte Jugend. Zu jener Zeit regiert noch der Stauferkaiser Barbarossa. Als 1197 dessen Nachfolger Heinrich VI. stirbt und das Kaiserreich in die Krise gerät, sieht Papst Innozenz III. eine Gelegenheit, seinen Kirchenstaat zu vergrößern. Assisi soll den Staufern abgerungen werden, doch die Bürger der Stadt wehren sich. So kommt es 1202 zum Krieg zwischen Assisi und seiner umbrischen Rivalin, dem papsttreuen Perugia.

Franziskus, damals noch der gehorsame Sohn Giovanni, kämpft mit. Er hofft auf Ehre und träumt davon, Ritter zu werden. Doch das Schicksal ist gegen ihn: Er gerät in Gefangenschaft, sein Vater kauft ihn frei. Danach fällt er in eine tiefe Krise. Es ist der Anfang vom Ende seiner Dolce Vita. Zwar geht er irgendwann wieder mit seinen Freunden zechen, doch dann, inmitten eines Straßenumzugs, so erzählt es der Chronist, hat er eine Art Erleuchtung. Er erstarrt; seine Beine und die Sprache versagen. »Er wurde vom Herrn heimgesucht«, notiert Thomas.

Wenige Zeit später betet Franziskus in einem zerfallenen Gotteshaus vor einem Kruzifix. Da hört er eine Stimme: »Franziskus, geh und baue mein Haus wieder auf, das, wie du siehst, ganz und gar in Verfall gerät.« Zunächst versteht der Poverello diese Eingebung wörtlich und restauriert – mit dem Geld seines Vaters – Kirchenruinen in der Umgebung von Assisi. Dann schließlich begreift er, dass nicht der materielle, sondern der geistige Zerfall der Kirche gemeint war. Er soll in die Welt gehen und predigen, das ist der Auftrag, er soll die Menschen bekehren, die sich immer weiter von der Lehre Christi entfernen. Habsucht und Dekadenz herrschen unter den Reichen, ein trostloser Überlebenskampf besteht unter den Armen. Konkurrenz statt Nächstenliebe ist das Motto der Zeit. Und was tut der Klerus?

Wandelt »abseits der apostolischen Pfade«, wie Thomas schreibt, »als die Nacht der Sünden ihre Mitte erreicht hatte«.

Kirchenfürsten leben in Palästen, erfreuen sich an ihrer Macht und an ihren Mätressen – Franziskus muss auch sie zur Demut ermahnen. Aber werden sie ihn anhören? Nach dem Bruch mit dem Vater ist der Poverello ein Ausgestoßener. Er solidarisiert sich mit Leprakranken, hüllt sich in Lumpen, lässt Bart und Haare wachsen. Die Honoratioren von Assisi verachten diesen Hippie, doch es gibt auch Bewunderer. Bernhard von Quintavalle und Pietro Catanii, zwei angesehene Juristen, dazu Ägidius, ein Handwerker, schließen sich ihm an. Sie bilden die Keimzelle einer Gemeinschaft, die Franziskus den »Orden der geringeren Brüder« (Minderbrüder) nennen wird. So entsteht eine Reformbewegung, die wie einst Jesus Armut und Demut vorlebt und Frieden predigt.

Auf ihrer ersten Missionsreise werden die Bettelbrüder wegen ihrer abgerissenen Kleidung als Verrückte abgetan. Der Bischof von Assisi rät ihnen, es mit der Bescheidenheit nicht zu übertreiben. Und auch der Papst rümpft die Nase, als Franziskus mit seinen inzwischen elf Gefährten im Frühjahr 1209 eine Audienz in Rom erhält. Sie geben schon ein bizarres Bild ab, diese barfüßigen Landstreicher mit ihren notdürftig zusammengeflickten Kutten, umringt von hochmütigen Kardinälen in prunkvollen Gewändern und dem Heiligen Vater, Innozenz III.

Doch Franziskus zeigt sich unbeeindruckt. Er überreicht dem Papst ein Schriftstück mit den Regeln seines Ordens. Er braucht die Zustimmung des Pontifex, um seine Brüder zu schützen und nicht als Ketzer dazustehen. Denn von denen wimmelt es in Europa gerade: Katharer, Waldenser und andere Häretiker provozieren Rom mit abweichlerischen Glaubensvorstellungen, dazu kommen die Bettelorden der Dominikaner und Karmeliter.

Ihre Forderung: Zur apostolischen Urform des Christentums zurückzukehren. Sie suchen ihr Heil im Verzicht, in Buße und Gottesfurcht; den ausschweifenden Lebensstil des Hochklerus prangern sie als lästerlich an. Doch nicht alle hadern mit der Amtskirche. Einige, wie die Dominikaner, leben in Armut, verstehen sich aber dennoch als »Hütehunde« Gottes (domini canes) und dienen sich sogar der Inquisition an. Jene Bettelmönche bleiben bei der offiziellen Lehre, viele von ihnen gehören schon bald selbst zur kirchlichen Elite. Sie mühen sich, die rasant steigende Popularität der Armutstheologie im Sinne Roms zu nutzen.

Franziskus hätte durchaus auf dem Scheiterhaufen der Inquisition landen können. Fordert nicht auch er radikalen Besitzverzicht und stellt damit die Privilegien der römisch-katholischen Kirche in Frage? Und dann diese Frechheit, ständig Bibelzitate zu benutzen – etwa Christi Forderung, alles Geld den Armen zu schenken, wodurch ein »bleibender Schatz im Himmel« zu erwarten sei. Ist das nicht ein offener Vorwurf an den Klerus, er versündige sich gegen die Bibel?

Innozenz zögert. Aber der machtbewusste Jurist ist schlau genug, das Potential des Franziskus zu erkennen. Zwar missfallen ihm dessen sozialistische Ansichten. Doch der Poverello zeigt sich gehorsam und stellt die Autorität des Papstes nicht in Frage. Braucht die Kirche nicht genau solche Bettelmönche als Verbündete, um ihr Ansehen zu stärken? Ignorieren lassen sich die Armutsbewegungen jedenfalls nicht mehr. Und mit Inquisition allein ist dem Abweichlerproblem nicht beizukommen.

Am Ende erhält Franziskus die mündliche Zustimmung für seinen Orden. Überglücklich, so leben zu dürfen, wie sie es für richtig halten, stürzen sich die Minderbrüder in die Missionsarbeit. Ihre Anhängerschaft wächst schnell. Wohin der »kleine Arme« kommt, lassen die Menschen die Glocken läuten. Sie lieben es, dem »Troubadour Gottes« zu lauschen, wie er in süßen, sanften Worten die Schöpfung preist. Unter seinen Bewunderern ist auch eine Jugendfreundin aus adeligem Hause, Klara von Assisi. In der Nacht zum Palmsonntag 1212 flüchtet sie mit einer Dienerin aus ihrem Elternhaus, um sich den Minderen anzuschließen.

Das allerdings kann Franziskus nicht zulassen. Seine Beziehung zu Frauen ist ohnehin problematisch. Seinen Gefährten empfiehlt er: »Alle Brüder, wo immer sie seien und wo auch immer sie hingehen mögen, sollen sich hüten vor dem bösen Blick der Frauen und vor dem Umgang mit ihnen.«

Noch in derselben Nacht bringen sie Klara in einem Frauenkonvent unter. Ein Orden, in dem auch Frauen auf Wanderschaft gehen, ist für Franziskus unakzeptabel. Er befiehlt seiner Freundin, hinter Klostermauern zu leben, wo Klara eine eigene Gemeinschaft gründet: die »Armen Damen«, die späteren Klarissen.

Ein Keuschheitsapostel mag Franziskus sein, ein Griesgram ist er deswegen noch lange nicht. Ein »Narr in Christo«, so sieht er sich selbst. Einer, der lacht und tanzt, während er predigt; einer, der schon deswegen kein Pessimist sein kann, weil er an die »untergründige Güte und Schönheit in allen Geschöpfen« glaubt, wie der Religionswissenschaftler Helmut Feld schreibt.

Diese Sanftheit unterscheidet den Poverello von all jenen Armutstheologen, die auf die Menschen nicht mehr hoffen mögen. Franziskus glaubt nicht an den Weltuntergang, er glaubt an die Erlösung. Schließlich ist die Welt für ihn ein von Gott geschaffener und damit heiliger Ort, einschließlich aller Kreaturen, die darin leben. »Sein Umgang mit Tieren, Pflanzen, Naturerscheinungen zeigt, dass er von der Beseelung aller Dinge überzeugt war; und noch viel mehr: Er sah die gesamte Schöpfung erfüllt von göttlichem Leben«, sagt Feld. So soll Franz von Assisi auch den Vögeln gepredigt haben: »Meine Brüder Vögel, wie müsst ihr euren Schöpfer loben, der euch Federn als Gewand, Fittiche zum Fliegen und alles gegeben hat, was ihr braucht!«

Dabei kann der »Narr in Christo« nicht ignorieren, dass in seiner Welt viel Krieg und Hass zwischen den Völkern herrschen. 1219 macht er sich mit zwölf Brüdern ins Heilige Land auf, um den ägyptischen Ayyubidenherrscher Malik al-Kamil zu treffen. Das ist ein Kreuzzug, wie ihn Franziskus versteht: Nicht töten, sondern das Gespräch suchen, Frieden säen – schlimmstenfalls als Märtyrer sterben.

Der Sultan, heißt es, soll von seinem Besucher tief beeindruckt gewesen sein. Verhindern aber kann der Poverello ein weiteres Schlachten nicht. Er kehrt nach Europa zurück, wo seine Gemeinschaft längst über Italien hinausgewachsen ist, nach Frankreich, Deutschland, Spanien.

Von den Strapazen der Orientreise wird sich Franziskus nie mehr ganz erholen. Er erblindet nach und nach; obwohl er immer magerer und schwächer wird, fastet er weiter, bis zum Exzess. 1226 stirbt der kleine Arme, der Legende nach auf dem nackten Erdboden liegend, wie es seinem letzten Wunsch entsprach. Kurz zuvor hatte er seinen berühmten »Sonnengesang« verfasst. Ein Bruder singt ihn, während Franziskus dahindämmert: »Gepriesen seist du, mein Herr, mit all deinen Geschöpfen (...) Bruder Sonne, (...) Schwester Mond und die Sterne.«

Schon zwei Jahre nach seinem Tod wird Franz von Assisi heiliggesprochen. Bald entzweit sich seine Gemeinschaft: Viele Brüder fordern eine laxere Auslegung des Armutsideals; andere bleiben kompromisslos. Etwa hundert Jahre nach seinem Ende verfügt die Kirche, dass es der Ordensstifter übertrieben habe: Geld und Eigentum seien keine Sünde, die Behauptung, dass auch Jesus besitzlos gewesen sei, dagegen sei Ketzerei.

Der subversive Geist des Francesco Bernardone scheint damit gebändigt, so wenigstens hoffen die Kirchenoberen; der Heilige Stuhl darf sich sicher wähnen. Vorerst.

Blut und schwarze Galle

Häufig schadeten die Ärzte
ihren Patienten, anstatt sie zu heilen.
Doch Könner ihres Fachs verblüfften
mit virtuosen Operationskünsten.

Von Frank Thadeusz

Der Mann ist zwischen 40 und 50 Jahre alt, so genau lässt sich das nicht sagen. Dass er überhaupt so alt geworden ist, war ein Geschenk des Himmels, doch jetzt steht es schlecht um ihn: Ein Ritter hat ihm mit einem Schwert den Schädel eingeschlagen.

Auf einer Seite seines Kopfes klafft eine tiefe, sechs Zentimeter lange Öffnung. Unter den Bedingungen der modernen Unfallchirurgie hätte er möglicherweise eine Überlebenschance, aber wir befinden uns im 12. Jahrhundert – keine gute Zeit, um sich mit einem beängstigend großen Loch im Kopf in Behandlung zu begeben.

Schon geringere Malaisen kommen damals einem Todesurteil gleich. Und wer nicht durch seine Verletzung oder seine Krankheit dahingerafft wird, den bringen die Ärzte mit obskuren Behandlungsmethoden ins Grab.

Die Heiler des Mittelalters scheren sich meist wenig um die anatomischen Gegebenheiten des Menschen. Ohnehin haben sie von Anatomie nur sehr begrenzte Kenntnisse. Dass es etwa einen Blutkreislauf gibt, davon hat bis dahin kein Medicus des Abendlandes gehört. Noch immer halten viele Ärzte die autoritative Ansicht des großen Doktors aus der Antike, Galen, für plausibel: Demnach wütet in der linken Herzkammer ein Feuer, das zur Blutreinigung brennt.

Auch sind die Mediziner nach antiken Vorbildern überzeugt davon, dass das Wohlbefinden des Menschen über Körpersäfte gesteuert wird. Gerät das Gleichgewicht von Blut, Schleim, schwarzer und gelber Galle in Unordnung, so die herrschende Lehrmeinung, dann brechen Krankheiten über den Organismus herein.

Die aus heutiger Sicht absurd erscheinende Säftegläubigkeit erklärt zum Beispiel, wie Äbtissin Hildegard von Bingen um 1150 auf die verwegene Idee kommen konnte, ein tödliches Leiden wie die Lepra mit einer Mixtur aus Schwalbenkot und Klettenkraut kurieren zu wollen.

Etliche Gläubige und gelehrte Zeitgenossen stellen den Sinn etwaiger Behandlungen und Anwendungen gleich ganz in Frage – Krankheit gilt häufig als gerechtes Gottesurteil. Das von Mönchen geschriebene »Lorscher Arzneibuch« aus dem 8. Jahrhundert fasst den Zeitgeist treffend zusammen: »Denn aus drei Ursachen wird der Leib von Krankheit befallen: aus einer Sünde, aus einer Bewährungsprobe und aus einer Leidensanfälligkeit. Nur dieser letzteren kann menschliche Heilkunst abhelfen.«

Bedenklich genug, dass die Kirche den Kranken einredete, sie seien an ihrem Unglück selbst schuld. Mit dem 1215 verabschiedeten Dogma »Ecclesia abhorret a sanguine« (»Die Kirche verabscheut das Blut«) zementierten die Kleriker zudem eine folgenreiche Spaltung in der Krankenfürsorge: Der Körper des Menschen sollte unter allen Umständen unversehrt bleiben. Mediziner und Mönche durften sich fortan nur noch der inneren Medizin ohne Skalpell widmen.

So geriet der Beruf des Chirurgen in die Hände von Männern ohne jegliche wissenschaftliche Ausbildung, die das Sägen und Meißeln am menschlichen Körper als reinen Handwerksberuf auffassten. Aber auch wer sonst an ernsten Gebrechen litt, konnte in den Hospitälern des Mittelalters kaum auf Heilung hoffen.

Hatte jemand das Glück, einen Platz in den Häusern mit zumeist kaum mehr als 20 Betten zu ergattern, kam er in den Genuss einer exklusiven, aber wenig Besserung versprechenden Behandlung: Glaubensfeste Brüder und Schwestern schüttelten die Betten auf und servierten Fleisch und sogar Wein, der gemäß der Säftelehre dem Heilungsprozess als zuträglich galt; an die Wurzel des Übels griffen derlei Therapien indessen kaum.

Doch trotz deprimierender Aussichten für etliche Kranke brachten Heiler des Mittelalters immer wieder auch Famoses zustande. Der vom Schwerthieb schwer Gezeichnete etwa hatte das große Glück, dass er in die Hände der Brüder des Zisterzienserklosters im dänischen Øm geriet. Die Mönche waren offenbar nicht geneigt, sich dem päpstlichen Operationsverbot zu fügen. Ihren Patienten bearbeiteten sie geschickt und hatten dazu auch effizientes Operationsbesteck.

Mit einem speziellen Meißel befreiten die Mönche die Wunde des Schwerverletzten von Knochensplittern. Dann pflegten sie den Versehrten derart kundig, dass er überlebte. Für ihre ärztliche Kunst gibt es Belege: Denn den Schädel des einst auf wundersame Weise Geretteten bargen Ausgräber in der Nähe des Klosters im Erdreich. An der Beschaffenheit der Narbe können Wissenschaftler heute ablesen, dass die Mönche an ihm einst ein Meisterstück operativer Wundversorgung vollbrachten.

Archäologen haben diverse Nachweise dafür entdeckt, dass die Könner unter den mittelalterlichen Chirurgen auch vor komplizierten Operationen am Kopf nicht zurückschreckten. Duellanten auf dem Schlachtfeld hackten sich zuhauf Löcher in die Schädel, die von findigen Operateuren mit Silbermünzen geschlossen wurden. Allmählich wuchs das Geldstück dann in die knöcherne Schädeldecke ein.

Für heikle Eingriffe standen den frühen Chirurgen bereits eine Reihe brauchbarer Instrumente zur Verfügung. Mit einem Schaber kratzten sie den Verletzten Hautfetzen von der malträtierten Stelle. Auch Trepanationen gab es: Mit simplen Kurbelbohrern frästen sich die Wundärzte durch die Schädeldecke der übel Zugerichteten. Schädelfrakturen behandelten die fachkundigen Lebensretter mit einem grausigen Gerät, das wie ein Hybrid aus Schraubzwinge und Zange anmutet. Mit solchen »Elevatoren« war es möglich, eingedrückte Schädelpartien wieder anzuheben.

Als besonderer Meister der Trepanation erwies sich in der zweiten Hälfte des 12. Jahrhunderts der Wundarzt Roger Frugardi aus Salerno. Er hatte eine Methode entwickelt, seinen Patienten mit großer Präzision kreisrunde Knochenstücke aus dem Schädel zu sägen. Sein Werk »Practica chirurgiae«, um 1180 erschienen, setzte neue Maßstäbe für die Zunft.

Um gebrochene Beine zu fixieren, legte Frugardi den Geschundenen Verbände aus Mehl und Eiweiß an, die anschließend aushärteten – ähnlich einem Gipsverband. Der Arzt wusste auch Rat bei jenen Härtefällen, die damals noch in größerer Zahl anzutreffen waren: Soldaten, in deren Leib ein Pfeil stecken geblieben war. Der findige Frugardi spannte das Ende des Geschosses in eine Armbrust und feuerte den Fremdkörper aus der Wunde des Gepeinigten – eine rabiate, aber wirkungsvolle, weil lebensrettende Methode.

Pionier war der Medicus auch auf dem Gebiet der Darmchirurgie. Eine Verletzung des Organs kam damals einem Todesurteil gleich. Frugardi behalf sich jedoch mit kleinen Röhrchen aus Holunder, die er seinen Patienten an der verletzten Stelle des Verdauungstraktes einnähte. Die Methode war allemal innovativ – allerdings ist nicht verbrieft, ob die Interventionen erfolgreich waren oder ob sich die hölzernen Verdauungshilfen nicht doch eher in den Schlingen des Darms verhedderten und eine tödliche Verstopfung auslösten.

Sicher ist, dass derlei Eingriffe mit erheblichen Schmerzen für den Operierten verbunden waren. Zur Linderung der Qualen hielten die Ärzte den Kranken vor dem Gebrauch der chirurgischen Instrumente sogenannte Schlafschwämme vor Mund und Nase, die in Schierlingsauszüge und Opium getränkt worden waren. Die Möglichkeiten zur rechten Dosierung der narkotischen Salve dürfte den Praktikern des Mittelalters allerdings gefehlt haben.

Um die Leidenszeit der Versehrten möglichst zu verkürzen, spezialisierten sich etliche Chirurgen darauf, den jeweiligen Eingriff mit größtmöglicher Präzision innerhalb weniger Sekunden auszuführen. Zur Verfügung stand dazu etwa das gekrümmte

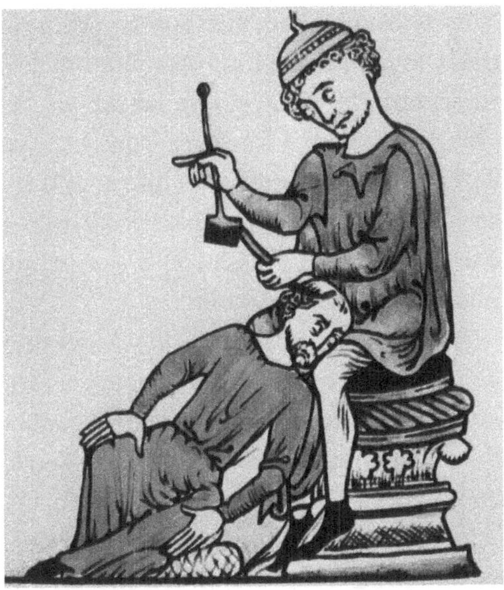

Schädelöffnung mit Meißel und Hammer (nach einer Miniatur des 13. Jahrhunderts)

AKG

Amputationsmesser, das auch zähes Muskelfleisch mühelos durchtrennen konnte. Mit extrem scharfen Kurzsägen trennten Spezialisten einen Unterschenkel binnen 15 Sekunden ab.

Wenn das Amputationsbesteck zum Einsatz kam, wurden den Patienten Tücher über die Augen gelegt, um ihnen den furchterregenden Anblick des Blutbades am eigenen Leib zu ersparen. Anders als heute saßen die Behandelten des Mittelalters während des chirurgischen Eingriffs auf einem Stuhl.

Ein Helfer hielt den Oberkörper des sich vor Schmerzen Krümmenden. Ein weiterer Assistent hatte die Aufgabe, hervorquellende Gedärme in die Bauchhöhle zurückzudrängen, während der Chirurg die Operationswunde vernähte. Gelang dies nicht, behalf sich das Operationsteam mit einer krude anmutenden und dennoch weitverbreiteten Methode. Es setzte einen am Unterleib aufgeschlitzten lebenden Hund auf die Operationswunde, in der Hoffnung, die Wärme des Tieres möge die Eingeweide des Menschen zurückgleiten lassen.

Stets drohten Patienten auf dem Behandlungsstuhl zu verbluten. Um etwa nach einer Amputation die Blutung zu stoppen, wendeten die Ärzte ein Verfahren an, dessen Entsetzlichkeit durch den Namen Kauterisierung eher verschleiert wird: Die derben Heiler pressten ein glühendes Eisen auf die Operationswunde. Anschließend wurde der dampfende Stumpf mit der Blase eines Schweins oder Schafs umschlossen – alles natürlich ohne weitere Desinfektion.

Kluge Neuerer der Medizin wie der in Bologna tätige Wundarzt Ugo Borgognoni erkannten in der ersten Hälfte des 13. Jahrhunderts etliche Schwächen in der Krankenversorgung, die den Behandelten statt Gesundung häufig den Exitus brachte. Borgognoni etwa wetterte gegen die »schädliche Vielgeschäftigkeit« seiner Zunft bei der Versorgung der Verletzung. Gemeint war die Neigung vieler Doktoren, mit dem Finger in der Wunde des Patienten zu bohren und diese ausgiebig zu erkunden und zu manipulieren.

Mit Pinzetten und Zangen wühlten sich die Ärzte durch Schwären, immer in der Hoffnung, den »guten, lobenswerten Eiter« hervorzurufen; die gelbliche Absonderung galt lange als Anzeichen einer vorbildlichen Wundheilung. In dieser Frage war der antike Heiler Hippokrates schon viel weiter gewesen – der griechische Gelehrte von der Insel Kos wusste, dass man Eiter am besten schnell loswerden muss. Auch sonst war mittelalterlichen Heilkundlern selten etwas von den Leistungen ihrer Vorgänger bekannt. Sie operierten und behandelten mitunter völlig ins Blaue hinein, weil der Anschluss an vorangegangenes Wissen fehlte.

Mit dem Niedergang des Römischen Reiches waren antike Quellen in großem Umfang verlorengegangen. Das Vakuum des Wissens füllten die Ärzte des Mittelalters häufig mit wundersamen Therapieansätzen. Allzu oft aber kamen Hilfesuchende gar nicht erst in den zweifelhaften Genuss einer Behandlung, denn zumindest im deutschsprachigen Raum war vielerorts keine nennenswerte medizinische Versorgung vorhanden.

Ratsherren rangen mit dem Versprechen auf fürstliche Entlohnung darum, Doktoren in ihre Stadt zu locken. Die vorhandenen Heiler lebten in der komfortablen Situation, ihre Fähigkeiten dem Meistbietenden andienen und Interessenten gegeneinander ausspielen zu können. So sandte 1461 der Rat der Stadt Dortmund einen Boten ins westfälische Soest mit der verzweifelten Nachfrage, wann denn wohl der Wundarzt Meister Mattheus seine zugesagte Stelle anzutreten gedenke. Doch der ließ sich ungerührt weiter bitten.

Von seinen eigenen Fähigkeiten war ein Stadtphysikus in der Regel recht eingenommen. Scheiterte die Therapie dennoch und der Patient verstarb, mussten höhere Mächte schuld sein.

»Medicin hilffet wann Gott es will, wan nicht da ist des Todes viel«, notierte schicksalsergeben Johann Kattenbusch, der sich zeitweilig in Soest als Stadtarzt verdingte.

Gegen die schlimmsten Anfechtungen für die Gesundheit des Menschen im Mittelalter waren die Ärzte sowieso hilflos. Pest und Pocken, Blattern und Blutfluss tobten von jeglicher medizinischen Intervention ungehindert unter den Leuten und entvölkerten ganze Gebiete.

Irrlichternd beschrieb die Ärzteschar die Pest als Fäulnis der inneren Organe, ausgelöst durch verdorbene Luft oder den Genuss allzu leicht verderblicher Lebensmittel wie Fisch oder Obst. Zur Prävention gegen die Seuche verordneten die Heiler Theriak – ein übelriechendes Gebräu, in welchem neben etlichen Kräutern auch Vipernfleisch verarbeitet wurde. An der Tatsache, dass um 1350 in Europa 25 Millionen Menschen dem Schwarzen Tod zum Opfer fielen, konnte der Trunk wenig ändern. In etlichen deutschen Städten verfielen die Bewohner der Wahnidee, ihre jüdischen Mitbürger hätten die Brunnen vergiftet und die Seuche auf diese Weise ins Werk gesetzt. Die Folge waren entsetzliche Pogrome gegen die Juden.

Als besonders hartes Himmelsurteil nahm die mittelalterliche Gesellschaft die Lepra wahr. Die zumeist grausam entstellten Betroffenen, so die damalige Vorstellung, seien dazu verdammt, das Urteil des göttlichen Strafgerichts direkt in ihrem Antlitz zu tragen. Die Erklärungen der Mediziner für das erschreckende Leiden waren kaum von mehr Einsicht geprägt. Auslöser der Pein sei zu viel schwarze oder gelbe Galle, hervorgerufen durch den Genuss von Eselsfleisch, Schnecken und Linsen, mutmaßten die vermeintlichen Experten.

1179 bestimmte Papst Alexander III., dass die von Lepra Befallenen nicht mit den Gesunden in den Städten zusammenleben dürften – und zementierte so für Jahrhunderte deren Status als

Aussätzige. Entstellt und dem Tode geweiht, mussten sie den Rest ihrer Tage abseits menschlicher Siedlungen fristen – mit einer Klapper in der Hand, die Herannahende vor dem Leprösen warnte. Nur wenige Kranke hatten das Glück, bis zum Ende vergleichsweise gut in einem Leprosium (Siechenhaus) versorgt zu werden.

Für alle Leprakranken gleich war die makabre Abschiedszeremonie, mit der die Maladen aus der Gesellschaft verstoßen wurden: Zunächst mussten sie ihrer eigenen Totenmesse beiwohnen; auf dem Friedhof wurde ihnen dann bedeutet, in ihr Grab hinabzusteigen, wo ihnen in einem symbolischen Akt Erde auf den Kopf gestreut wurde. Dass sie anschließend weitervegetieren durften, kam so gewissermaßen einem himmlischen Versehen gleich – vielleicht war manch einer sogar noch dankbar dafür.

Kapitel III

Ritter und Adel

Falkenjagd im Speisesaal

Königin Eleonore herrschte über ein Reich, das zur Legende wurde: Aquitanien. Was machte ihr Regiment im westlichen Frankreich zum Vorbild höfischer Kultur?

Von Sebastian Borger

Kurz hinter dem Flughafen Paris-Orly zweigt die Autobahn A10 westlich von der Autoroute du Soleil ab. L'Aquitaine heißt die Straße nun. Wer ihr folgt, überquert bei Tours die Loire und erreicht schon bald Poitiers. Eine kleine Rast gefällig? In der lieblichen Stadt residierten jahrhundertelang die Herzöge jener Region, der wir uns nähern.

Bordeaux ist die Hauptstadt der Region Aquitanien im Südwesten Frankreichs. Ein Teil des Baskenlandes gehört ebenso dazu wie die Dordogne, wo sich Tausende von Engländern der Renovierung längst aufgegebener Bauernhäuser widmen. Das Licht, die Luft, die gelassenere Lebensart, alles zeugt davon, dass Paris weit ist und der Süden erreicht. Die Autobahn endet sang- und klanglos im Norden von Bordeaux – eine kleine Schlampigkeit, wie es dem Klischee entspricht, das (Nord-)Franzosen über ihre okzitanischen Mitbürger bis heute pflegen.

So klar umrissen Aquitanien heute auf der Landkarte aussieht, so unscharf war dessen Geografie vor tausend Jahren. Wer im Mittelalter von Aquitanien sprach, meinte einen weitläufigen Landstrich, der sich von knapp südlich der Loire bis zu den Pyrenäen und von der Atlantikküste bis ins Zentralmassiv hinein erstreckte. Wo genau die Grenzen verliefen, wen scherte das schon? Viel interessanter war der Ruf des damals größten Herzogtums Frankreichs, verheißungsvoll und geheimnisumwittert, voller Glanz und Unruhe.

Aquitanien war ein Mythos am Rande Europas, jedenfalls aus mitteleuropäischer Sicht. Man munkelte von blühenden Landschaften und regem Handel. Starke, eigensinnige, rauflustige Leute lebten dort, die schöne Kirchen bauten, wie anderswo

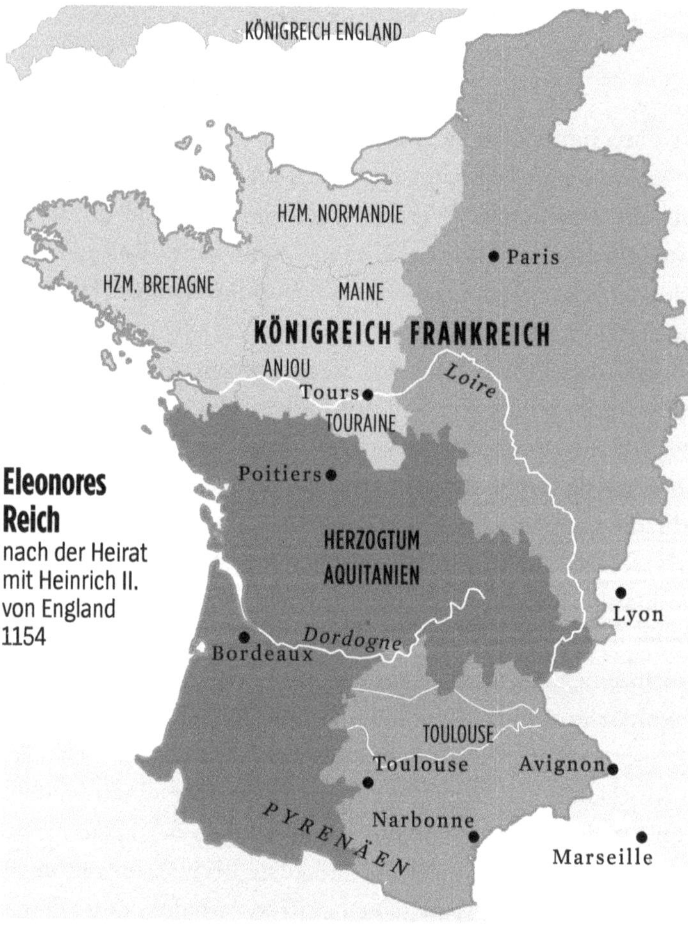

Eleonores Reich
nach der Heirat mit Heinrich II. von England 1154

auch. Aber die Aquitanier wussten offenbar besser zu leben, leichter, freier, auch freizügiger als anderswo. Der Hof ihrer Herrscher, die als Erben der Karolinger mal Könige, mal Herzöge waren, galt als gebildet, säkular, sinnlich. Das ließ die Klosterbrüder im kalten Norden träumen und erschauern.

An der Wende vom 11. zum 12. Jahrhundert, urteilt der britische Mediävist John Gillingham, sei Aquitanien »die zivilisierteste Provinz Frankreichs« gewesen. Das will etwas heißen, hat doch Frankreich bekanntlich ohnehin »die Kultur erfunden und die Barbarei anderer Völker eingedämmt«, wie die Bonner Historikerin Alheydis Plassmann nur halb ironisch schreibt. Man kann das Herzogtum im Südwesten durchaus als Wiege der ritterlich-höfischen Kultur des Hochmittelalters bezeichnen.

Ob das mit der vergleichsweise starken Stellung der Frauen am Hof zusammenhing? Nicht umsonst hat eine Frau die Wahrnehmung der Nachwelt auf ihre Heimat geprägt. Eleonore von Aquitanien, geboren um 1122, war in vielfältiger Weise ungewöhnlich. Sie wuchs auf unter dem Einfluss ihres Großvaters Wilhelm IX. (1071 bis 1126), bekannt als erster Troubadour. Mit seinen offenherzigen Liebesgedichten machte der Herzog schon zu Lebzeiten Furore.

Die Enkelin trat rasch aus seinem Schatten. Ihre mindestens 80 Lebensjahre brachten ihr eine Sonderstellung ein zu einer Zeit, da die meisten Menschen auf ein höchstens halb so langes Leben hoffen durften. Als Frau insgesamt zehn Geburten zu überleben, die letzte davon mit deutlich über 40 Jahren, kam damals einer Sensation gleich.

Zusätzlich übte Eleonore Macht aus, und zwar erhebliche: Herzogin von Aquitanien, Kreuzfahrerin, Königin zunächst von Frankreich, später von England, Mutter zweier Söhne, die ebenfalls als englische Könige berühmt wurden, Richard Löwenherz und Johann Ohneland. Keine Parallele von heute würde der

Existenz dieser Frau halbwegs gerecht. »Eine überlebensgroße Figur der Geschichte, eine lebende Verkörperung der Extreme Hass und Liebe«, schwärmt der Amerikaner Ralph Turner in seiner Biografie.

Schon die Zeitgenossen und unmittelbar Nachgeborenen schwelgten in Superlativen, positiven wie negativen. Den Lobpreisungen zufolge war Eleonore eine außergewöhnliche Schönheit mit den üblichen, seit der Antike geläufigen Attributen: »Haare wie Gold, eine Stirn wie Milch, Augen wie funkelnde Sterne, ein rosiges Antlitz, flammend rote Lippen, Zähne wie Elfenbein.«

Ob Eleonore wirklich blond war? Das bleibt ebenso offen wie der Wahrheitsgehalt der Anfeindungen, die sie vor allem postum trafen: Machtgeil und sexsüchtig sei sie gewesen, eine intrigante Rebellin gegen ihren zweiten Mann Heinrich II., unzuverlässig, ja beinahe des Teufels; eine echte Südfranzösin eben. So klang es aus den Schreibstuben nördlicher Klöster, wo dieses Bild vor allem entstand.

Im vergangenen Jahrhundert begann dann ein Phänomen, das John Gillingham spöttisch »die romantisierende Eleonore-Industrie« nennt. Da erschien die berühmteste Aristokratin des Mittelalters plötzlich als Erfinderin der Liebesheirat, treusorgende Gattin und Mutter, ja Protofeministin. Der langjährige Bürgermeister von Bordeaux und Premier Frankreichs von 1969 bis 1972, Jacques Chaban-Delmas, wollte in ihr sogar eine Vorkämpferin fürs unabhängige Okzitanien entdeckt haben.

Ehrgeizig und fähig sei sie unbedingt gewesen, glaubt Turner. Gleichzeitig gebe es keinen Zweifel daran, dass Eleonore teilweise »den Hang zur Zügellosigkeit geerbt« hatte, den ihr Großvater in seinen Minneliedern besang. Damit hören die Gewissheiten aber auch schon auf: Wie alle seriösen Historiker warnt beispielsweise Ursula Vones-Liebenstein vor den häufigen Unwägbarkeiten infolge spärlicher und parteiischer Quellen.

Dabei weiß man über Eleonore vergleichsweise viel. Fast 200 von ihr signierte Dokumente sind bekannt, Gründungs- oder Schenkungsurkunden meistens, dazu ein halbes Dutzend eigenhändig geschriebener Briefe. Die Mehrzahl stammt aus der zweiten Hälfte des 12. Jahrhunderts, als Eleonore bereits Königin von England geworden war. Am englischen Königshof wurde mit Hilfe der »pipe rolls«, der amtlichen Schriftrollen, penibel Bilanz über Einnahmen und Ausgaben geführt. Hätte es solche Datensammelwut nur auch in Südfrankreich gegeben. Von »unschätzbaren Einzelheiten über das Alltagsleben« schwärmt Turner, »über Ausgaben für erlesenes Tuch, Feinkost und Wein, über Zahlungen an ihre Domestiken und Günstlinge, durchweg Zeugnisse ihres Wohlstandes«.

Dass die künftige Herzogin und Königin schon von Geburt an keine Armut litt, lässt sich auch so denken. Wie viel Geld ihre Stammlande abwarfen, sah Eleonore am Marktplatz ihres Geburtsortes Poitiers mit eigenen Augen: Dort wurde in ihrer Jugend ein Dom mit dem selbstbewussten Namen Notre-Dame-la-Grande fertiggestellt, dessen prächtige Westfassade von der hohen Kunst örtlicher Bildhauer zeugt. Die zur Kirche von Saint-Hilaire gehörige Schule hatte bereits im 11. Jahrhundert als wichtiges kulturelles Zentrum im Frankreich südlich der Loire gegolten.

Wilhelm VIII. (1025 bis 1086), Eleonores Urgroßvater, ließ sich nach der Vereinigung der Herzogtümer Gascogne und Aquitanien offiziell stolz »Herzog der gesamten Monarchie von Aquitanien« nennen, fühlte sich also einem König beinahe ebenbürtig.

In Poitiers aufzuwachsen bedeutete zu Eleonores Zeit, an der Grenze zwischen zwei unterschiedlichen Sprachen und Kulturen zu leben. Das Mädchen dürfte schon früh beides gelernt haben, die langue d'oil Nordfrankreichs – gewiss mit markantem poitevinischem Dialekt – und die langue d'oc des Südens.

Das Provenzalische, heute am ehesten als Okzitanisch bekannt, war die Sprache der Dichter und Höflinge an den weiter südlich gelegenen Residenzen des Herzogs in Bordeaux und Saintes ebenso wie in Poitiers. Die Ursprünge des dortigen herzoglichen Schlosses reichten in die Merowingerzeit zurück; im 11. Jahrhundert kam ein Burggraben hinzu – und jener Maubergeon-Turm, in dem der Troubadour-Herzog Wilhelm IX. ganz offen seine Mätresse unterbrachte.

So munter er dichtete und liebte, als Amtsträger gab sich der Herzog traditionell. Wie seine Vorgänger aus der Dynastie der Ramnulfiden, Grafen von Poitou und Herzögen von Aquitanien, sah er sich als Nachfolger Karls des Großen und legte dementsprechend Wert auf dynastische Würde und Prachtentfaltung.

Seit langem gab es am Hof feste Bereiche. Verwaltungszentrum war die »Kapelle« mit rund einem halben Dutzend niederer Geistlicher. Ihr stand ein Kaplan vor, der gelegentlich auch Kanzler genannt wurde; neben der geistlichen Betreuung war das gelehrte Team zuständig für die Bearbeitung von Schriftsätzen aller Art.

Im Saal, dem Empfangs- und Festraum des Schlosses, sorgten Bedienstete für den Nachschub an Speis und Trank. Ein Butler beispielsweise kümmerte sich ausschließlich darum, dass der Weinkeller gut bestückt war. Bei Festen und feierlichen Hoftagen gehörten zwingend die Unterhaltungskünstler dazu, Jongleure, Akrobaten und Narren ebenso wie die Troubadoure.

Deren Stimmen mögen im festlichen Getümmel bald heiser geworden sein, zogen sich prächtige Festgelage doch häufig über den ganzen Tag. Von acht Stunden spricht Chrétien de Troyes (1140 bis 1190), der Pionier des höfischen Romans. »Wollen wir mal hoffen, dass der Dichter ein wenig übertreibt«, meint dazu Léon Gautier, ein Literaturwissenschaftler des 19. Jahrhunderts, der eine verblüffend anschauliche Schilderung des Lebens bei Hofe liefert.

Detailreich schildert Gautier die 10-Gänge-Menüs, die sich Ritter wie Wilhelm IX. auftragen ließen: Beginnend mit einem stark gepfefferten Hirschbraten über Wildschwein, Pfau, Täubchen und Hasen kam alles auf den Tisch, was in den Wäldern rings um die Herzogspfalzen erjagt worden war. Obst und Gemüse spielen eine allenfalls untergeordnete Rolle, Vegetarier kamen nicht so recht auf ihre Kosten.

Ohnehin musste über einen robusten Magen verfügen, wer mit den kriegserfahrenen Männern tafelte. Die Rittergesellschaft sei »nicht zimperlich gewesen«, erläutert Gautier. Zum Beispiel war es üblich, während des Essens kleinere Singvögel im Saal fliegen zu lassen. Anschließend durften die herzoglichen Jagdfalken ihrer Lieblingsbeschäftigung nachgehen – ein kleines Gemetzel zur Unterhaltung.

Die Sehnsucht nach Kurzweil war groß. Selbst auf aquitanischen Burgen, inmitten lieblicher, mit Reichtümern gesegneter Landschaft, war das Leben häufig monoton. »Die Langeweile war einer der größten Feinde des Ritters, besonders an langen Winterabenden«, weiß Gautier. Also spielte man Schach und Backgammon oder erzählte sich schlüpfrige Geschichten. Vielleicht kam hier ja auch die Idee auf für jene Liebesgerichte, die Eleonores dubiosen Ruf verstärkten. Dabei handelt es sich nicht um amouröse Mahlzeiten, sondern um gerichtsähnliche Verhandlungen über die Liebesprobleme junger Hofschranzen, samt Zeugenaussagen und Urteilen. Ob wohl wahre Liebe innerhalb einer Ehe überleben könne, das war eine der brennenden Fragen der Zeit, mit denen sich die höfische Gesellschaft beschäftigte. Die Antwort war für einen Gerichtshof unter Vorsitz der in beiden Ehen enttäuschten Eleonore ebenso naheliegend wie skandalös: nicht wirklich.

So ähnlich beantworten Historiker allerdings auch die Frage, ob die hübsche Geschichte denn wohl wahr sei. Der einzige Zeuge, Andreas Capellanus, war Hofschreiber beim französischen König, was ihn nicht gerade als Freund Eleonores ausweist. Wenn der Liebesgerichtshof nicht gänzlich erfunden ist, halten Forscher ihn am ehesten für ein Spiel, ideal geeignet für lange Winternächte, ehe man sich in die Betten zurückzog.

Die Kammer – ursprünglich nur das Schlafzimmer des Herzogs – stand mit zunehmendem Reichtum für den gesamten Wohnbereich der Fürstenfamilie. Hier regierte der Hofkämmerer oder Chamberlain, dessen Rolle sich im Lauf der Zeit vom Bettwäschebesorger zum Schatzmeister des fürstlichen Haushalts wandelte. In der Küche waltete der Chefkoch, und die Aufsicht hatte ein Seneschall genannter Vertrauter des Herzogs inne. Eine »geschlossene Welt«, resümiert Martin Aurell, Mediävist in Poitiers, »manchmal harmonisch, manchmal gequält von Konflikten«. Bundeskanzleramt und Weißes Haus lassen schon von Ferne grüßen. Und auch eine weitere Feststellung Aurells klingt ziemlich modern: »Im Kontext des Hofes wurden Herkunftsmythen, jüngste Geschichte und romantische Fiktion bewusst manipuliert.«

Das trifft natürlich auch für die Zeit vor dem 12. Jahrhundert zu, in der Wilhelm und Eleonore lebten. Die Aquitanier galten schon mehr als tausend Jahre zuvor als irgendwie anders – hatte nicht bereits Julius Cäsar dies gleich im ersten Satz seines »Gallischen Krieges« anklingen lassen im »aliam Aquitani«, dem »anderen Teil« Frankreichs? Auf Römer folgten Westgoten und Franken; zwischendurch wagten sich auch die Mauren über die Pyrenäen, bis Karl Martell sie aus Aquitanien vertrieb.

Einfach hatten es die Karolinger mit den selbstbewussten Aquitaniern bestimmt nicht. Das Königshaus sei von deren Leichtsinn (levitas) sogar angesteckt worden, meldet sorgenvoll ein zeitgenössischer Geschichtsschreiber. Worin der Übermut bestand, wird leider nicht näher erläutert. Wein, Weib und Gesang? Belege fehlen. Immerhin hat die renommierte Londoner Professorin Janet Nelson als Zeitpunkt für die Entstehung des berühmten Waltharius-Versgedichtes die Zeit um 830 am Hofe Pippins I. von Aquitanien und seiner Königin Ringart vorgeschlagen.

Diese Sage vom Westgotenkönig Walter von Aquitanien enthält auch eine »berührende Darstellung junger Liebender«, analysiert Nelson. Solcherlei Levitas hätte am Kaiserhof gewiss Stirnrunzeln verursacht. Jedenfalls holte der kaiserliche Großvater nach Pippins Tod dessen gerade 15-jährigen Sohn Pippin II. ins Frankenreich zurück, um ihm die südländischen Flausen auszutreiben und ihm die nötige Würde (gravitas) beizubringen.

Schon Mitte des 9. Jahrhunderts muss es also in Bordeaux, Poitiers und an sonstigen Schauplätzen aquitanischer Machtentfaltung deutlich lustiger zugegangen sein als in der Aachener Kaiserpfalz, wenn es sich nicht nur um kaiserliche Propaganda handelt.

Stetige üble Nachrede setzte später auch Eleonore zu, die als Frau ohnehin besonders exponiert war. Zugegeben: In Aquitanien genossen Damen traditionell deutlich größere Freiheiten als weiter nördlich in Europa: Sie konnten erben und mitreden, gelegentlich sogar selbst die Macht ausüben. Das lag an Überresten römischer Rechtstradition, die man sich im Westen des früheren Reiches bewahrt hatte. Regentinnen waren hier nichts Ungewöhnliches.

Ermengarde, eine Zeitgenossin Eleonores, regierte beispielsweise von 1134 bis 1192/93 unangefochten die Vizegrafschaft von Narbonne an der Mittelmeerküste. Ihr Mann taucht in den Quellen kaum auf. Damit sei Ermengarde kein Einzelfall gewesen, glaubt ihr Biograf Fredric Cheyette: »Fast jede große Dynastie in Okzitanien … konnte Namen von Matriarchen in ihrer fernen oder jüngeren Vergangenheit aufzählen, Namen von Frauen, deren Leben eine ebenso hohe Dichte an Hofkabalen, Festlichkeiten und Kriegen aufwies wie das ihrer männlichen Zeitgenossen.«

Für Eleonore gilt das allemal. Als sie 1146 zum Kreuzzug aufbrach, begann eine höchst ungewöhnliche Abenteuerreise. Die Luftveränderung brachte allerdings offenbar wenig Bewegung in das Eheleben des französischen Königspaares. Ob die frustrierte Aquitanierin deshalb wirklich mit ihrem raubeinigen Onkel Raymond ins Bett ging, wie man schon bald im Abendland munkelte? Jedenfalls habe Ludwig VII. seine Gattin gegen deren erbitterten Widerstand aus Raymonds Bleibe in Antiochia aufs abfahrbereite Schiff zerren lassen – aber vielleicht hatten seine Knechte ja lediglich eine spannende Schachpartie unterbrochen?

»Ich habe keinen Mann geheiratet, sondern einen Mönch«, soll die Königin gezetert haben. Auf der Heimreise betätigte sich der Papst höchstpersönlich als Eheberater und verdonnerte die beiden, das Nachtlager zu teilen. Ergebnis war freilich wieder ein Mädchen, im patriarchalischen Denken des 12. Jahrhunderts also eine Enttäuschung.

Wäre es nach Eleonore selbst gegangen, hätte sie wohl ohne Scheu zu den Waffen gegriffen. Das war nun freilich auch für Frauen im Süden tabu, schon um Gefahr für Leib und Leben auszuschließen. Wobei man zugeben muss, dass sich auch für die aufwendig geschützten Ritter das Risiko in Grenzen hielt. Im Gefecht zu sterben, urteilt Gillingham nüchtern, »war Sache der Armen«. Wenn es doch einmal einen hohen Herrn erwischte, wie 1199 Richard Löwenherz bei der Belagerung einer Burg im Limousin, war meist ein unglücklicher Zufall im Spiel, im konkreten Fall auch der Leichtsinn des schlecht gerüsteten Feldherrn. War es seine typisch aquitanische Levitas?

Das hätte sein Urgroßvater Wilhelm IX. weit von sich gewiesen. Gewiss sei der Troubadour-Herzog, der noch 1912 vom britischen Gelehrten Henry Chaytor als »mopsfideler Lüstling« apostrophiert wurde, »ein frohsinniger, säkularer, ja antiklerikaler Geist« gewesen, resümiert Turner. Offenkundig gut gebildet, schrieb Wilhelm IX. zarte Liebesgedichte und pralle Zoten in der Sprache seines Volkes, versammelte Künstlerstars an seinem Hof und ließ seiner Sexualität so freien Lauf, dass ihn seine Frau Philippa öffentlich des Ehebruchs anklagte. Obendrein handelte es sich bei der Mätresse um die Gattin eines Vasallen, des Vizegrafen von Châtellerault. Die nachfolgende Exkommunikation scheint Wilhelms Stellung im Herzogtum wenig geschadet zu haben. Nicht nur Paris war weit weg, auch der Papst in Rom.

Was im Zweifelsfall schwerer wog: Wilhelm ging keinem Streit mit untreuen Vasallen aus dem Weg. Er hatte verinnerlicht, was zu jener Zeit allgemein galt: In einer Gesellschaft ohne funktionierende staatliche Institutionen oder Kommunikationsmittel gelang Herrschaft nur durch Präsenz. Der Feudalherr musste regelmäßig Einladungen oder formelle Einbestellungen zu glanzvollen Hoftagen aussprechen, befreundete Vasallen besuchen und in den Gebieten der weniger Treuen seine Macht demonstrieren, notfalls mit planvoller Verwüstung.

Die moderne Trennung von Privatleben und öffentlicher Sphäre kannte das Mittelalter ohnehin nicht, gibt Turner zu bedenken: »Wie anderswo im westlichen Europa kam auch in Aquitanien die herzogliche Macht aus persönlichen Beziehungen oder Beziehungsgeflechten, in die die Vasallen eingebunden waren und die durch gegenseitiges Vertrauen und Freundschaft oder Ehe zusammengehalten wurden.«

Die Zentrale staatlicher Machtausübung war also gebunden an die Person des Herzogs; seine Regierungsmannschaft folgte ihm überallhin. Diesem »dauernd umherziehenden« Hof

(Aurell) flossen alle Informationen zu. Hier wurden Entscheidungen getroffen, von den mitreisenden Schreibern in angemessene Form gebracht und dann nach außen übermittelt. Das Reisen war kein pures Vergnügen. Heinrich II., Eleonores zweiter Ehemann und von 1154 bis 1189 englischer König, klagte häufig über wund gescheuerte Schenkel vom vielen Reiten in seinem riesigen Herrschaftsgebiet, das von den Pyrenäen bis zur schottischen Grenze reichte. Immerhin sind sich die Quellen darin einig: Der Wahnsinn hatte Methode.

Die Route kam erst nach langer Debatte unter den wichtigsten Hofräten zustande, sollte sie doch möglichst vielen die Macht des Herzogs demonstrieren. Normalerweise wurden die Reisen sechs Wochen im Voraus geplant, damit der Haushofmeister Zeit hatte, die aufwendige Versorgung mit Lebensmitteln sicherzustellen.

Die täglichen Etappen betrugen 35 Kilometer, was auf Pferden oder in geschlossenen Wagen gut zu bewältigen war. Dennoch wirkten manche Hofschreiber wie Petrus von Blois (1135 bis 1203) regelrecht traumatisiert von der Herumzieherei. »Wir Höflinge müssen tägliche Erschöpfung ertragen«, klagte Petrus, »sind dauernd unausgeschlafen und schweren Gefahren ausgesetzt: Gefahren lauern bei der Überquerung von Flüssen und Meeren, von Bergpässen, aber auch durch verlogene Kollegen.«

An all die Beschwernis und die Geschichten alter Zeiten mag sich erinnern, wer heute auf dem Weg in den Süden vielleicht mal im Stau stecken bleibt, auf der Autobahn mit dem schönen, glamourösen Namen L'Aquitaine.

Wahrheit mit Witz

Hofnarren waren nicht einfach nur lustig – sie hielten dem Herrscher den Spiegel vor.

Von Katharina Stegelmann

Im Jahr 1404 bedachte König Karl VI. von Frankreich ein Mitglied seines Hofstaats mit gleich 47 Paaren neuer Schuhe, dazu allerlei wertvollen Kleidungs- und Schmuckstücken. Der Empfänger hieß Hainselin Coq und hatte offensichtlich ein Amt inne, das anspruchsvolle, ja luxuriöse Garderobe erforderte.

Coq war Hofnarr, und seinesgleichen trug bei der Arbeit oftmals Hermelin, ein Samtwams und Hemden, die mit Eichhörnchenfell besetzt waren. Denn der Narr war des Königs komisches Ebenbild und hielt ihm den Spiegel vor. Herrscher und Hofstaat sollte er daran erinnern, dass alles Weltliche vergänglich ist; er sollte zur Demut mahnen. So erklärt sich die Wissenschaft heute die Funktion der höfischen Narren. Ganz praktisch sorgten diese Männer wohl vor allem schlicht für Erheiterung. Manchmal waren es auch Frauen, die – oft im Rang einer Hofdame – den Königinnen Belustigung verschafften.

Das war Narrenfreiheit: Wenn der Schalk den König beschimpfte oder lächerlich machte, reagierte der mit einem herzhaften Lachen; die im Kern vielleicht wahre Aussage tat er als Narretei ab. Der ganze Hofstaat durfte sich dann vor Heiterkeit kringeln – so wurde manch gespannte Situation entschärft.

Narren genossen bei Hofe nicht selten eine privilegierte Stellung. Denn im harten Alltag des Mittelalters gab es, selbst bei Königen und ihren Höflingen, wenig zu lachen. Die Narren bekamen Betreuer und Diener zur Seite gestellt; Pferde und Kleidung im Überfluss gehörten zur Grundausstattung. Der Narr Wilhelm Picolph war der erste bürgerliche Possenreißer, der um 1200 geadelt wurde. Sein Herr, der Herzog der Normandie, bedachte ihn außerdem mit großzügigen Landschenkungen.

Freiberufliche Vertreter der Zunft waren auf Märkten anzutreffen, wo sie in der Hoffnung auf milde Gaben ihre Verrenkungen zeigten. Sie trugen bei der Arbeit wohl die bekannte Uniform: eine Narrenkappe mit Eselsohren und Glöckchen sowie farbige Beinkleider, meist gelbe oder rote, dazu albern lange Schnabelschuhe. Auf Gemälden werden zwar auch die Komiker an der Seite des Königs so dargestellt, doch das liegt wohl eher daran, dass die Maler die Figur leicht erkennbar machen wollten.

Die ältesten bekannten Darstellungen eines Spaßmachers mit ernstem Auftrag finden sich in den illuminierten Psalterhandschriften des Mittelalters. In Psalm 52 der lateinischen Bibel heißt es: »Die Toren sagen in ihren Herzen: ›Es gibt keinen Gott.‹« Der Narr wird König David gegenübergestellt. Der wirre, in diesem Fall halbnackte Possenreißer leugnet Gott, kann ihn nicht erfassen, er repräsentiert das Böse. Der weise Herrscher hingegen ist besonnen und gottesfürchtig, er steht für das Gute. Narr und König bildeten ein gegensätzliches und zugleich unzertrennliches Paar: Die Mahnung an das Schlechte, Gottlose soll den Herrscher vor Fehlern bewahren.

Den Hofnarr als Institution dürfte es seit etwa 900 geben – damals begann sich langsam das höfische Leben in den einsam gelegenen Burgen Europas zu entwickeln. Der Herrscher langweilte sich, wenn er nicht auf Beutezug war; ein ständig wachsender Bedarf an Unterhaltungskünstlern entstand. Die Freizeitgestaltung als Statussymbol gewann an Bedeutung, und Fürsten, Könige, selbst hohe Würdenträger der Kirche wetteiferten darin, wer das schrillste Kuriositätenkabinett besaß: Affen, missgestaltete Ziegen, Zwerge – und den irrsten Narren. Der war zunächst meist ein geistig Zurückgebliebener oder Verrückter. Körperliche Behinderungen konnten den Marktwert und die Karrierechancen noch steigern.

Das Irre, Wahnsinnige galt als vom Teufel geschickt, es war unerklärlich, furchteinflößend. Gleichzeitig sorgte dieses Unheimliche aber auch für Respekt: Vielleicht sprach aus dem Narren doch Gott? Jedenfalls sagte er oft die Wahrheit und durfte es auch, ohne Konsequenzen fürchten zu müssen – anders als der Rest des Hofstaats.

Manchen Vertretern der Narrenzunft wurden besondere, ja hellseherische Fähigkeiten zugesprochen. So warnte der Narr Hans Kuony seinen herzoglichen Herrn, Leopold I. von Österreich, mehrfach davor, einen Feldzug gegen die Schweiz zu wagen. Leopold hörte nicht auf Kuony und erlitt 1315 eine bittere Niederlage. Fortan bezeugte er dem Narren seinen Respekt.

Claus von Rannstedt, einer der bekanntesten Schelme aus dem deutschsprachigen Raum, soll als »Warner Narr« sogar eine Art Zweites Gesicht gehabt haben: Er platzte in eine Versammlung hoher Herren und schrie, ein Feuer sei ausgebrochen. Tatsächlich brannte es da auf einer weit entfernten Burg lichterloh.

Gegen Ende des Mittelalters wuchs die Zahl der »künstlichen Narren«, also jener geschulten Akteure, die nur vortäuschten, schwachsinnig zu sein. Die Anforderungen an den Beruf waren enorm gestiegen: Grimassenschneiden, Verrenkungen und ein bisschen Schaum vorm Mund fanden die Adligen nicht mehr lustig. Ein Narr musste Geschichten erzählen, tanzen, singen und musizieren können. Schlagfertig sollte er sein, ja gebildet. So wuchs manchen Hofnarren schließlich noch größere Bedeutung und Einfluss zu: In der Renaissance konnten sie sogar den Status eines intimen Informanten des Fürsten oder seiner Gattin erreichen.

Trutzbau der Macht

Um alte Burgen ranken sich viele Mythen.
Die Realität sah herber und dürftiger aus:
Häufig waren die Befestigungen klein, beengt
und nur bedingt abwehrbereit.

Von Marco Evers

Wofür es Burgen gab, das glaubt spätestens seit Prinz Eisenherz jedes Kind zu wissen: Eine uneinnehmbare Festung! Edle Ritter und Burgfräulein! Gelage im Rittersaal, Feste und Turniere! Und im finsteren Verlies, natürlich, die Folterkammer!

Deutschland ist Burgenland: Rund 50 000 der markanten Wehrbauten sind im deutschen Sprachraum nachgewiesen. Mancherorts, etwa am Rhein bei Koblenz, scheint es keinen Felssporn ohne Burg zu geben. Vielen gilt die Burg geradezu als Inbegriff mittelalterlichen Lebens. Doch so präsent die alten Gemäuer sind, so hartnäckig haften ihnen Irrtümer und Irrglauben an.

Ganz so einfach, wie Kinder und noch mancher Erwachsene es gern glauben, ist es eben nicht. In den letzten Jahren haben Historiker und Archäologen ihr Burgenbild gründlich revidiert. Ihre Erkenntnisse stehen teils in krassem Gegensatz zu den liebsten Klischees vieler Romanautoren, Drehbuchschreiber und Touristenführer.

Irrtum Nr. 1: Mittelalterliche Burgen finden sich überall

Wer am Rhein, im Allgäu oder in Südtirol auf Burgentour geht, der wird reich belohnt und doch betrogen. Eine Prachtburg überstrahlt die andere, doch mit dem Mittelalter hat das selten zu tun. Burg Stolzenfels, Burg Hohenzollern in Baden-Württemberg oder – besonders prägend für viele Phantasien weltweit – Schloss Neuschwanstein in Bayern: Errichtet wurden sie im 19. Jahrhundert, meist auf den Ruinen ihrer Vorgänger.

Mit historischen Bauplänen hielten sich die Architekten nicht auf. Im Auftrag von Adel und Großbürgertum schufen sie dekorative Kitschbauten samt Zinnen, Zugbrücken und Wehrgängen. Schön romantisch sollten sie sein, edel und geheimnisvoll – so wie sich die Erbauer die Vergangenheit herbeisehnten.

Am Mittelrhein kann nur eine einzige Höhenburg den Anspruch erheben, authentisches Mittelalter-Flair zu verströmen: die Marksburg bei Braubach, Vorbild vieler Plastikburgen in Kinderzimmern. Ihre Geschichte reicht bis ins 13. Jahrhundert zurück, und sie wurde nie zerstört. Doch selbst sie zeigt längst nicht mehr den Originalzustand. Ganze Gebäude innerhalb der Feste wurden in späteren Jahrhunderten abgetragen oder hinzugefügt, als die Marksburg als Invalidenunterkunft diente und als Gefängnis.

Das ist das Problem mit den Burgen: Bestenfalls haben sie als Ruinen überdauert. Keine einzige ist mitsamt ihren Innenräumen so erhalten geblieben, wie sie im Mittelalter einmal war. Viele sind gar ganz verschwunden, nur noch Bodenwellen deuten auf sie hin. Wie sie wirklich aussahen, wer dort lebte und arbeitete und wozu sie dienten, lässt sich nur mühsam erschließen mit Hilfe von Ausgrabungen, historischen Abbildungen und Texten, Heldenepen, Gesetzessammlungen oder Inventarlisten.

Irrtum Nr. 2: Auf den Burgen wohnten nur Ritter

Burgen aus Erdwällen und Holzbauten wurden in Mitteleuropa schon im 9. Jahrhundert errichtet, als es Ritter, also schwer bewaffnete Panzerreiter, noch gar nicht gab. Eine Burg war da vor allem ein befestigter Wohnsitz – unentbehrlicher Schutzort und Machtfaktor für Könige, Hochadel und Kirchenfürsten.

Bald strebte auch der Niederadel nach Burgen, um so seine Herrschaft über die abhängige Bevölkerung zu festigen. Vom 11. Jahrhundert an zählte zum Kreis möglicher Burgbesitzer dann auch der neue Stand der Ministerialen, ursprünglich Unfreie in Diensten eines Herrn, beispielsweise als Verwalter oder Burgvogt. Besonders aus den Reihen der Ministerialen rekrutierte sich seit dem 13. Jahrhundert verstärkt die Kriegerkaste der Ritter. Daher lebten dann zwar auf etlichen Burgen Ritter – aber eben längst nicht auf allen.

Manchem Ritter blieb mangels Geld und Stand die eigene Burg versagt, während sich einige reiche Stadtbewohner schon damals eine Burg als prestigeträchtige Freizeitimmobilie zulegen konnten, etwa die Bozener Kaufmannsfamilie Vintler, die Burg Runkelstein erwarb. Das heute so populäre Wort »Ritterburg« ist im Mittelalter nie gefallen – es stammt, wie so viele der unsterblichen Burgen-Mythen, aus dem 19. Jahrhundert.

Irrtum Nr. 3: Burgen waren stets umkämpfte Militärbauten

Damit ein Bau zur Burg wurde, brauchte er im Hochmittelalter Folgendes: eine Ringmauer, das eigentliche Wohngebäude des Burgherrn und seiner Familie, den »Palas«, sowie einen Turm, »Bergfried« genannt. Hinzu kamen Accessoires wie Wall, Wassergraben, Zugbrücke und Zinnen; auch eine Kapelle, zumindest eine Gebetsnische, gehörte zum Standard. Wer solch eine herrschaftliche Anlage errichten wollte, musste eine Baugenehmigung des Landesherrn einholen. Andernfalls drohte der Abriss.

Solche wehrhaften Gebäude hatten neben dem Schutz der Bewohner offensichtlich eine militärische Funktion – als Stützpunkt für Waffenträger oder auch als Zufluchtsort in Kriegszeiten. Aber Adelsburgen dienten nicht, wie oft in Filmen zu sehen, als Kasernen oder Sammelplätze für gewaltige Heere. Die meisten waren klein, beengt und nur bedingt abwehrbereit.

Eine Inventarliste für die neu erbaute Burg Ludwigstein an der Werra vermerkt zum Beispiel, dass diese im Jahr 1416 über vier Betten verfügte und einiges Küchengerät, »eyn fass ful korn« und vier Armbrüste, 1030 Pfeile, zwei Handbüchsen und einen Beutel Pulver. Die Besatzung kleiner Festungen wie dieser ging oft nicht über einen Pförtner und ein, zwei Wachen hinaus. Nur große Burgen brauchten dauerhaft sogenannte Burgmannen – niederadlige Ritter, die in der Nähe wohnen mussten, um die Anlage notfalls zu verteidigen; ein Dutzend Burgmänner war nicht außergewöhnlich. Friedberg in der Wetterau brachte es gar auf bis zu hundert Ritter.

Natürlich traten die Burgmannen nicht nur als Verteidiger in Erscheinung. Des Öfteren trugen sie Fehden und Kleinkriege gegen ihre Feinde in der weiteren Nachbarschaft aus. Dies geschah gern in Form von Raubzügen, bei denen sie Vieh stahlen oder ganze Dörfer niederbrannten – ehe sie schleunigst die eigene Zugbrücke wieder hinter sich hochzogen.

Die wahre Bedeutung der Burg im damaligen Feudalsystem aber lag woanders. Das Gebäude selbst verkörperte die Macht. Der Besitz einer Burg ging einher mit dem Anspruch auf Herrschaft über ein bestimmtes Gebiet und seine Bewohner. Wer durch Kauf, Übertragung eines Lehens, Erbfall oder auch Eroberung Burgherr wurde, der hatte damit viele Rechte erworben, etwa jenes, Abgaben einzutreiben. Er verfügte über Höfe oder ganze Dörfer, Felder, Wälder und Gewässer, Schürf- und Minenrechte in seinem Gebiet. Außerdem oblag ihm die niedere Gerichtsbarkeit über seine Untertanen.

Diese Beigaben, die sogenannte Herrlichkeit, machten den Besitz von Burgen so attraktiv und führten dazu, dass sie sogar noch teuer verkauft wurden, wenn die Bauten selbst längst in Trümmern lagen. Bis 1806 blieben einige dieser alten Feudalrechte handelbar.

Irrtum Nr. 4: Auf den Burgen wurde gefoltert
Heute zählen Folterkammern zu den beliebtesten Attraktionen auf den Touristenburgen. Im Mittelalter hingegen waren sie vergleichsweise rar. Der gewöhnliche Burgherr (häufiger: der von ihm erwählte Amtsträger) saß zu Gericht bei Alltagsdelikten wie Prügeleien oder Beleidigungen. Er konnte Delinquenten an den Pranger stellen; die »peinliche Befragung« indes war ihm verboten. Mutmaßliche Diebe, Vergewaltiger oder Mörder wurden Blutgerichten vorgeführt, die meist in einer größeren Burg des Landesherrn angesiedelt waren. Rutenhiebe, Daumenschrauben und das Strecken gehörten zum Repertoire.

Falsch ist die Vorstellung, dass damals in den Folterkammern systematisch Frauen als angebliche Hexen gequält wurden. Zur massenhaften Hexenverfolgung kam es erst in der frühen Neuzeit. Wer heute ein Foltermuseum besucht, sollte auf der Hut sein: Einige der angeblich mittelalterlichen Folterinstrumente sind wie die dazugehörigen Burgen selbst Phantasieprodukte aus dem 19. Jahrhundert.

Irrtum Nr. 5: Bevor der Burgherr zum Kreuzzug aufbrach, legte er seiner Burgdame den Keuschheitsgürtel an und nahm den Schlüssel mit
Noch eine Verunglimpfung aus späterer Zeit. Aus dem Mittelalter ist kein datierbarer Keuschheitsgürtel erhalten. Hätten Frauen über Monate oder Jahre ein Gestell aus Leder und Eisen getragen, hätten sie sich schnell wund gescheuert und wären an Druckgeschwüren und Infektionen gestorben. Wahrscheinlich hatten die Keuschheitsgürtel eine eher symbolhafte oder auch erotische Bedeutung.

Irrtum Nr. 6: Burgen waren Schauplätze von Turnieren
Der publikumsstarke Kampfsport des Mittelalters bestand aus Ritterduellen mit Lanzen, dem »Tjost«, und Massengefechten

wie in einer offenen Feldschlacht, dem »Buhurt«. Selbst große Burgen waren für diese Spektakel, zu denen die Ritter teilweise in großen Mannschaften anreisten, viel zu klein. Turniere wurden daher in den Städten ausgetragen, meist auf Turnierplätzen vor der Stadtmauer, manchmal auch auf dem steinigen Marktplatz, der zum Schutz von Ross und Reiter dann immerhin mit Stroh ausgelegt wurde.

Irrtum Nr. 7: Der Bergfried war gespickt mit Schießscharten
Der massive Turm einer Burg reichte meist 20 bis 30 Meter in die Höhe. Der Eingang lag oft mehr als 3 Meter hoch und war nur über eine hölzerne Außentreppe erreichbar. Der Türmer, den es auf jeder Burg gab, hielt oben Ausschau. Das Untergeschoss eines Bergfrieds hieß »Verlies«, es wurde oft auch als Gefängnis benutzt. Die Raubritter des ausgehenden Mittelalters hielten hier Geiseln fest, mit denen sie Lösegelder erpressten.

Zur Frage, wofür der Bergfried sonst noch diente, schwelt ein Expertenstreit. Als Wohnung nutzte man den Turm in der Regel nicht – und als Wehrbau taugte er offenbar auch nicht: Seine vermeintlichen Schießscharten erwiesen sich bei näherer Betrachtung zumeist als Lüftungs- und Lichtschlitze. Mit der Armbrust war die Burg besser von der Ringmauer aus zu verteidigen als vom Turm. Bergfriede wurden zudem oft an Stellen errichtet, die militärisch bedeutungslos waren.

Manche Burgenkundler halten den Bergfried daher für eine Art Bunker: den letzten Zufluchtsort der im Kampf unterlegenen Burgbewohner. Hier hätten sie ausgeharrt, bis Hilfe kam. Andere glauben, dass dies ein tödliches Versteck gewesen wäre, weil die Angreifer es leicht hätten ausräuchern können. Aus dieser Sicht hatte der Bergfried keinen größeren Nutzwert, sondern war reines Symbol: Weithin sichtbar prägte der Turm das Landschaftsbild und kündete so von der Macht und Präsenz des Burgherrn.

Irrtum Nr. 8: Die Burgverteidiger gossen siedendes Öl über die Angreifer

Direkt über dem Tor ist in vielen Burgen ein Wehrerker zu sehen, der von phantasievollen Autoren im 19. Jahrhundert gern als »Pechnase« bezeichnet wurde. Angeblich schütteten die Kämpfer von hier aus kochendes Pech, Öl oder heißes Wasser über Eindringlinge. Viel plausibler ist indes, dass die Burgmannen vom geschützten Vorsprung aus Steine auf ihre Gegner warfen. Öl kostete damals viel Geld; Wasser und Brennholz waren auf jeder Burg knapp. Manch vermeintlicher Wehrerker ist übrigens keiner, sondern ein Abort – allerdings nie über Toreingängen.

Irrtum Nr. 9: Die Burgleute lebten in Saus und Braus

Zumindest auf kleinen Adelsburgen unterschied sich der Alltag der Bewohner nicht wesentlich von dem der Bauern. Solche Burgen waren eher befestigte Landwirtschaftsbetriebe mit Viehhaltung. Wie die Bauern aß man hier oft Hirsebrei und Hafermus, aber vielleicht von Geschirr aus Steingut.

Ritter Ulrich von Hutten war besonders unzufrieden. 1518 schrieb er an einen Freund, dass die Burg ja »nicht als angenehmer Aufenthalt, sondern als Festung gebaut« sei. Innen sei sie »eng und durch Stallungen für Vieh und Pferde zusammengedrängt«. Die Kammern seien dunkel, und »überall stinkt es nach Schießpulver; und dann die Hunde und ihr Dreck, auch das, ich muss es schon sagen, ein lieblicher Duft!«

Je nach Stand und Wohlstand ließ es sich da natürlich auch angenehmer leben. Manch hoher Burgherr verfügte über Barbier, Schneider, Einheizer, Bäcker, Boten, Wäscherinnen, Kammerdiener, Stallknechte und sonstiges Dienstpersonal. Als alltäglicher Wohnraum diente zumeist die Herrenstube, die sich mittels eines Kachelofens bereits rauchfrei beheizen ließ. Einige Burgen boten schon im 13. Jahrhundert mehrere fast modern anmutende Apartments: Gleich neben der Stube lag eine auch zum Schlafen genutzte Kammer mit oder ohne Kamin. Von diesem Raum ging, ganz bequem, der Abort ab. Sogar Fensterglas gab es, zumindest in den wichtigsten Räumen.

Der große Saal gehörte unabdingbar zur Burg und wurde oft für Bankette und Festlichkeiten genutzt. Landesherren empfanden ihre Burgen jedoch bald als zu klein für ihre wachsenden Ansprüche an repräsentativem Komfort. Vom 14. Jahrhundert an drängte es sie in prachtvollere Residenzen in den Städten.

Irrtum Nr. 10: Als die Kanone aufkam, war die Burg schlagartig am Ende

Wahr ist, dass die Zahl der Burgen im Spätmittelalter dramatisch schrumpfte. Viele Ritter und andere Adelige waren verarmt und verloren ihren Besitz. Etliche Burgen wurden im Zuge von Fehden oder in den Bauernkriegen zerstört und nicht wieder aufgebaut. Allmählich zählten Burgruinen zum Bestandteil des Landschaftsbildes.

Doch eine Vielzahl von Burgen überdauerte in veränderter Form. Als sich die Feuerwaffen im 15. Jahrhundert durchsetzten, besserten die Burgherren eben nach: Sie investierten in stärkere Mauern und Geschütztürme. Viele alte Burgen wurden mit vorgelagerten Bastionen und Rondellen aufgerüstet. Andere, die vor allem als Wohnort dienten, wurden ausgebaut zu Herrenhäusern und Schlössern.

Manche der alten Gemäuer blieben noch lange stehen. Dann aber nahm der Zeitgeist an ihnen Anstoß. Im 18. Jahrhundert kam die Mode auf, Burggräben zuzuschütten, Zugbrücken durch Dämme zu ersetzen, Türme und Mauern abzureißen. So verloren die Burgen des Mittelalters ihr Gesicht – bis die Romantik ihnen ein neues verpasste.

In der Minnegrotte

Troubadours und Minnesänger
formten ein neues Frauenbild, priesen die Liebe
und den Frieden – es blieb Utopie.

Von Michael Sontheimer

Wer jemals einen der Comics mit den tapferen Galliern Asterix und Obelix gelesen hat, die ihr Dorf gegen die Römer verteidigen, hat ihn nicht vergessen: Troubadix ist eine tragische Gestalt, denn seine Sangeskünste werden von seinen gallischen Nachbarn überhaupt nicht geschätzt. Sobald es wieder einmal einen Sieg über die Römer mit einem großen Bankett zu feiern gilt, bekommt der Barde striktes Singverbot. Greift er dennoch zur Leier, wird er umgehend gefesselt und geknebelt.

Der Name Troubadix ist historisch betrachtet unsinnig, denn die Geschichten von Asterix und Obelix spielen zur Zeit Cäsars, im 1. Jahrhundert vor Christus. Die Troubadours hingegen, von denen der Name des geschmähten Sängers abgeleitet ist, tauchten erst im 12. Jahrhundert im Süden Frankreichs auf, in Okzitanien. Von trobar, finden, leitet sich die Bezeichnung für die dichtenden Sänger ab; »Liedermacher« darf man diese Bob Dylans oder Leonard Cohens des Hochmittelalters durchaus nennen. Die erste schriftlich überlieferte Lieddichtung stammt von Wilhelm IX., dem Herzog von Aquitanien. In seinen Versen huldigte er den Frauen und der Liebe. Aber er schrieb auch in ihrer Subjektivität ausgesprochen modern wirkende Betrachtungen über das Dichten von Versen.

Die neue Liedkunst, die höfische Lyrik aus Okzitanien, fand schnell an den Höfen in Norditalien, Katalonien und Portugal Anklang. Französische Troubadours inspirierten auch maßgeblich jene Männer, die im 12. Jahrhundert in Deutschland als Minnesänger ihre Verse schmiedeten. Sie übersetzten zunächst einfach französische Lieder ins Deutsche; erst nach etwa 1220 emanzipierten sie sich von ihren Vorbildern und dichteten selbst.

Wenn Menschen Saiteninstrumente zur Hand nehmen und singen, scheint es schwer vermeidbar zu sein, dass sie von Liebe sprechen. »Minne« bedeutet Liebe, in ihrer ganzen Breite: Liebe zu Gott, zu Kindern, aber vor allem zur angebeteten Frau. In der hohen Minne etwa besang der Ritter seine Liebe zu einer adeligen Dame. Gewöhnlich blieb das Theorie – die Frau wurde wie ein höheres Wesen verehrt. Die Begierde sollte sich nicht erfüllen, sonst verlöre die Dame ihre Reinheit. In der niederen Minne ging es dagegen durchaus sinnlich zu.

Gemeinsam ist den Minneliedern der Herzschmerz, der Liebeskummer, von dem der dürstende Mann singt. Dennoch grübelten ihre Dichter wie Walther von der Vogelweide immer wieder, was Minne denn nun eigentlich sei: »Saget mir ieman, waz ist minne?«

Auf jeden Fall schufen die beliebten Sangesdichter ein neues Frauenbild. Das Weib war nicht mehr, wie im traditionellen Christentum, ein minderwertiges, aus Adams Rippe geschaffenes Wesen, das sich vom Bösen verführen lässt. »Wenn ich die Wahrheit sagen soll, so hat es, nächst der Majestät Gottes, niemals etwas so Begnadetes gegeben wie die Frau und ihre Art«, schrieb etwa der Dichter mit dem Künstlernamen »Der Stricker« Anfang des 13. Jahrhunderts: »Diesen Ruhm hat Gott ihr verliehen, dass man sie als den höchsten Wert auf Erden ansehen und immer preisen soll.«

Bei diesem überhöhten Ideal der höfischen Dame entsprach die körperliche Schönheit der geistig-seelischen Tugend und der moralischen Vollkommenheit – zugleich stand die patriarchalische Lebenswelt im Widerspruch zum Idealismus der Minnesänger.

An den Königshöfen und im höheren Adel war es üblich, dass Männer und Frauen gemeinsam musizierten. In einer französischen Verserzählung aus der zweiten Hälfte des 12. Jahrhunderts heißt es, dass »ein jeder die Harfe gut spielen« konnte: »Je vornehmer einer war, umso besser verstand er sich darauf.« In seinem großen »Tristan«- Roman schildert Gottfried von Straßburg Adelige beim Minnesang: »Oft ergab es sich auch, wenn der ganze Hof zusammensaß, er, Isolde und Kaedin, der Herzog und die Herzogin, Damen und Barone, dass er dann Lieder dichtete, Rondeaus und höfische kleine Melodien.« In jedem der Refrains der Lieder kam der Name »Isolde« vor.

Ihren großen Auftritt hatten die Sänger gewöhnlich bei Hoffesten, zu Pfingsten oder auch an anderen Feiertagen. Auf diesen prächtigen Treffen der Adeligen wurde gespielt und getanzt. Die Sänger trugen ihre eigenen Lieder vor, aber auch von Kollegen geschriebene. »Minnesang«, schreibt der Mediävist Joachim Bumke, »war Adelskunst.« Das Metier der fahrenden Sänger hingegen, die oft nicht aus dem Adel stammten, war die Sangspruchdichtung.

Der Dichter Stricker beschreibt ein Krönungsfest, auf dem »zwanzig Sänger, die, um den Kummer zu vertreiben, Minnelieder sangen«. Und auch am englischen Königshof hörte man, nach dem Bericht eines Chronisten, bei ähnlicher Gelegenheit »Saitenmusik verschiedener Art in herrlicher Melodie erklingen und schön von Minne singen«.

Manche der eher einfachen, öffentlich vorgetragenen Lieder wurden zu populären Party-Hits. Ulrich von Liechtenstein etwa pries sein Lied »Wol her alle, helfet singen« mit den Worten an: »Die Strophenmelodie war wahrlich nicht lang: Es eignete sich gut zum Tanzen. Und es wurde sehr viel getanzt.«

Minnelieder wurden aber auch gelesen wie Lyrik. Viele Texte sind erhalten; etwa in der berühmten Heidelberger Liederhandschrift. Einige Dichter sammelten Texte ihrer Lieder selbst, früh gab es auch Lyrik-Liebhaber, die Texte verschiedener Dichter zusammentrugen und abschreiben ließen. Die Musik der Minnelieder, ihre Melodien hingegen wurden höchst selten überliefert, eine Ausnahme ist die berühmte Sammlung der »Carmina Burana«, einer um 1230 entstandenen Handschrift, die 1803 im Kloster Benediktbeuern entdeckt wurde. Sie enthält neben Liebesliedern auch Trink- und Spottgesänge.

Dass man so wenig von der Musik kennt, ist besonders darum schade, weil das Singen von Liedern im Hochmittelalter wesentlich wichtiger war als heute. Der Germanist Bumke betont, dass »Lyrik und Gesang im Leben der adligen Gesellschaft eine große Rolle« spielten: »Die Damen und Herren kannten offenbar viele Lieder auswendig. Man sang einzeln oder zu zweit oder im Chor; man sang nach dem Essen in geselliger Runde, man sang zu Ehren von Gästen, man sang beim Spazierengehen, beim Reiten, man sang beim Tanzen, die adligen Damen sangen bei der Handarbeit. Man sang, wenn man fröhlich war, und auch, wenn man traurig war.«

Die professionellen Minnesänger, die sich, im Gegensatz zu den adeligen Amateuren, durch ihre Kunst ernähren mussten, lebten in prekären Verhältnissen. Sie waren von der Gunst der Herrscher abhängig, an deren Hof sie ausgehalten wurden; so übten sie sich auch im »Gönnerlob«. Jederzeit konnten sie einer Intrige zum Opfer und in Ungnade fallen. Vor allem wenn sie die Hofgesellschaft nicht befriedigend unterhielten, war ihr Engagement oft rasch vorbei. Dann mussten sie weiterziehen.

Als sein Gönner am Wiener Hof starb, sah sich auch Walther von der Vogelweide gezwungen, als fahrender Sänger auf Auftragssuche zu gehen.

Aus den Unsicherheiten und Beschwernissen dieser Abhängigkeit kam ein fahrender Dichter nur heraus, wenn ihm ein Lehen übertragen wurde. Hatte er einem Herrscher treu gedient, seine Heldentaten ausdauernd gepriesen, dann wurde er bisweilen mit einem Stück Land belohnt. Über die Lebenswege von Minnesängern ist so gut wie nichts überliefert; selbst von so herausragenden Figuren wie Walther von der Vogelweide weiß man kaum etwas außer dem, was sie in den Liedern über sich selbst erzählen. Immerhin dichtet er einmal überglücklich: »Ich han mîn Lehen« – also eine Alterssicherung, wie sie bei weitem nicht allen Sängern des Hochmittelalters vergönnt gewesen sein dürfte.

Sie waren Außenseiter, die Minnesänger, auch mit dem wichtigsten Gegenstand ihrer Dichtung, der Liebe: Was sie besangen, blieb Utopie. Während ringsum Grausamkeit und Härte regierten, während die Herrscher Machtinteressen bedenkenlos mit Mord und Totschlag durchsetzten, entwarfen und priesen die Minnesänger ein Ideal der Selbstbeherrschung, der Selbstüberwindung und des Friedens.

Auch Tristan und Isolde finden bei Gottfried von Straßburg die Erfüllung ihrer Liebe nur in einer »Minnegrotte«: Sie ist durch eine eiserne Tür verschlossen, die dafür sorgt, dass in dieser Liebeshöhle »valsch unde gewalte vor bespart«, Falschheit und Gewalt ausgeschlossen sind. Eine isolierte Welt reinen Glücks also, die nicht von Dauer sein kann – das tragische Ende der Tristan-Geschichte zeigt das nur allzu ernüchternd.

»Ich tumber man«

Die Helden der höfischen Artus-Romane sind furchtlose Ritter. Doch ihre Abenteuer erzählen auch von inneren Krisen und Zweifeln.

Von Annette Großbongardt

Der Ritterdienst war ein brutales Gewerbe. Wer blutige Details möchte, braucht nur einen höfischen Roman der Zeit aufzuschlagen, etwa den »Lancelot« des französischen Dichters Chrétien de Troyes, geschrieben um 1180.

Der Held der Geschichte will einen Ritter schlagen, der ihn verhöhnt hat. Die beiden »gehen so ungestüm aufeinander los und versetzen sich so starke Stöße mit den Lanzen, dass diese sich krümmen und biegen und in Stücke springen. Mit den Schwertern hauen sie auf Schilde, Helme und Panzerhemden ein: Das Holz splittert, das Eisen bricht, so dass sie sich an mehreren Stellen Wunden zufügen. Erbittert zahlen sie sich die Schläge heim (…) Sehr häufig aber gleiten die Schwerter bis zur Kruppe der Pferde ab; sie sind in Blut getränkt und getaucht, dringen bis in die Flanken ein, so dass sie beide Pferde zu Boden werfen und töten.« Gerade hat er den Ritter besiegt, da kommt ein Fräulein angeritten und fordert den Kopf des Unterlegenen. Einen Moment zögert Lancelot, doch welcher Edelmann schlägt einer Dame schon einen Wunsch ab? So holt er mit dem Schwert aus, »der Kopf fliegt ihm mitten auf die Heide und der Körper stürzt zu Boden; das gefällt dem Mädchen. Der Ritter fasst den Kopf an den Haaren und hält ihn ihr dann hin; sie ist darüber außerordentlich erfreut«.

Dazu sind Ritter ja da: zum Kämpfen und Töten. Die Helden des Chrétien de Troyes und der anderen Autoren höfischer Romane tun das ausgiebig. Sie heißen Parzival, Iwein, Erec und Lancelot und tummeln sich, meist als Ritter seiner Tafelrunde, am Hof des sagenumwobenen König Artus. Furchtlos retten sie eingesperrte Jungfrauen, befreien entführte Königinnen und erlösen gebannte Hofgesellschaften. So soll es sein.

Privat Rache zu nehmen, einen Angriff, eine Ehrverletzung, ein vermeintliches Unrecht mit Gewalt zu sühnen, das stand der herrschenden Klasse frei, die Fehde war ein legitimes Rechtsinstrument des Mittelalters. Und doch schleicht sich der Zweifel in die Herzen der hartgesottenen Männer bei Chrétien: Krieg, Rache, Vergeltung, kann das alles sein im Leben?

Sie wollen mehr, und so finden sie die Liebe, das große Thema der höfischen Gesellschaft des Mittelalters. Ihre Gefühle für Frauen sind sogar so stark, dass sie zunehmend in Konkurrenz zu den ritterlichen Pflichten treten. In der Troubadour-Lyrik wird die romantische Liebe als Sinnerfüllung ritterlichen Daseins verklärt, im höfischen Roman geht es aber ganz praktisch um die gelebte Liebe und Ehe. Die Gattin will nicht jahrelang versauern, bis ihr Mann endlich aus dem Krieg und von Turnieren nach Hause zurückkehrt, aber auch der Ritter selbst entdeckt offenbar die Reize der Zweisamkeit.

Erec etwa, ein junger Ritter der Tafelrunde, hat im Turnier die Gunst der schönen Enide errungen. Sie heiraten, doch anstatt dann wieder aufs Schlachtfeld zu ziehen, liegt Erec lieber auf dem Laken bei seiner jungen Frau; sein Ruf ist in Gefahr.

Im »Yvain oder der Löwenritter« (um 1185) ist die jungvermählte Ehefrau des Helden sogar ziemlich selbstbewusst: Als er nach dem versprochenen Jahr nicht rechtzeitig von der Ritterfahrt zurück ist, kommt es zum Streit. Er hatte seine Zeit im Interesse der Ritterschaft überschritten, das entspricht seiner

NEW PICTURE LIBRARY / DEAGOSTINI / BPK

Ritter in der Schlacht von Crécy im August 1346
(Buchminiatur, Bibliothèque de l'Arsenal, Paris)

Rolle. Doch sie akzeptiert es nicht – und bricht mit ihm. Nun kann er nicht mehr ohne Liebe sein: Er wird wahnsinnig und lebt verwildert im Wald. Erst nach bestandenen Abenteuern kommen die Eheleute wieder zusammen.

Ritter Lancelot hat sich sogar in die Königin an Artus' Seite verliebt. Er überwindet viele Hindernisse, verletzt sich für sie, dann hält er sie endlich in den Armen, »so süß und so gut ist ihr Spiel für ihn, voller Küsse und Umarmungen, dass ihnen wahrhaftig eine wunderbare Freude widerfuhr: Etwas Ähnliches hatte man noch nie gehört«. Plötzlich diskret, fährt der Dichter fort: »Ich werde aber immer darüber schweigen, denn in einer Erzählung darf davon nicht gesprochen werden.« Nur noch so viel: »Diese ganze Nacht lang hatte Lancelot viel Freude und Ergötzen.«

Das Epos schrieb Chrétien im Auftrag der Gräfin Marie de Champagne, die als Literaturmäzenin an ihrem Hof Talente förderte. Als Tochter der Eleonore von Aquitanien war sie mit der okzitanischen Troubadour-Lyrik aufgewachsen, und derart inspiriert gab sie ihm wohl auch »Stoff und Sinn« der Geschichte, wie der Dichter im Vorwort schreibt. Im »Lancelot« erhebt er dann auch, ganz im Stil der Troubadours, die Liebe zu einer

Der Ritterstand

Kein Knecht, so verfügte es Kaiser Friedrich Barbarossa 1186, solle je das Recht auf Ritterschaft besitzen. Damit wollte er soziale Aufsteiger aus dem Bauernstand fernhalten. Hatten anfangs vom König bis zum Söldner alle als »miles«, Soldaten, gegolten, grenzte sich der Hochadel nun ethisch-ideologisch in einem Ritterstand ab. Als die Kriegslast aber nicht mehr ohne Unterstützung zu bewältigen war, ließ er auch unfreie Dienstleute als Ritter zu.

Macht des absolut Guten. »Von keiner Sache, die aus Liebe geschah, könnte man sagen, dass sie zu Tadel Anlass gebe«, sagt Lancelot – es ist ein Wunschbild.

Denn die Liebe muss ja mit der gesellschaftlichen Rolle des Ritters in Einklang gebracht werden. So betätigt sich auch Lancelot eifrig als Befreier und Erlöser von Gefangenen, damit er seine sozialen Aufgaben erfüllt; eine Art Gleichgewicht ist wiederhergestellt. Der Versroman endet aber offen mit einer erneuten Heldentat, der Ehebruchkonflikt bleibt ungelöst.

Im rund 15 Jahre älteren »Erec und Enide« gelingt es noch, die abschließende Harmonie wiederherzustellen. Der liebestolle Held wird aus dem Bett geworfen und auf Abenteuerfahrt geschickt, zu der ihn sogar seine Frau begleitet. Gereift und geläutert kehren sie am Ende an den Artus-Hof zurück und werden ein zufriedenes Herrscherpaar in Nantes.

Wollten die Epiker so die Ritter im Sinne der höfischen Ideale erziehen? Ihnen helfen, mit ihren Rollenkonflikten klarzukommen? Vermitteln, dass Liebe in einer Zeit politisch-strategischer Heiraten auch in der Ehe Bestand hat?

Es ist schwer, die Erzählabsicht eines Dichters zu bewerten, wenn man über ihn kaum etwas weiß. Chrétien, um 1140 wohl

Die Ausbildung

Meist im Alter von sieben Jahren war die Kindheit vorbei: Dann kamen die Adelssöhne an einen bedeutenden Hof mit anderen Knaben, erhielten eine höfische Bildung, vor allem aber Waffentraining. Dabei halfen ein hölzernes Übungspferd sowie ein rotierender Balken, dem der Zögling an einem Ende ausweichen musste, am anderen Ende war ein Schild befestigt, das er treffen musste.

in der Champagne geboren, muss eine solide klerikale Bildung genossen haben, was man auch von den deutschen Autoren vermuten kann, die seine Versromane übertrugen und fortschrieben. Die meisten haben wohl berufsmäßig gedichtet. Fast immer jedoch fehlen biografische Quellen. Der deutsche Epiker

Die Schwertleite

Bei der feierlichen Zeremonie wurde dem angehenden Ritter das Schwert umgegürtet. Es war zunächst ein religiöses Ritual, in der Segnungsformel wurde betont, der Kämpfer erhalte die Waffe »von Gott zur Verteidigung von Gottes heiliger Kirche«. Der Empfänger musste einen Eid ablegen, mit dem er sich zum Gehorsam verpflichtete. Später kam als Mahnung an die Demut ein Schlag gegen den Hals, der Ritterschlag, dazu. Manch adlige Sprösslinge empfingen schon mit 13 Jahren das Schwert, dazu ein Pferd und goldene Sporen.

BRITISH LIBRARY/AKG

Drei Knappen erhalten den Ritterschlag (Französische Buchmalerei, 13. Jahrhundert)

Hartmann von Aue soll ein Ministerialer, also aus dem Stand des Dienstadels gewesen sein.

Auf jeden Fall wussten die Autoren aber eines: wie man einen Erfolgsroman schreibt. Geschickt mischten sie Abenteuer und Liebe, Sex und Crime mit märchenhaften Elementen aus der keltischen Sagenwelt. Da gibt es Riesen und Zwerge, Drachen und Löwen, Zauberschlösser und verhexte Betten, geheimnisvollen Liebestrank und magische Salbe, die selbst schlimmste Wunden heilt. Schließlich wollte die Hofgesellschaft ja auch unterhalten werden. Selbst epische Werke mit ihren vielen tausend Versen wurden häufig vorgetragen, da es auch zahlreiche Adlige gab, die nicht lesen konnten.

Begeistert adaptierten die deutschen Dichter Chrétiens Stoffe: Hartmann von Aue übernahm »Erec et Enide« und »Yvain«, Wolfram von Eschenbach den »Roman de Perceval«. Die Liebestragödie um Tristan und Isolde, die am Hofe König Markes von Cornwall spielt, schöpfte Gottfried von Straßburg aus dem Tristan-Roman des Anglonormannen Thomas.

Die prallen epischen Stoffe, vor allem die Erzählungen von König Artus, waren in höfischen Kreisen äußerst beliebt, sogar Mönche im Kloster wärmten sich an ihnen. Der Gelehrte Hugo von Trimberg beklagte um 1300, die Leute wollten nichts mehr

Die Rüstung

Das Panzerhemd aus eisernen Ringen samt wattiertem Untergewand wandelte sich zum Ganzkörper-Plattenpanzer, dem Harnisch. Es gab sogar Kettenfäustlinge; die Helme bekamen festen Gesichtsschutz. Ein Kettenhemd, gefertigt aus bis zu 50 000 Ringen, wog an die 15 Kilogramm. Schilde, meist aus lederbezogenem Holz, hatten metallene Beschläge.

von den Wundern Gottes und den frommen Taten der Heiligen hören: »Die meisten Menschen, hier und in anderen Ländern, kennen sich besser aus in den Büchern, die ich vorhin genannt habe: Von Parzival und Tristan, Wigolais und Eneas, Erec und Iwein und wer sonst noch in Karidol zur Tafelrunde gehörte.« Manche Adlige nannten sogar ihre Kinder nach den Romanhelden, Tristamus oder Perceval.

Auch wenn ihre Werke die bestehenden Gesellschaftsverhältnisse spiegeln, so behandeln sie doch überraschend moderne Fragen: Welche Freiheit hat der Einzelne in der Gesellschaft? Was ist der tiefere Sinn des Lebens? Und ja: Gibt es ein Recht auf Glück? Fast alle Helden geraten in tiefe Krisen, die sie in ihren Abenteuern zu überwinden versuchen. Manchmal helfen ihnen dabei die vorgegebenen Normen der höfischen Ordnung, häufiger aber sind es Zufälle, Glück, plötzlicher Instinkt oder Einsicht. Oft bringen Frauen die Rettung. Auf hochintelligente, sehr komplexe und literarisch durchaus beeindruckende Weise verhandeln diese Schriftsteller des Mittelalters Konflikte und selbstkritische Fragen einer sich entwickelnden Gesellschaft.

So kann man die Romane auch als Protokolle einer wachsenden Identitätskrise lesen, einer Entfremdung des Ich von der höfischen Gemeinschaft. Sie schildern – neben Idealfigu-

Die Waffen

Die Lanze wurde im 12. Jh. zur typischen Angriffswaffe des Ritters; das Reitzeug der Schlachtrosse war für den gewaltigen Stoß gerüstet. Schwerter hatten meist lange Klingen und eine breite Blutrinne. Die Dichtung schildert kostbar geschmückte, mit Gravuren versehene Schwerter.

ren – Helden, die seltsam heimat- und orientierungslos sind. Für diese bauen sie Szenarien, in denen sich das Individuum bewähren muss. Der Ritter soll im Sinne der höfischen Regeln – wieder – funktionieren. Darin kann man auch Krisenzeichen eines feudalen Rittertums erkennen, das vor allem im 12. Jahrhundert, so der Romanist Erich Köhler, Gefährdungen seiner innerständischen Ordnung erlebt.

Das in der Dichtung verbreitete Idealbild des höfischen Ritters klingt nach einem ziemlich perfekten Menschen. Er sollte tapfer sein, weise und gerecht, treu und maßvoll und natürlich »hövescheit« besitzen, also die höfischen Umgangsformen. Die christlichen Werte Demut, Ehrlichkeit, Güte, Barmherzigkeit, Frömmigkeit gehörten selbstverständlich dazu.

Die Realität sah meist anders aus. »Der Orden der Ritter besteht heute darin, keine Ordnung zu halten«, klagte etwa Petrus von Blois (1135 bis 1203), der als Hofkaplan zum engsten Kreis um den englischen König Heinrich II. gehörte. In einem

Das Turnier

Hunderte, mitunter Tausende von Rittern kamen zu den Spektakeln, bei denen sie meist als geschlossene Verbände in Massenkämpfen gegeneinander ritten. Schon beim ersten historisch bezeugten Turnier 1095 in Flandern gab es einen Toten, Graf Heinrich III. von Löwen. Die Kirche versuchte bereits 1130 mit einem päpstlichen Turnierverbot gegenzusteuern. Erst im späten Mittelalter verlegte man sich auf stumpfere Waffen; der Zweikampf im Lanzenstechen, der Tjost, wurde populär. Siegerpreis war übrigens anders als in der Dichtung nicht die Hand einer Prinzessin, sondern ein Falke, ein Bär, ein Pferd – oder die Rüstung des Gegners.

Brief schrieb er: »Sobald sie mit dem Rittergürtel geschmückt sind, erheben sie sich gegen die Gesalbten des Herrn und wüten im Erbland des Gekreuzigten. Sie plündern und berauben die unbemittelten Diener Christi, und, was schlimmer ist, sie unterdrücken erbarmungslos die Armen und sättigen am Schmerz der anderen ihre eigenen verbotenen Gelüste und ihre außerordentlichen Begierden.«

Im Alltag des Krieges hätten »Hinterlist und Grausamkeit zwar meistens die Praxis der adligen Fehde- und Kriegführung bestimmt«, betonte der Mediävist Joachim Bumke, es gebe aber auch Beispiele dafür, dass der ritterliche Ehrenkodex mit seinen Geboten der Fairness berücksichtigt wurde.

Parzivals Familiengeschichte offenbart die harte Seite der Wirklichkeit: Sein Vater war ein mächtiger Ritter, der, so die Fassung Chrétiens, nach einer schweren Verwundung auf einem Bauernhof völlig verarmte. In kriegsarmen Zeiten fiel vor allem der besitzlose Kleinadel in Not. Parzivals Brüder starben als Ritter an einem Tag.Der letzte Sohn soll deshalb gar nicht erst Ritter werden, seine Mutter Herzeloyde hält ihn fern von der Welt der Streitrosse und Rüstungen, zieht ihn in der Waldeinsamkeit groß. Doch sie kann ihn nicht halten und stirbt an Kummer, als auch er zum Hofe König Artus' davonzieht.

Der naive Held erlebt reichlich Grausamkeit auf seinem Werdegang zum Ritter der Tafelrunde, auch gegen Frauen übri-

Der Kampf

In der Dichtung gibt es den edlen Zweikampf der Ritter mit Lanzen und Schwertern. In den wirklichen Schlachten sorgten Armbrust- und Bogenschützen für viele Tote, ebenso neuartige Dreikantmesser. Auch Pferde wurden gepanzert.

gens. Selbst am Königshof ist es mit der höfischen Liebe nicht immer weit her. Einmal packte der Seneschall Keye die Hofdame Cunneware, nur weil sie lachte, »bei den Locken, wand ihre langen blonden Zöpfe um seine Faust und hielt sie eisern fest«, so steht es bei Wolfram von Eschenbach. Ihren Rücken traktierte er derart mit einem Stecken, »dass sie die Schläge durch Kleid und Haut spürte, bis der Stab brach«.

In Hartmann von Aues »Erec« muss Enite die Zudringlichkeiten des Grafen Oringles erdulden; ihr Mann liegt ohnmächtig am Boden, und ohne männlichen Schutz ist sie praktisch Freiwild. Als sie sich weigert, dem Grafen zu folgen, schlägt der sie »mit der Faust, so dass die Edle« heftig blutet.

In der deutschen Artus-Dichtung verstärkt sich die Gefühlsintensität, aber auch die Widersprüche und die Zweifel wachsen. »Ich tumber man«, sagt Erec bei Hartmann von Aue, »ich Dummkopf«, nachdem er erneut in einen blutigen Kampf mit dem befreundeten König Guivreiz geraten ist, bloß weil sie sich nicht erkannten. Er schilt sich, weil er sich »solchen Übermut anmaßte, dass ich auf fremder Straße allein die Oberhand behalten wollte vor so vielen tapferen Rittern«. Selbsterkenntnis und Selbstkritik sind ein zentrales Element des Reifungsprozesses, den die höfischen Romanhelden durchmachen.

Ritter Iwein begegnet einem unwissenden Waldmann, der ihn fragt, was er denn suche. »Aventiure«, Abenteuer, sagt er.

Gotteskrieger

1095 rief Papst Urban II. alle »Ritter Christi« zum Ersten Kreuzzug ins Heilige Land. In Jerusalem entstand um 1120 auch der erste Kreuzritterorden, der mönchische Ideale und Kampf verband.

»Was ist denn das?«, wundert sich der Waldmann. Zur Antwort bekommt er eine Definition, die das Rittertum ein bisschen lächerlich macht: »Sieh, wie ich bewaffnet bin. Ich bin ein Ritter und habe die Absicht, umherzureiten auf der Suche nach einem Mann, der mit mir kämpft (…) Wenn er mich besiegt, trägt es ihm Ruhm ein. Wenn aber ich ihn schlage, hält man mich für einen ganzen Kerl.«

Das soll schon alles sein? Mehr ist nicht dran am Rittersein? Später bekämpft sich Iwein bis aufs Blut mit einem fremden Ritter, nur der Einbruch der Dunkelheit verhindert, dass sie einander töten. Sie brechen ab, und aus einem Impuls heraus beginnt Iwein ein Gespräch mit dem Gegner. Dabei stellt sich heraus, dass es sein Freund ist, sie fallen sich in die Arme, sind erleichtert. Das ist neu: Nicht das Schwert, Kommunikation hat hier die Lösung gebracht.

Für den Parzival Wolfram von Eschenbachs (um 1205) reicht die Liebe nicht mehr aus, um das Ritterleben mit Sinn zu füllen. Der Schönling wird nach der Vermählung auf den Weg zu einer höheren Wahrheit geschickt, die für das christliche Mittelalter natürlich nur in Gott liegen kann.

Der Burgherr Gurnemanz hatte ihn zum höfischen Ritter ausgebildet, ihn gelehrt, sein Pferd mit Schenkelhilfe und Sporen aus dem Galopp in den Angriff zu werfen, die Lanze richtig einzulegen und sich mit dem Schild vorm Gegenstoß zu decken. Er nannte ihm die ritterlichen Tugenden, schärfte ihm ein, »so hoch Ihr emporsteigt, vergesst nie, Euch der Notleidenden zu erbarmen; bekämpft ihr Elend durch Freigebigkeit und Güte. Seid stets leutselig und nicht hochmütig (…)«. Und dann noch: »Stellt keine überflüssigen Fragen!« – zum kritischen Denken ist ein Ritter schließlich nicht da.

Doch genau dieser Rat lässt ihn zunächst scheitern. Denn als er auf die Gralsburg gelangt, wo der kranke König Anfortas auf Erlösung wartet, sieht er lauter geheimnisvolle Dinge, darunter eine Lanze, aus deren Spitze Blut quillt – ein religiöses Symbol natürlich, eine Anspielung auf die Lanze des römischen Soldaten, der dem gekreuzigten Jesus in die Seite stach. Auf einem grünen Seidentuch wird der Heilige Gral hereingetragen, der »Inbegriff paradiesischer Vollkommenheit, Anfang und Ende allen menschlichen Strebens«, wie Wolfram seinem Leser erklärt. Es ist das Heiligtum schlechthin. Vor dem Gral tut sich ein kleines Schlaraffenland auf, »Fleisch von Haustieren und Wildbret ... Brühsaucen, Pfeffer, Obsttunken«. Parzival staunt, doch er findet die erlösenden Worte nicht, die den Bann brechen könnten. »Seine höfische Erziehung ließ ihn auf jede Frage verzichten«, heißt es im Text.

Nachts ringt er mit schlimmen Ritter-Alpträumen, und am nächsten Morgen findet er die Burg verlassen vor. So muss er erst in der Hütte eines Einsiedlers die religiöse Wahrheit finden und noch etliche Abenteuer bestehen. Den Artus-Hof verlässt er mit der vielsagenden Erkenntnis, der Gral sei nicht im Kampf zu erringen. In dem Moment lässt er, so die Stuttgarter Germanistin Anette Sosna, das gültige ritterliche Identitätsmodell hinter sich. Die Lösung liegt im Mitgefühl, aus dem er schließlich dem kranken Anfortas die entscheidende Frage stellt: »Oheim, was fehlt dir?« Am Ende wird er selbst zum Gralskönig erkoren, und da die Harmonie mit der Religion hergestellt ist, darf er sogar sein Eheglück samt Kinderschar genießen.

Eine solche Erfüllung bleibt Tristan, dem Helden Gottfrieds von Straßburg, der ihn um 1210 bedichtete, versagt. In dieser berühmtesten und wohl folgenreichsten Liebesgeschichte des Mittelalters gibt es keinen Ausweg aus dem Leiden außer dem Tod.

Tristan ist Waise hochadeliger Abstammung und wird vom Hofmarschall großgezogen, den er für seinen leiblichen Vater hält. Nicht als Ritter, sondern als Jagdmeister wird er ein angesehenes Mitglied am Hofe König Markes in Cornwall. Doch als er hört, wer seine wahren Eltern sind, will er sich als Ritter bewähren. In einem Kampf wird er so schwer verwundet, dass ihn angeblich nur die wundertätige Isolde von Irland heilen kann. Das tut sie, aber damit nimmt die Tragödie ihren Lauf. Als Tristan die schöne Königstochter für Marke als Braut nach Cornwall holt, trinken die beiden versehentlich vom Liebestrank, der für die Hochzeitsnacht bestimmt war. Selten ist Liebesschmachten schlichter und schöner in Worte gefasst worden als in Gottfrieds Versen:

»Tristan und Isôt, ir und ich, wir zwei sîn iemer beide ein dinc âne underscheide.«

Derart bedingungslose Leidenschaft kann keinen Bestand haben in der strengen Ordnung der christlich-feudalen Welt. Nach der Trennung von Isolde versucht Tristan, wieder Halt im Ritterdasein zu finden, und zieht in den Krieg. Er wird für seine Heldentaten gerühmt; doch das alte Muster funktioniert nicht mehr, der Liebesschmerz überragt alles. Er trifft eine neue Frau, doch hier bricht Gottfrieds Roman ab, warum, ist ungeklärt. Vielleicht suchte er noch eine Lösung.

Schreibend die Welt ändern

Christine de Pizan, Dichterin und Chronistin, steht für eine Pioniertat: Als erste Schriftstellerin sorgte sie für den Lebensunterhalt ihrer Familie.

Von Bettina Musall

Am 29. Oktober 1390 verabschiedete sich Christine de Pizan von ihrem Mann, dem Hofbeamten Etienne du Castel. Der junge Notar und königliche Sekretär sollte den französischen König Karl VI. auf einer Dienstreise begleiten. Christine war 25 Jahre alt und – für die damalige Zeit nicht ungewöhnlich – Mutter dreier Kinder im Alter von neun, sieben und fünf Jahren. Es ist ziemlich wahrscheinlich, dass die junge Frau ihren Mann und Familienvorstand nur ungern ziehen ließ; die Zeiten waren unsicher – und ungesund. Sie sollte ihn nie wieder sehen.

Denn neun Tage später war Monsieur du Castel tot. Eine Seuche, möglicherweise die Pest, infizierte die königliche Reisegesellschaft mit einem derart grässlichen Fieber, dass der Monarch alle Haare verlor und sein Adlatus das Leben. »Und so hatte Fortuna mich bereits auf dem absteigenden Teil ihres Rades plaziert«, notierte später die Witwe, »und führte Böses im Schilde, um mich schließlich ganz zu zermalmen.«

Tatsächlich war es nur der erste Schicksalsschlag für die junge Dame. Lange Zeit war das Leben zu Christine de Pizan freundlich gewesen, nach mittelalterlichen Maßstäben sogar mehr als das. Ihr Vater, der venezianische Gelehrte Tommaso da Pizzano, war als Leibarzt und Astrologe an den französischen Hof gerufen worden. Nach dem Umzug aus Venedig, wo Christine 1365 zur Welt gekommen war, lebte die Familie in einem Schloss am Ufer der Seine, unweit eines der königlichen Paläste.

Durch die Fürsorge des Hofes mangelte es im Haus des vom König »geliebten und treuen Physikus an keinem notwendigen Ding«, erinnerte sich Christine. Hinzu kam, dass die Tochter mit ihrem Vater, dem erfolgreichen Naturwissenschaftler und Philosophen, »die süße Lust des Wissens und Lernens« teilte. Sie wurde von ihm unterrichtet – anders als ihre beiden Brüder und zum Leidwesen der Mutter. Die wünschte, dass Christine getreu weiblicher Bestimmung stricke, nähe und spinne, sich also, wie die Tochter spöttelte, »mit Hanf befasse«.

Als 15-Jährige – was damals als genau passendes Alter galt – wurde die hübsche, gebildete Jugendliche an den zehn Jahre älteren Hofbeamten du Castel verheiratet. Ihr Mann war eine vielversprechende Partie und, nach allen Aufzeichnungen seiner Frau, ein liebenswerter Mensch. Die Ehe wurde glücklich.

Doch dann beschwerten Schicksalsschläge und die krisenhaften Zeitumstände das Leben der Familie Pizan-Castel. Nach dem frühen Tod seines Gönners Karl V. verlor der Vater die Gunst der rivalisierenden Erben. Intrigen und Machtkämpfe unter den Herrschenden rieben das Land auf. Gerade auch Familien, die vom Hof abhängig waren, stürzten in wirtschaftliche Not. Über all den Sorgen starb Vater Pizan. Als dann auch Christines Ehemann nicht mehr nach Hause zurückkehrte, stand die junge Witwe mit den drei Kindern, ihrer Mutter und einer mittellosen Nichte vor dem Nichts: »Ganz allein bin ich, ohne Gefährten, ohne Gebieter / Ganz allein bin ich, von Schmerz und Kummer erfüllt.«

Einer alleinstehenden Frau, gewöhnt an Personal und finanziellen Wohlstand, das wusste Pizan, drohte ein trübes Schicksal irgendwo zwischen Armenhaus, Kloster oder gar Prostitution. Noch dazu wurde die Trauernde von Gläubigern bedrängt, während die Schuldner die Familie im Stich ließen. »Wie für

Witwen üblich sah ich mich in die Enge getrieben durch Klagen und Prozesse.«

Doch die »in Wonnen großgezogene und verhätschelte« Tochter ließ sich nicht einschüchtern und nahm ihre neue Rolle als Haushaltsvorstand an, als »Herr des Schiffes auf stürmischer See«, wie sie es selbst nannte. Gegen einen »Strom von Widerwärtigkeiten« setzte sie sich zur Wehr; zeitweilig klagte oder verteidigte sie sich an vier Pariser Gerichten gleichzeitig; bis sie die Rückstände eingetrieben hatte, die der Rechnungshof ihrem Mann schuldete, vergingen nicht weniger als 21 Jahre.

Unglaublich, dass sie es schaffte. Aber Christine konnte etwas, worauf sie sich nun besann: schreiben. Anfangs verdiente sie wohl mit Kopierarbeiten, dem Abschreiben fremder Werke etwas Geld. Obendrein jedoch brauchte die zarte Person, »schwach von Leib und von Natur aus furchtsam«, wie sie sich selbst beschrieb, etwas, das ihr Kraft gab. Und sie spürte, dass diese Energie nirgendwo außerhalb lag, nicht in der Gesellschaft und auch nicht bei einem anderen Mann, sondern in ihr selbst.

Was ihr half, war die Macht der Poesie. Noch in dem Jahr, in dem ihr geliebter Etienne starb, nahm sie an einem Dichterwettbewerb teil, und ihre Ballade hatte Erfolg. So begann sie ihre »tränenreichen Klagen, voll Sehnsucht nach meinem Freunde und der vergangenen guten Zeit«, in Hunderte Gedichte zu fassen. Und weil sie versuchte, »etwas Fröhlichkeit in mein wehes Herz zu bringen«, fügte sie aus der Erinnerung »verliebte und fröhliche Worte hinzu«.

Die Mischung kam an. Christine de Pizan beherrschte alle Formen höfischer Dichtkunst und befasste sich mit allen Spielarten der Liebe, wobei sie mal in die Rolle der Dame, mal in die des werbenden Galans schlüpfte: »Die Hoffnung, meine Herrin schon bald wieder zu sehen / Läßt mich mit lauter Stimme heiter singen.«

Es muss die junge Frau oft gewaltige Anstrengung gekostet haben, »zur Tarnung«, wie sie sagte, die Liebe zu preisen. Sie selbst hielt sich von jedem Freier und der Aussicht, noch einmal mit einem Mann zusammen zu sein, konsequent fern: »Sprecht nicht mehr davon, ich will nicht lieben.« In besonders düsteren Momenten wollte sie am liebsten sterben: »Denn nach nichts anderem als dem Tod steht mir der Sinn. Was kümmert es mich, weiter zu leben / Seit jener starb, der mein Leben war.« Aber die Dichtung tröstete eben nicht nur ihre Seele, sie stellte auch den Broterwerb sicher. So passte die Künstlerin ihr unterhaltsames Angebot pragmatisch der wechselnden Nachfrage an.

Der umfangreiche Bestand ihrer religiösen und weltlichen Lyrik bietet »anmutige Gebilde ohne allzu viel Tiefgang«, wie sie selbst unbestechlich analysierte, mit denen sie aber einen Kreis bedeutender adliger Leser gewann. Das sicherte der Dichterin und ihrem Anhang den Lebensunterhalt – eine Leistung, die sie vermutlich als erste Schriftstellerin vollbrachte.

Ihren Platz in der Literaturgeschichte und im Bewusstsein einer modernen Leserschaft eroberte sich Christine de Pizan jedoch durch eine wirkliche Pioniertat. Sie beschränkte sich nicht darauf, eingängige Verse zu schmieden. Die auf sich gestellte Frau begann, etwas in ihrer Zeit Ungewöhnliches, ja für ihr Geschlecht nicht selten Gefährliches zu tun: Sie begann, selbständig zu denken.

Je sicherer sie das Schreiben beherrschte, desto stärker fielen ihr die Missstände ihrer Epoche auf. »Es erging mir wie dem Handwerker, der mit der Zeit immer kompliziertere Dinge herstellt.« Die zurückgezogene Lebensweise ermöglichte ihr, da anzuknüpfen, wo sie einst mit ihrem Vater stehengeblieben war, und zu lesen. »Ganz wie ein Mann« machte sie sich auf den »Pfad, zu dem mein Wesen neigt, nämlich den des Studiums«. Lustvoll schilderte sie den neuen Lebensinhalt: »Dann schloß ich meine Türen und schnappte mir die schönen Bücher und Bände.«

Indem das Schreiben ihr Instrument wurde, die Welt zu sehen und zu verstehen, bemächtigte ihr Verstand sich »immer außergewöhnlicherer Gegenstände«. Zum Beispiel der Politik. Von Philipp dem Kühnen, dem reichen Herzog von Burgund, erhielt die Autorin den Auftrag, eine umfangreiche Chronik samt Bewertung der Herrschaft seines Bruders Karl V. zu verfassen – eine große Auszeichnung für die schreibende Frau, war doch die offizielle Geschichtsschreibung bis dahin den Mönchen vorbehalten gewesen.

Nach nur vier Monaten hatte Christine im Frühjahr 1404 den ersten von drei Bänden fertig und wollte ihn gerade vorlegen. Da tönte die Trompete des Herolds durch die Straßen von Paris: Philipp der Kühne, ihr Auftraggeber, war über Nacht gestorben. Was tun? Sie machte weiter, und schon Ende des Jahres präsentierte sie ihr »Buch der Taten und guten Sitten Karls V.« – dem neuen Fürsten Johann Ohnefurcht. Sie bekam sogar ihren Lohn, wenn auch erst zwei Jahre später.

Auf anderem Feld gelang es der Dichterin nicht nur, die Aufmerksamkeit und Gunst der bayerisch-französischen Regentin Isabeau zu gewinnen, sondern sich endgültig jenen Ruhm zu erschreiben, den wohl jeder Autor ersehnt: die historische Unsterblichkeit.

Um die Wende zum 15. Jahrhundert hatte sie ihr Lebensthema gefunden: die Frauen, genauer den ihrer Ansicht nach unerträglichen Blick männlicher Gelehrter und Schriftsteller auf das weibliche Geschlecht, auf die Rolle der Frau in der Gesellschaft und ihr Verhältnis zum »Gefährten und Gebieter«, wie Christine es einst ausgedrückt hatte. Die selbstbewusste Intellektuelle fühlte sich provoziert durch den »Rosenroman«, jenen zweibändigen Liebes-Bestseller, der seit langem im Mittelpunkt des literarischen Lebens stand und noch in Umberto Ecos Erfolgstitel »Der Name der Rose« nachklingt.

Zwei Verfasser hatten die beiden Teile des berühmten »Rosenromans« geschrieben: Vom adligen Guillaume de Lorris stammte der über 4000 Verse lange Ursprungsteil von etwa 1235, ein höchst romantisches Traumepos voller Sinnbilder, ganz in der Tradition der höfischen Minne. Christines Zorn aber richtete sich gegen Jean de Meung, einen Theologen und Professor an der Pariser Universität, der kurz vor 1280 das verschlungene Werk um satte 18 000 Verse erweitert und dabei fast ins Gegenteil verdreht hatte.

»Die Frau hat kein Gewissen«, behauptete Jean de Meung etwa – und meinte damit alle Frauen. In manchmal geradezu unflätigem Ton postulierte der Gottesmann, der Lebensinhalt des ganzen weiblichen Geschlechts seien »Spitzfindigkeiten und Bosheiten«. Zynischer Rat des Gelehrten: Männer sollten sich Frauen gegenüber auf ihre Triebhaftigkeit beschränken; wer an die Liebe glaube, sei ein Narr. Um zu begreifen, worum es zwischen Männern und Frauen gehe, müsse man nur beobachten, wie es »die Kühe und Stiere, die Schafe und Hammel« auf der Wiese treiben.

Christine war empört. Und sie wagte es, als »unwissende Frau, bar jeder Erkenntnis und von schwachem Urteilsvermögen«, wie sie sich selbst in taktisch kluger Untertänigkeit apostrophierte, den allseits anerkannten Erfolgsautor zu kritisieren. »Zügellosigkeit und Laster« steckten hinter Jean de Meungs frauenfeindlichen Ausfällen, konterte sie, »eine Lehre voller Lügen«. Punkt für Punkt entlarvte sie das Weltbild des klerikalen Verseschmieds. Zugleich verwahrte sie sich dagegen, es ihr als »Narrheit, Überheblichkeit oder Dünkel« anzulasten, »daß ich als Frau es wage, einen so feinsinnigen Verfasser zu tadeln und ihm zu widersprechen, nachdem er als Mann es wagte, ein ganzes Geschlecht ausnahmslos zu verleumden und zu tadeln«.

Mit solcher Courage hatten die Verfechter der üblichen Rollenmuster nicht gerechnet. Vor allem erbitterte es die Literaten, dass sie zugeben mussten, Christine gebreche es »nicht ganz und gar an Verstand« – freilich »soweit eine Frau überhaupt einen haben kann«, wie der Profoss von Lille höhnte. Dann aber wendete sich das Blatt. Jean de Gerson, Kanzler der Universität Paris und der Kirche Notre-Dame, ergriff die Partei der Autorin. Kurz darauf lud der Herzog von Orléans sie zum Rosenfest in sein Palais ein, wo sie zur Hüterin des Rosenordens bestimmt wurde. Christine de Pizan hatte gewonnen. Von nun an galt sie offiziell als Vorkämpferin der Frauenrechte.

In ihrem berühmtesten Werk, »Das Buch von der Stadt der Frauen«, erweiterte sie kurz darauf die Schelte ins Grundsätzliche. Alle Vorurteile, die in der schreibenden Männerwelt über Frauen kursierten, ließ sie aufmarschieren – um sie sogleich durch gloriose Beispiele berühmter Frauen aus der Antike, der Bibel, aus Legenden und aus dem Mittelalter zu widerlegen. Frauen, so zeigte diese Galerie, waren und sind mindestens so klug und stark, mindestens so lernfähig, originell, machtbegabt, redegewandt, vernünftig, kunstsinnig, kühn und liebesfähig wie Männer – ein imponierendes Stück weiblicher Selbstbehauptung.

Von den moralischen Werten und Rollenbildern ihrer Zeit wandte sich die Autorin freilich keineswegs ab, im Gegenteil: Eheliche Treue, Verzicht auf amouröse Ausschweifungen, religiös geprägte Sittsamkeit blieben für Christine de Pizan die zentralen Forderungen eines vorbildlichen und letztlich naturgegebenen weiblichen Lebensentwurfs.

Feministinnen kann diese Haltung bis heute irritieren – freilich nur, erläutert Pizans Biografin Margarete Zimmermann, wenn die Einlassungen zu dem, was heute Frauenfragen heißt, aus ihrem Zusammenhang gerissen werden. Die Expertin empfiehlt, das Werk der mittelalterlichen Dichterin und Chronistin an »den Möglichkeiten weiblicher Selbstverwirklichung« im 15. Jahrhundert zu messen.

Wie die aussahen, dafür hat Christine de Pizan selbst ein gutes Beispiel gegeben. Vielleicht ist es gar nicht so sehr die feministische oder literarische Qualität ihrer Schriften als vielmehr ihr Charakter, der sie zur Vorzeigefrau macht. Unbeugsam, eigenständig, unbequem und klug, verweigerte sich Christine de Pizan schon zu Lebzeiten jeder Vereinnahmung. Überlebt hat die schmächtige Frau durch die subversive Kraft des eigenen Denkens.

Kapitel IV

Bürger und Intellektuelle

Monopol der Drahtzieher

Nürnberg im 14. Jahrhundert: Die Reichsstadt
war berühmt für ihren Erfindergeist.
Doch die Handwerker wurden gegängelt.

Von Norbert F. Pötzl

Es muss mit dem Teufel zugegangen sein, dass sich Nürnberger Handwerker gegen ihre Obrigkeit erhoben. Der Schmied Rudel Geisbart und sein Kumpan Pfauentritt verschworen sich mit einigen Berufskollegen gegen den Rat der Stadt; insgesamt ein Dutzend Revoluzzer zählte ein an dem Aufstand Beteiligter namens Ofenwisch auf.

Dem Stadtgeschichtsschreiber Sigmund Meisterlin fehlte jedes Verständnis für den Aufruhr; bis dahin habe, so notierte er, doch Harmonie geherrscht zwischen den Bevölkerungsschichten in ihrer göttlichen Ordnung: »der fürsichtig senat auf dem rathaus, die müeßiggeer auf dem markt, das gemain volk erbeit umb die narung und an den feiertagen zu dem getrank«.

Meisterlin war Benediktinermönch, und so konnte es für ihn nur der Satan gewesen sein, der da Unzufriedenheit geschürt hatte und Handwerker, Müßiggänger und Pöbelvolk dazu brachte, getrieben von Neid, Geiz und Hochmut, sich zusammenzurotten, um am 4. Juni 1348 gegen den Rat zu meutern.

Auch die große Reichspolitik spielte eine Rolle. Der alte Stadtrat erkannte den Anspruch des böhmischen Königs und späteren Kaisers Karl IV. auf die Führung des Reiches an. Die Aufrührer hingegen hielten den konkurrierenden Wittelsbachern die Treue.

Der Umsturz gelang zwar. Einige Angehörige der »ehrbaren Familien« flohen, unter Mistfuhren versteckt oder verkleidet als Bettler und Mönche. Ein neuer Rat, dem auch Rudel Geisbart angehörte, übernahm das Regiment. Doch die Aufständischen blieben nicht lange obenauf. 15 Monate nur hielten sie durch, dann führten wieder die patrizischen Ratsherren von früher ihr strenges Regiment.

Im mittelalterlichen Nürnberg herrschten Oligarchen: Rund drei Dutzend Familien lenkten die Geschicke der Stadt. Dabei handelte es sich fast durchweg um Großkaufleute, die durch kaiserliche Privilegien zu immensen Vermögen gekommen waren. Ihr Aufstieg hatte im Jahr 1219 begonnen, als Friedrich II. die Stadtsteuer nicht mehr von den einzelnen Bürgern, sondern »in communi«, von allen gemeinsam, eintreiben ließ. Die städtische Finanzverwaltung wurde nun in die Hände derjenigen gelegt, die im Umgang mit Geld erfahren waren: Händler, die viel im Reich und außerhalb seiner Grenzen unterwegs waren.

Zur städtischen Oberschicht gehörten auch die sogenannten Ministerialen, die sich als Verwalter königlicher Ämter oder Besitztümer bewährt hatten. Sie verkörperten eine neue privilegierte Schicht, deren Grenzen zum echten Adel sich im Laufe der Jahrhunderte verwischten.

Als Residenzen dieser Familien entstanden in der Stadt »Geschlechtertürme«, wie sie heute noch zahlreich in Regensburg oder San Gimignano in der Toskana erhalten sind; in Nürnberg steht nur noch das »Schlüsselfeldersche Stiftungshaus«, auch bekannt als das »Nassauer Haus«.

Aus den Kaufmannsfamilien und der Ministerialität setzte sich seit dem 13. Jahrhundert der Rat der Reichsstadt zusammen. Seine Bedeutung wuchs, als er während des Interregnums, der kaiserlosen Zeit zwischen 1254 und 1273, gemeinsam mit dem Reichsschultheißen die Führung der Stadt übernahm.

Seit dem 14. Jahrhundert kontrollierten die ehrenamtlich tätigen Ratsherren Behörden und Bedienstete, die städtischen Finanzen, die Gerichte sowie die zahlreichen Kirchen, Klöster und Spitäler. In den »Inneren Rat«, der ursprünglich aus 26 Mitgliedern bestand und zugleich Legislative, Exekutive und Jurisdiktion darstellte, gelangten nur Angehörige aus dem Geldadel.

Nachdem 1340 das Rathaus fertiggestellt war, tagten die Ratsherren im Großen Saal im ersten Stockwerk, dem seinerzeit größten Profanbau nördlich der Alpen. Im Erdgeschoss befanden sich Läden für Tuchmacher, im Souterrain die sogenannten Lochgefängnisse, wo Untersuchungshäftlinge eingesperrt wurden.

Nürnberg zählte im 14. Jahrhundert mit etwas mehr als 20 000 Einwohnern neben Augsburg, Köln und Lübeck zu den vier größten Städten des Reiches. Die Pegnitz, die von Ost nach West die Altstadt in zwei Hälften schneidet, bildete die Grenze

zwischen den Bistümern Bamberg im Norden und Eichstätt im Süden.

Zur wohlhabenden Elite der Patrizier und Ministerialen dürften etwa sechs bis acht Prozent der Bevölkerung gezählt haben. Die Mittelschicht der vermögenden Handwerker und Kaufleute machte rund ein Drittel der Einwohner aus. In der ersten Meisterliste von 1363, oft als erste Gewerbestatistik Deutschlands bezeichnet, wurden rund 50 Handwerksgruppen mit etwa 1200 Meistern genannt. Die breite Unterschicht bildeten abhängige Lohnempfänger sowie Sieche, Obdachlose oder Bettler. Ganz am Rande der Gesellschaft lebten die Angehörigen der »unehrlichen Berufe«: Dirnen, Bader, Totengräber, Abdecker und die »Pappenheimer«, die die Abortgruben entleerten.

Sozialer Aufstieg war nur selten möglich. Schmuck und Kleidung, für jede Schicht klar reglementiert, dienten als Standesmerkmale. Die Obrigkeit achtete darauf, dass die sozialen Unterschiede sichtbar blieben und die Bürger sich nicht allzu teure Garderobe leisteten.

Gleichwohl sollten die Bürger gut gewappnet sein. In einem »Harnischbuch«, das der Rat anlegen ließ, wurde die Wehrkraft der Einheimischen penibel verzeichnet. Gassenhauptleute mussten von Haus zu Haus gehen und die Bewohner unter Eid befragen, wie viele Harnische sie besaßen und ob sie ausreichende Vorräte an Getreide und Nahrungsmitteln sowie Salz zum Konservieren angelegt hatten.

Mit dieser Methode zählte man zum Beispiel im Jahr 1431 insgesamt 2582 Ringpanzer, Kettenhemden und einige der moderneren Plattenharnische. Harnische wie auch Helme und Schilde sowie Messer, Beile, Schwerter, Hellebarden oder Armbrüste wurden in den Wohnungen aufbewahrt. Für die Armbrustschützen ließ der Rat einen großen Übungsplatz anlegen. Er kaufte 1434 von einer alteingesessenen Nürnberger Familie ein weitläufiges Areal direkt jenseits der westlichen Stadtmauer, die Hallerwiese, wie sie noch heute nach ihren ehemaligen Besitzern genannt wird.

Geschützgießer und Rotschmiede, die vorher Glocken gegossen hatten, produzierten nun Mörser und Kanonen. Das schwere Kriegsgerät wurde in der Waffenkammer aufbewahrt, die sich ab 1383 im sogenannten Pleidenhaus, später im Zeughaus befand. Es entstand der neue Beruf des Büchsen- oder Zeugmeisters, der für Pflege und Reparatur von Geschützen, Waffen und Munition zuständig war.

Die meisten Handwerker waren in ein sogenanntes Verlagssystem eingebunden; der Begriff tauchte erstmals 1340 in einer Gewerbeordnung auf. Größere Unternehmer, die »Verleger«, unterteilten den Produktionsprozess in einzelne Fertigungsschritte und vergaben die Aufträge an kleinere Gewerbetreibende. So konnten vor allem für den Export bestimmte Massengüter wie Messer, Scheren oder Waffen nach einheitlichen Standards hergestellt werden.

Viele Nürnberger Handwerker waren reine Zulieferer für die Verleger und daher von diesen finanziell abhängig. Sie wurden nicht nach ihrem Arbeitsaufwand, sondern nach Stückzahlen entlohnt. Wenn ein Verleger als einziger Abnehmer ihrer Ware Aufträge stornierte, etwa weil es Absatzschwierigkeiten gab, gerieten die Stückwerker genannten Subunternehmer in Not. Viele Handwerker verarmten zusehends.

Ihre Arbeit wurde vom Rat streng reglementiert und kontrolliert, weit mehr als in anderen Städten. Das erste amtliche Satzungsbuch wurde von 1302 bis etwa 1315 geführt und enthielt zunächst drei wichtige Handwerksordnungen: die der Bäcker, der Tuch- und Lodenmacher sowie der »Messerer«, der Klingenschmiede. Gebühren und Geldbußen wegen gewerberechtlicher Verstöße füllten die Stadtkasse.

»Geschworene Meister«, die von der Obrigkeit bestellt waren, standen den einzelnen Berufsgruppen vor. Das war ein Sonderfall: In den meisten damaligen Städten hatten sich die Handwerker in Zünften organisiert – zunächst vor allem als Schutz gegen billige und weniger qualitätsbewusste Kollegen vom Lande.

Bald stellten sie außerdem interne Regeln auf, etwa den Bürgern nur gute Waren für einen fairen Preis anzubieten und niemals ihre wirtschaftliche Macht zu missbrauchen. Durch Mindestpreise und geregelte Betriebsgrößen sicherten sie die Einkommen ihrer Mitglieder, und sie halfen einander in Notlagen.

Im vielen Dingen freilich unterschied sich Nürnberg kaum von anderen deutschen Städten.

Es war eng, stickig und finster in den verwinkelten Gassen. Das Fachwerk der oberen Stockwerke der Häuser, wo die Wohnungen lagen, ragte üblicherweise über das gemauerte Erdgeschoss hinaus, wo sich die Werkstätten, Warenlager und Kontore befanden. Die Gassen waren selten gepflastert, so dass man leicht im Morast stecken bleiben konnte. Und weil es vielen Bewohnern zu mühsam erschien, die Aborterker im Freien aufzusuchen, kippten sie einfach den Inhalt ihrer Nachttöpfe aus den Fenstern.

Essensreste und andere Abfälle, die man ebenfalls auf den Gassen entsorgte, wurden von streunenden Hunden, Hühnern und Schweinen gefressen, die so auf ihre Weise durchaus der städtischen Gesundheitsvorsorge dienten. Die Mixtur aus verfaulendem Unrat und tierischem Kot verbreitete jedoch einen bestialischen Gestank. Keimtötend wirkten da bisweilen die Brände: »Ein großes Feuer« habe den Vorzug, »die Ansteckung aus der Luft zu vertreiben«, bemerkte ein Chronist des 15. Jahrhunderts.

Naturkatastrophen, schlechte hygienische Zustände, Hunger und Krankheit waren allgegenwärtig. Trost spendete der Glaube, dass das irdische Leben nur ein Durchgangsstadium auf dem

Weg ins jenseitige Paradies sei. Die Kirche besaß in den sich entwickelnden Städten bestimmenden Einfluss auf das einfache Volk. Eine Vielzahl von Kirchen und Klöstern wurde errichtet, in Nürnberg etwa die Sebalduskirche in der nördlichen und die Lorenzkirche in der südlichen Stadthälfte, zwei Bürgerdome für die beiden Bistumsteile, daneben etliche weitere Gotteshäuser, in die man täglich zur Messe ging.

Nach kirchlicher Lehre standen Reichtum und Armut in einer Wechselbeziehung. Wenn die Wohlhabenden den Darbenden von ihren materiellen Gütern abgaben, sicherten sie sich den Einzug in den Himmel. Umgekehrt sahen sich auch Bettler als Erwählte Gottes: Armut wurde als Abkehr von der Welt idealisiert. So gründete der Nürnberger Handelsherr Conrad Mendel 1388 ein Altenheim für zwölf bedürftige alte Handwerker, das »Zwölfbrüderhaus«.

Die umfangreichste Stiftung eines Bürgers im Mittelalter rief 1339 der damals wohlhabendste Mann der Stadt ins Leben: Konrad Groß, gerade zum Reichsschultheiß ernannt, bestellte am 13. Januar einen Notar und als Zeugen 14 hohe geistliche Würdenträger in sein Haus am Plobenhof. Der Notar musste drei Pergamente zusammenkleben, um den Text in gedrängter Schrift auf der rund einen Quadratmeter großen Urkunde unterzubringen, dem Gründungsdokument des Heilig-Geist-Spitals. Das Bedürftigenheim wurde in der Nähe seines Wohnhauses errichtet, bestehend aus einer Kapelle, einem Friedhof und einer Reihe von Häusern, in denen 128 Sieche und 72 »Pfründner« Obdach fanden.

Als im Juni 1348 der Handwerkeraufstand ausbrach, setzte sich Groß nach Bamberg ab – die politische Großwetterlage war ihm wohl zu unsicher.Denn der Rat der Rebellen verfolgte Gegner unerbittlich. Wer sich gegen ihn auflehnte, wurde aus der Stadt verbannt und durfte sich nur auf eine bestimmte Distanz nähern.

Zuwiderhandlungen wurden »bei der hand« oder »bei dem sakke« bestraft – den Delinquenten wurde die Hand abgehackt, oder sie wurden in Säcke verschnürt und in der Pegnitz ertränkt.

Doch Karl, der spätere Kaiser, setzte dem Bürgerregime ein Ende. Nachdem er sich mit den Wittelsbachern ausgesöhnt habe, sei den aufständischen Nürnbergern »erst die Reu in Busen kummen und das Herz gar entfallen«, berichtet der Chronist Johannes Müllner. Kurz darauf, im September 1349, sei Karl in Nürnberg eingezogen und habe »alsbalden den aufruhrerischen Rat sambt Zunftmeistern und allem Zunftrecht abgeschafft, die Anstifter und Rädleinsführer, soviel deren nit entwichen, härtiglich gestraft, nämblich 7 derselben … mit dem Schwert, die anderen mit der Ruten und Versagung des Lands«; zudem hätten die Handwerker, außer den Fleischhackern und Messerschmieden, dem Herrscher 25 000 Pfund Heller Strafe zahlen müssen.

So wählten die patrizischen Geschlechter wieder einen Rat aus ihren Reihen. Diesem gab Karl auch die Erlaubnis, »daz si alle die judenhauser zu Nuremberg … und daczu die judenschul … brechen mügen«, eine unverblümte Erlaubnis zur Mordbrennerei.

Jüdische Häuser gab es viele, Nürnberg hatte zeitweise eine der größten jüdischen Gemeinden in ganz Mitteleuropa. Im 10. und 11. Jahrhundert waren jüdische Kaufmannsfamilien aus Italien und Südfrankreich zunächst in die Städte an Rhein und Mosel eingewandert. Die deutschen Fürsten schätzten ihre Wirtschaftskraft und damit ihr Steueraufkommen, auch die Bischöfe brauchten sie als Fernhändler und Kreditgeber. Doch die christliche Kreuzzugsidee und die Gier nach dem Geld der reichen jüdischen Kaufleute führten 1096 zu den ersten Pogromen in Deutschland.

Viele Juden, die vor Verfolgungen im Rheinland geflohen waren, fanden Aufnahme in Nürnberg. Die wirtschaftliche Anziehungskraft der Stadt führte dazu, dass die jüdische Gemeinde um das

Jahr 1290 auf über 1000 Personen anwuchs. Einer der wichtigsten jüdischen Gelehrten des deutschen Mittelalters, Mordechai ben Hillel, wurde um 1240 in Nürnberg geboren.

Den neuen Bettelorden, die das Armutsideal predigten, war der florierende Handel der jüdischen Geschäftsleute ein Dorn im Auge. Einer der bekanntesten Prediger des ausgehenden 13. Jahrhunderts, der Franziskaner Berthold von Regensburg, trat zwar für den Schutz der Juden ein, stellte sie aber als Gottesmörder hin. Die bildliche Darstellung Christi hatte sich gewandelt: Jesus wurde weniger als Weltenherrscher denn als Leidender am Kreuz gesehen, dessen Passion und Tod die Juden verschuldet hatten.

Als die jüdische Gemeinde in Nürnberg im Handwerkeraufstand 1348/49 zwischen die Fronten geriet, nutzte der patrizische Rat den kaiserlichen Freibrief zur Plünderung, um ein langgehegtes Projekt zu verwirklichen: die Anlage eines großen Marktplatzes im Zentrum der Stadt, wo sich die Juden angesiedelt hatten. Bis dahin war der Markt an einer schmalen Straße zwischen Rathaus und Pegnitz abgehalten worden.

Drei Tage lang, vom 5. bis 7. Dezember 1349, fiel die Bevölkerung über die Juden her, erschlug oder verbrannte sie, ohne dass der Rat einschritt. 562 Menschen wurden ermordet. Zwei Drittel der etwa 1750 Mitglieder starken jüdischen Gemeinde hatten rechtzeitig fliehen können.

Die Häuser der Juden wurden einfach abgerissen, um Platz zu schaffen für den »Grünen Markt«, den späteren Hauptmarkt. Die Synagoge musste der Frauenkirche weichen. Einige Patrizierfamilien konnten sich Grundstücke in bester Wohnlage am Markt sichern. Als sich nach kurzer Zeit wieder eine kleine Zahl Juden ansiedeln durfte, wies man ihnen einen Bereich außerhalb des Zentrums zu.

Dort gingen sie ein Jahrhundert lang wieder unbehelligt ihren Geschäften nach. Neues Unheil zeichnete sich ab, als die

Bamberger Synode 1451 eine Verordnung erließ, wonach auch die Nürnberger Juden einen gelben Ring auf der Brust und die Frauen zwei blaue Streifen am Schleier tragen mussten. Im Jahr 1499 wurden alle Juden aus der Stadt vertrieben. Dreieinhalb Jahrhunderte, bis 1850, gab es in Nürnberg keine Bürger jüdischen Glaubens mehr.

Als der Aufstand 1349 niedergeschlagen war, wurde nicht nur das kurz existierende Zunftwesen wieder abgeschafft, das ganze Gewerbeleben wurde schärfer reglementiert denn je. Der Rat gründete später eine von ihm kontrollierte Aufsichtsbehörde über das Handwerk, das »Rugamt« (darin steckt das Verb »rügen«).

Immerhin rangen sich die Patrizier zu einem politischen Zugeständnis an ihre »minderen« Mitbürger durch. Im Jahr 1370 wurde der Innere Rat um 16 Mitglieder erweitert, unter ihnen erstmals 8 Vertreter der angesehensten Gewerbe: je ein Rindsmetzger, Kürschner, Tuchmacher, Bierbrauer, Bäcker, Goldschmied, Schneider und Rotgerber.

Zugleich wurde aber auch die Anzahl der patrizischen Ratsmitglieder um acht – die »Alten Genannten« – erhöht. Die Vertreter der Handwerker besaßen somit keinerlei politischen Einfluss und verwalteten auch keine städtischen Ämter, sie waren bloße Dekoration.

Gleichwohl begann eine Blütezeit des Nürnberger Handwerks. Weithin berühmt waren die Feinmechaniker wie Rotschmiede, die hochwertige Geräte aus Messing, und Zirkelschmiede, die Werkzeuge herstellten.

Astronomen und Seefahrer bezogen von Uhr- und Kompassmachern Instrumente zur Himmelsbeobachtung und Standortbestimmung, Ärzte und Chirurgen bestellten Kopf- und Knochensägen. Zwischen 1490 und 1493 entstand der »Erdapfel« des Martin Behaim, der älteste erhaltene Globus, der die damals bekannte Welt vor der Entdeckung Amerikas abbildete. Der Erfindungs- und Ideenreichtum der örtlichen Tüftler, die oft von reichen Mäzenen gesponsert wurden, war bald sprichwörtlich: der »Nürnberger Witz« gehörte zum Sprachschatz des späten Mittelalters.

So baute der Ratsherr Ulman Stromer 1390 die alte Gleißmühle an der Pegnitz zur ersten Papiermühle in Deutschland um. Aus Lumpen und Stoffresten (»Hadern«) wurde vergleichsweise billig und massenhaft Papier produziert, was bald das teure, aus Tierhäuten hergestellte Pergament verdrängte. Wegen des Gestanks und des Lärms lag die später sogenannte Hadermühle außerhalb der Stadtmauern.

Auch zahlreiche andere Mühlen entlang der Pegnitz dienten weniger der Verarbeitung von Getreide, sondern stellten frühindustrielle Produktionsstätten dar. Die Mühlräder trieben zum Beispiel Hämmer an, mit deren Hilfe effektiver geschmiedet werden konnte.

Eine wegweisende Erfindung war die Mechanisierung des Drahtziehens. Bis dahin wurde ein Stück Metall von der Größe eines Bleistifts erhitzt, so dass es verformt werden konnte. Mit Hilfe einer Zange musste es durch ein kleines Loch in einer Metallplatte gezogen werden. Der Vorgang wurde so oft wiederholt, bis der Draht die gewünschte Stärke erreicht hatte. Da der Bedarf an Draht im 14. Jahrhundert ständig stieg, richteten die Nürnberger eine Entwicklungsabteilung ein, die in einem Mahlwerk der Mühle am Sand 15 Jahre lang experimentieren konnte – ein Projekt, das Ulman Stromer ebenfalls finanziell förderte. Mit Erfolg: Ab 1415 ersetzte Wasserkraft die zeitraubende Muskelarbeit der Drahtzieher. Das Geheimnis des mechanischen Drahtziehens sicherte Nürnberg europaweit ein fast absolutes Monopol auf Drahtwaren, bis 1510 Augsburg Fachleute aus Nürnberg abwarb.

Ulman Stromer gehörte zu einer der ältesten Patrizier-Dynastien, die 1254 erstmals urkundlich erwähnt wurde. Die Familie betrieb einen Mischkonzern für Fernhandel, Bergbau und Hüttenwesen. Zwischen 1385 und 1407 verfasste Stromer eine Chronik, das »Püchl von meim geslecht und von abentewr«. Den Handwerkeraufstand erwähnt er darin seltsamerweise mit keiner Silbe. Wie sein Sohn und acht weitere Familienmitglieder fiel er 1407 einer Pestepidemie zum Opfer.

Auch Ulmans Halbbruder Peter Stromer machte eine bedeutsame Entdeckung: Er gilt als der Erfinder der Nadelwaldsaat. Die Wälder rings um Nürnberg waren im 14. Jahrhundert weitgehend abgeholzt, weil Köhlereien die Bäume zu Holzkohle für die Öfen der nahe gelegenen Eisenhütten verarbeiteten. Die Not machte erfinderisch. Peter Stromer ließ Zapfen sammeln, die Samen lösen und lagern, später dann das Saatgut in gepflügten Boden einsäen. Die Erfindung bewährte sich rasch. Die Nürnberger Tannensäer waren bald überall in Europa gefragt, wo Brachflächen wieder aufgeforstet werden mussten.

Ein früher Vorfahr der Stromer-Brüder, Conrad Stromer, war 1323 Baumeister einer der beiden nach Geschlechtern getrennten Schuldtürme – des »Männereisens« und des »Fraueneisens« auf der Insel Schütt. Im 16. Jahrhundert standen diese Gefängnisse immer noch – und nun saß darin sogar ein Nachkomme ihres Erbauers ein. 38 Jahre musste ein Hans Stromer wegen angeblicher Veruntreuung öffentlicher Gelder im »Männereisen« zubringen.

Als ehemaliger Nürnberger Stadtrichter hatte er sich jedoch ein Privileg gesichert: Er bekam zu jeder Mahlzeit, zweimal täglich, eine Bratwurst als Nachtisch. Somit aß er im Laufe seines Kerkeraufenthalts rund 28 000 Bratwürste, weshalb ein Stadtchronist meinte: »Die 28 000, die er verzehrte, müssen sehr gut gewesen sein, dass sie ihm nicht leid geworden sind.«

Das andere Rom

Gut 200 Jahre lang war Paris mit seiner Universität der intellektuelle Mittelpunkt der westlichen Christenheit. Studenten führten schon damals ein turbulentes Leben.

Von Romain Leick

Am linken Ufer der Seine, im Quartier Latin, ging es hoch her. Das Viertel der Lateiner war das jüngste der Stadt, die unter König Philipp II. um die Wende zum 13. Jahrhundert gerade erst neue Umfassungsmauern bekommen hatte. Studenten drängten sich in den engen Gassen; zwischen den zahlreichen Kirchen breiteten sich Tavernen und Freudenhäuser aus. Arme Wanderscholaren irrten umher und riefen nach Brot: »Vergesst die lieben Kinder nicht!« Die Zecher lärmten bis spät in die Nacht – ein ständiges Ärgernis für rechtschaffene Bürger und die Obrigkeit.

Es war während der Karnevalszeit des Jahres 1229, als Studenten in einer dieser Spelunken eine Schlägerei vom Zaun brachen. Die herbeigeeilten Soldaten des Stadtvogts eröffneten die Jagd auf die Krawallbrüder. Unter ihren Hieben kamen auch zwei anerkannte Professoren zu Schaden. Die Stadt weigerte sich, den Opfern ein angemessenes Schmerzensgeld zu zahlen – woraufhin die gesamte Universität in einen Vorlesungsstreik trat.

Volle drei Jahre blieb sie geschlossen. Es war wohl der erste Universitätsstreik der europäischen Geschichte, und er endete mit einem Sieg der akademischen Protestler: Papst Gregor IX., der selbst in Paris studiert hatte, verlieh ihnen in seiner Bulle »Parens scientiarum« allerlei Privilegien, um die »Mutter der Wissenschaften« fortan vor behördlichen Übergriffen zu schützen.

Legendär war der Ort da längst. Von weit her strömten seit Jahrzehnten Lern- und Lehrbeflissene an die Seine. Paris, wo hochgebildete Weltkleriker, Franziskaner und Dominikaner miteinander diskutierten, war Motor der intellektuellen Entwicklung vor allem zwischen 1230 und 1280. Hier trafen sich so wichtige Köpfe wie Albertus Magnus, Bonaventura, Thomas von Aquin, Siger von Brabant; zu ihren Kollegen zählten auch Roger Bacon, Raimundus Lullus, Meister Eckhart, Johannes Duns Scotus, Wilhelm von Ockham – eine beispiellose Kette der scharfsinnigsten Denker ihrer Zeit, die der Theologie, der Philosophie und der Wissenschaft jene Form gaben, die als Scholastik bezeichnet wird.

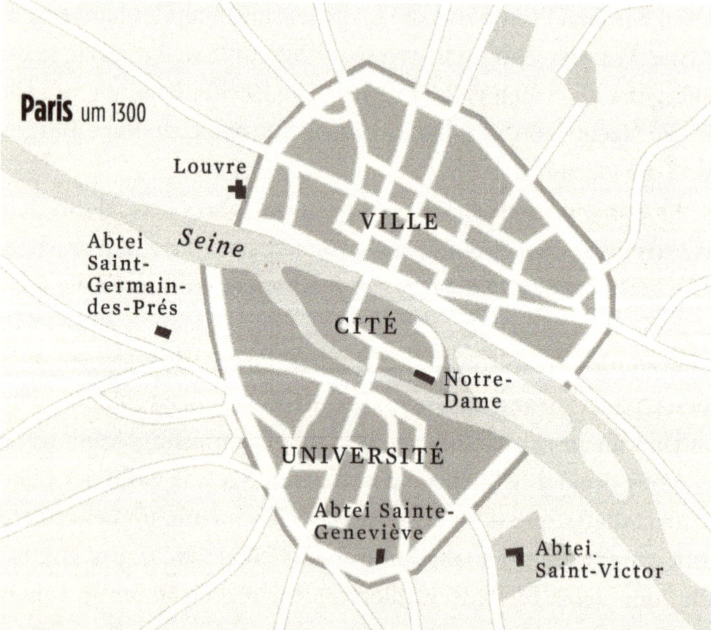

Paris war Mitte des 13. Jahrhunderts die einzige Stadt in Europa, die politische, wirtschaftliche und wissenschaftliche Funktionen vereinte – dreigeteilt in die Cité mit dem Königspalast, die Ville mit Handel und Gewerbe und die Universität. Die Zahl der Einwohner wuchs rasant, von 30 000 Ende des 12. auf 200 000 Anfang des 14. Jahrhunderts. Im Jahr 1354 schrieb der italienische Dichter Petrarca nach einem Besuch an der Seine: »Parisius est communis patria, velut altera Roma« – Paris ist ein gemeinsames Vaterland, ein anderes Rom. Noch zu Beginn des 16. Jahrhunderts mokierte sich der Erzhumanist Erasmus in seinem »Lob der Torheit« nicht ohne Respekt, die Pariser sähen theologisches Wissen wie ihren Alleinbesitz an, das fast allen anderen versagt bleibe.

Über die frühen Gründerjahre der Pariser Universität ist wenig bekannt. Als der Kanoniker und Hofkaplan Robert de Sorbon 1253 das theologische Kolleg am Fuß der Montagne Sainte-Geneviève am linken Seine-Ufer gründete, das dann als Sorbonne weltberühmt werden sollte, bestand die akademische Anstalt im Grunde schon seit Jahrzehnten – hervorgegangen aus dem Zusammenschluss etlicher Pariser Schulen: der Kathedralschule von Notre-Dame, der Schule auf der Montagne Sainte-Geneviève sowie der Klosterschule der Abtei Saint-Victor ganz in der Nähe.

Im Februar 1257 bestätigte König Ludwig IX. Sorbons Stiftung eines Hauses mit anliegenden Ställen in der Rue Coupe-Gueule (heute Rue de la Sorbonne) in der Nähe der früheren römischen Thermen. Es beherbergte zuerst 16, dann 30 Stipendiaten, sogenannte bursarii, und sechs junge Magister, die nach der theologischen Doktorwürde strebten. Sorbon formulierte das lateinische Motto für das neue geregelte gemeinschaftliche Zusammenleben: »Vivere socialiter et collegialiter et moraliter et scholariter.«

Straße und Viertel hatten einen schlechten Ruf; Mord und Totschlag waren hier nicht eben selten. Die Rue Coupe-Gueule wurde deshalb zur Sicherheit des neuen Wohn- und Lehrheims an beiden Enden mit Pforten abgesperrt, als wäre das Quartier Latin ein Rotlichtviertel und Tummelplatz der Unterwelt.

Die Kolleggenossen (»socii«) bekamen freie Kost und Logis; dazu erhielten sie ein Taschengeld (»bursa«), je nachdem auch einen Zuschuss für die Anschaffung der akademischen Tracht. Das größer werdende Collège nahm dann auch zahlende Gäste (»hospites«) auf, die fünfeinhalb Sous pro Woche entrichten mussten, genauso viel, wie die »Börsianer« bekamen.

Es dauerte nicht lange, und die Theologen der Sorbonne waren als schlichtende Autoritäten in allen möglichen Streit- und Gewissensfragen begehrt; ihre Gutachten beanspruchten beinahe akademische Unfehlbarkeit. Als Robert de Sorbon starb, hinterließ er der Stiftung seinen beträchtlichen Besitz.

Geistiger Ahnherr der Pariser Universität könnte allerdings schon eher Peter Abaelard genannt werden. Der säkulare Philosoph (1079 bis 1142) war einer der bedeutendsten Denker des Mittelalters. Seine zahlreichen Schüler, darunter mehrere Päpste, verbreiteten seine Konzeption der Wissenschaft in ganz Europa. Petrus Venerabilis, Abt des Großklosters Cluny, rühmte ihn als »den Sokrates Frankreichs, den Platon des Westens, unseren Aristoteles«.

Abaelard verstand Wissen und Erkenntnis als Kritik und Diskussion, nicht mehr als Weitergabe eines festen Kanons von Lehrsätzen. Zum Entsetzen der Traditionalisten hielt er Wahrheit für etwas, das gesucht werden musste und nicht fertig bereitlag. Seine dialektische Schrift »Sic et non« (Ja und Nein) wurde grundlegend für die »scholastische Methode«, widerstreitende Autoritäten gegeneinanderzustellen, um einen rationalen Ausgleich zwischen ihnen zu erreichen.

Zum Fanal wurde der unglückliche Liebesbund Abaelards mit der adligen Héloïse, deren Hauslehrer er war. Er schwängerte sie und heiratete sie heimlich nach der Geburt des gemeinsamen Sohnes. Dann schickte er seine Frau in den Nonnenkonvent von Argenteuil. Héloïses Onkel und Vormund Fulbert, Kanoniker an der Kathedrale Notre-Dame, nahm Rache an dem berühmten Philosophen, indem er ihn entmannen ließ.

Abaelard überlebte den Anschlag und ging als Mönch in das Kloster Saint-Denis. Später legte er öffentlich Rechenschaft ab. Auch wenn an der Echtheit seiner »Historia calamitatum mearum« (Geschichte meiner Nöte) erhebliche Zweifel laut wurden: Der autobiografische Bericht – für das Mittelalter eine Rarität – hat dem brillanten Logiker für immer die Aura romantisch-poetischer Tragik verliehen.

Ratio und Vernunft, Individualität und Menschenwürde, der Zweifel als Weg zur Wahrheitsfindung: All das machte Abaelard zu einem außerordentlich frühen Vorläufer der Aufklärung. Sein rastloser Forschergeist prägte den »für Paris so charakteristischen Denkstil, die Verbindung von Logik und Theologie«, resümiert der Philosophiehistoriker Kurt Flasch.

Schon in den ältesten erhaltenen Statuten der Pariser Universität von 1215 tritt die »Universitas magistrorum et scholarium«, die Gemeinschaft der Lehrenden und Lernenden, als selbstbewusst agierende Institution auf. Aber geistliche wie weltliche Mächte betrachteten die akademische Freiheit mit Argwohn. Immer wieder kam es zu Konflikten, Disputen und Häresieverdächtigungen. Stets musste die Pariser Universität ihre Autonomie zwischen König, Papst, Bischof und Stadtbehörden behaupten.

Die Studenten, in der Regel junge, unverheiratete Männer aller Stände, Arme wie Begüterte, hatten einen den Klerikern ähnlichen Status. Sie unterstanden allein der geistlichen

Gerichtsbarkeit; ihre Person und ihr Eigentum durften nicht angetastet werden. Auch wenn die Zahl der Kollegien rasch zunahm, musste sich die große Mehrheit, ob schon graduiert oder nicht, doch nach anderen Unterkünften umsehen, privat oder in beaufsichtigten Hospizen. Steigende Mieten trieben schon damals junge Akademiker auf die Straße.

Freilich gab es auch immer wieder Klagen über das angeblich zügellose Leben vieler Studenten: Sie würden lärmen und raufen, huren und saufen, dem Glücksspiel frönen und Schulden machen, brave Bürger und Stadtknechte verspotten und provozieren – alles im Schutz ihrer akademischen Immunität. Der Kardinalbischof Jacques de Vitry (1160/70 bis 1240), bekannt als Prediger für den Kreuzzug gegen die Katharer, wetterte, die Universität Paris sei ein internationales Parlament der Sünde und Treffpunkt des Lasters aus der ganzen Welt. Die Scholaren streiften herum, statt zu lernen, wechselten unentwegt die Lehrer und hörten nichts zu Ende, geschweige denn, dass sie einen Abschluss machten.

Als im Jahr 1200 eine Gruppe aufgebrachter Bürger, die vom Probst angeführt wurde, in einer Art Selbstjustiz mehrere Studenten ermordete, musste König Philipp II. den Scholaren ein Privileg erteilen, das ihnen strenge Bestrafung der Übeltäter zusicherte und ihnen erlaubte, sich im Fall einer Anklage der zivilen Gerichtsbarkeit zu entziehen. In seiner Bulle »Parens scientiarum« von 1231, die den großen Universitätsstreik beendete, forderte Papst Gregor IX. dann König Ludwig IX. auf, alle Privilegien zu erneuern. Ausdrücklich erlaubte er den Universitätsangehörigen, die Vorlesungen einzustellen, wenn ihre Vorrechte verletzt würden. Die Universität sollte selbst für Ordnung sorgen; körperliche Strafen waren verpönt.

Spätestens hiermit hatte sich die Universität als korporatistische Institution mit vier Fakultäten etabliert: Artes oder die

Mathematiker präsentieren ihre Lehrsätze
(früher Druck aus dem 15. Jahrhundert)

freien Künste, Medizin, Jura und Theologie. Der Dekan der »Artistenfakultät« fungierte gleichzeitig als Rektor. Wichtiger als die Zugehörigkeit zu einer der Fakultäten war für das tägliche Leben jedoch der Zusammenschluss der Professoren und Studenten in vier »Nationen« je nach Herkunft: die französische, picardische (für Nordfranzosen, und Wallonen), normannische und anglodeutsche.

Das Studium der Artes, das mit dem Bakkalaureat abschloss, war Vorbedingung für die Aufnahme an den anderen Fakultäten. Oft waren die Erstsemester erst 14 bis 15 Jahre alt; sie sollten lesen und schreiben können, die Grundrechenarten und möglichst etwas Latein beherrschen. Mehr brauchte es nicht für die Zulassung – alles Weitere vermittelte das Studium generale der Artistenfakultät. Wer es nach vielen Jahren bis zum Magister oder gar zum Doktor der Theologie brachte, galt als hochgelehrt. Doch solche Ausdauer hatten nur wenige. Das Pensum konnte tatsächlich einschüchtern: Jeder Theologe der Pariser Fakultät musste zwei Jahre lang die »Sententiae« des Petrus Lombardus, ein Kompendium aus Kirchenlehrerworten, studieren und einen selbständigen Kommentar dazu verfassen. Die Vorschrift wirkte wie ein gedankliches Korsett.

Doch gelang es großen Geistern, trotz der Sentenzen-Mühle ihre Originalität zu wahren. Drei von ihnen prägten das geistige Leben in Paris und weit darüber hinaus von der zweiten Hälfte des 13. Jahrhunderts an: Albertus Magnus (um 1200 bis 1280), Thomas von Aquin (1224 bis 1274) und Bonaventura (1217 bis 1274). Vor allem auf diese drei geht zurück, was seither »scholastische Methode« heißt.

Albertus studierte und lehrte fünf Jahre, von 1243 bis 1248, in Paris, kehrte dann nach Köln zurück und baute dort nach Pariser Vorbild das Generalstudium der Dominikaner auf. Sein Schüler Thomas, der bis heute als größter katholischer Kirchenlehrer gilt, hielt sich zweimal als Lehrer in Paris auf: von 1252 bis 1259 und wieder von 1268 bis 1272. Dort begann er seine »Summe gegen die Heiden«, dort schrieb er zuletzt auch an seiner hochgepriesenen »Theologischen Summe« – gewaltige intellektuelle Bauwerke, in denen sich die christliche Doktrin mit der Weltkunde und logischen Präzision des Aristoteles zu einem stimmigen Ganzen verbinden sollte. Eine »summa« war bei den Scholastikern die systematische Wissenserfassung eines gesamten Fachgebiets.

Bonaventura, der dritte Denker jener Glanzzeit, sah in der Rationalitätsfreude der Aristoteliker allerdings auch eine Gefahr. Anders als Albertus und Thomas war er Franziskaner; 1257 gab er seine Lehrtätigkeit in Paris auf, um den Orden zu leiten. Reaktionär war Bonaventura nicht; seine Bedenken förderten sogar noch das Aufkommen eines vertieften Vernunftverständnisses. Das hinderte den Pariser Bischof Etienne Tempier 1277 nicht daran, 219 an der Artistenfakultät diskutierte Thesen als Irrlehren zu verurteilen – ein folgenschweres Signal in der Geistesgeschichte jener Zeit.

Als Bonaventura, Thomas und Albertus kurz nacheinander starben, endete eine Epoche. Zwischen 1270 und 1350 wurde die Landkarte des mittelalterlichen Geistes reicher, bunter und bewegter. Paris blieb zwar ein kosmopolitisches Zentrum der Gelehrsamkeit. Aber die Universität exportierte so ausgiebig Wissenschaft, dass sie allmählich ein Opfer ihres Erfolgs wurde.

Neugründungen von Universitäten mehrten sich, bis die Sorbonne ihr Beinahemonopol verloren hatte. Am Ende des 14. Jahrhunderts ließen sich die Zeichen des Niedergangs und der doktrinären Erstarrung nicht mehr übersehen. Scholastisches Wissen war so subtil und kompliziert geworden, dass es nach Haarspalterei aussah und jeden Bezug zum gelebten Glauben der Menschen und zum Boden ihrer Erfahrung vermissen ließ.

Der Hundertjährige Krieg zwischen England und Frankreich (1337 bis 1453), der erwachende Nationalismus und seit 1378 die Spaltung des Papsttums zwischen Rom und Avignon brachten Paris weiter ins Hintertreffen. Als Kanzler der Universität mühte sich Jean de Gerson (1363 bis 1429) um die Einigkeit der Kirche wie um die der Pariser Doktoren. Vergebens: Lehrer und Studenten, die den römischen Papst anerkannten, verließen die Universität.

Der aufkommende Humanismus machte den Autoritätsanspruch von Paris und seiner reformunwilligen Lehrer dann vollends zunichte. Es war leicht geworden, über die Gelehrten, ihre Spitzfindigkeit und ihre Weltfremdheit zu spotten. Der große französische Schriftsteller der Renaissance, François Rabelais, stellte die Professoren der Sorbonne in seinem Romanzyklus »Gargantua und Pantagruel« als Esel und Hochstapler hin.

Die Moderne brach nun in Italien an. Erst im 20. Jahrhundert haben Ideenhistoriker neu gewürdigt, welch einzigartige Rolle das mittelalterliche Paris für die intellektuelle Geschichte Europas gespielt hat.

Gott den Haushalt führen

Um 1200 fingen Frauen an, ohne Gelübde in ordensähnlichen Gemeinschaften zusammenzuleben. Das weckte Argwohn, nicht nur den der Kirche.

Von Angela Gatterburg

»Wisst ihr, was ich unter dem Beginentum verstehe? Ein weites Gewissen, ein frommes Gemüt, ein Herz, frei von Unkraut … häufig führt sie Gott den Haushalt …« So schwärmerisch beschrieb ein zeitgenössisches Gedicht jene Menschen, die sich seit Anfang des 13. Jahrhunderts zu christlichen Haus- und Lebensgemeinschaften zusammenfanden. Fromm, gottgefällig und karitativ wollten sie sein, ob als Mann (Begarde) oder Frau (Begine). Allerdings waren Frauen bei Weitem in der Überzahl. Männer wurden durch Kreuzzüge und Lehnskriege dahingerafft; im schnellen Aufschwung der Städte kamen soziale Probleme wie Armut und Krankheit hinzu.

So gesehen entstand die Frömmigkeitsbewegung als pragmatische Antwort auf die damalige Gesellschaftslage: Beginen waren keine Klosterfrauen und legten kein Gelübde bis zum Tod ab, verpflichteten sich aber, ein Leben in Einfachheit, Demut und Nächstenliebe zu führen. Ihr Name soll vom lateinischen Wort »Benigna« (»Gütige« oder »Gutherzige«) abstammen.

Klausnerinnen, Seelschwestern, auch Polternonnen nannte man sie. Es gab sehr verschiedene Ausprägungen, und schon die Namen variierten von Land zu Land: In Italien wurden sie als »Bizzoche« mit einer papstfeindlichen

Sekte in Verbindung gebracht; in Spanien dagegen hießen sie »Beatae«, Selige.

Entscheidend war, dass die neue religiöse Frauenbewegung wirtschaftlich unabhängig und genossenschaftlich organisiert auftrat. In Krankenhäusern und Pestspitälern kümmerten sich Beginen um Bedürftige, sie bauten Unterkünfte und Hospize und agierten dabei durchaus fortschrittlich. Prominente Gestalten unter ihnen wie Mechthild von Magdeburg und Marguerite Porète entwickelten eine eigenwillige Mystik.

Frauen aller Stände schlossen sich der Bewegung an: viele Witwen natürlich, aber auch Unverheiratete und Ehefrauen. Häufig unterstützten Adlige und reiche Damen mit ihrem Vermögen einzelne Gemeinschaften, in denen dann ärmere Frauen eigene Wohn- und Arbeitsmöglichkeiten fanden.

Von Flandern aus verbreitete sich die Lebensform der Beginen über ganz West- und Mitteleuropa. Um 1350 lebten angeblich allein in Köln rund 1250 Beginen in mehr als 25 Konventen. Beginen und Begarden wählten ihre Vorsteher auf Zeit, arbeiteten und legten ihr Geld zusammen. Für Frauen öffnete das eine der wenigen Möglichkeiten, jenseits von Ehe und Mutterschaft selbstbestimmt zu leben.

In größeren Gemeinschaften wachte eine Art Meisterin über Aufgabenverteilung und Disziplin. Manche Beginenhäuser lebten von Handarbeit: Die Frauen arbeiteten im Textilgewerbe oder verdienten ihren Unterhalt als Kerzenmacherinnen oder Seifensiederinnen. Andere waren als Mägde und Haushälterinnen, als Hebammen, Lehrerinnen und Seidenweberinnen tätig, sie bestellten Gemüsegärten oder backten Brot. Auch Bierbrauerei erwies sich als einträglich. In Bremen lebten Beginen sogar vom Handel mit

Grund und Boden und betrieben Geldverleih, ebenso wie die Hamburger Beginen.

Bis zu 60 Frauen lebten in den Beginenhöfen. Meist jedoch waren die Gemeinschaften kleiner; es gab auch Konvente mit nur 5 Mitgliedern. Stets legten die Frauen Wert auf wirtschaftliche Unabhängigkeit nach dem Motto: »Eine Jede möge sich durch ihrer eigenen Hände Arbeit ernähren können«.

Das konnte den Zünften nicht recht sein, und mit ihrer religiösen Selbständigkeit weckten die Beginen auch den Unmut der Kirche. Als dann Vorwürfe ketzerischen Denkens laut geworden waren, schlug die Skepsis während der ersten Hälfte des 14. Jahrhunderts in Gewalt um. An etlichen Orten, speziell in Straßburg, wurden Beginen und Begarden brutal verfolgt. Viele mussten ihre oft florierenden Gemeinschaften auflösen; die Reformation besorgte den Rest. Heute aber existieren allein in Deutschland wieder 18 Gemeinschaften, die sich nach den Beginen nennen – weniger christliche als von der Frauenbewegung inspirierte Projekte gemeinsamen Lebens und Arbeitens.

AKG

Begine (Holzschnitt von Jost Amman, 1586)

Supermacht des Meeres

Die Hanse stieg zur dominanten Kraft
im Ostseeraum auf. Der Mythos des mächtigen
Kaufmannsbundes wirkt bis heute.

Von Jan Puhl

Der 4. Juli 1955 wird ein Katastrophentag für die norwegische Stadt Bergen – und ein Glückstag für Europas Archäologen. An jenem Montag fangen Bürohäuser und Speicher am Hafen Feuer. Der Brand vernichtet die hölzernen Gebäude in wenigen Stunden. Als Bauarbeiter beginnen, die Verheerungen aufzuräumen, kommen unter den verkohlten Trümmern noch ältere Balken und Fundamente zum Vorschein. Die Stadt zieht Wissenschaftler hinzu, die bald sicher sind: Es handelt sich um mittelalterliche Ruinen, die Reste eines Handelskontors der Hanse.

Aus ganz Europa reisen Archäologen an. Sie fördern fast eine halbe Million Fundstücke zutage: Blockhäuser, Bohlenwege, Reste eines Schiffes, Kämme, Nadeln, Pfannen, Töpfe, Schlittschuhkufen aus Knochen, Angelhaken, Körbe, Beschläge, Geschirr aus Keramik. Das Feuer hatte die Welt der »dudeschen Hanse« freigelegt, jenes legendären Bundes freier Kaufleute und Städte, der fast ein halbes Jahrtausend lang den Ostseeraum dominierte, Handel trieb, Seeräuber jagte und sogar Könige herausforderte.

Die Hanse war eine Supermacht. Doch sie lässt sich mit den heutigen Begriffen von Staatlichkeit nur sehr schwer verstehen: Sie hatte kein fest umgrenztes Territorium und keine Regierung, keine Verfassung, keine gemeinsame Währung, keine Flagge, kein Siegel. Ihre Macht beruhte auf ihrem Reichtum, Geld und diplomatischem Geschick. In der Welt des Mittelalters, deren Könige, Fürsten und Herzöge ihre Herrschaft bisher als direkt von Gott gegeben verstanden hatten, war das eine Revolution.

Die Hanse entstand als Bund verwegener Kaufleute, die sich zum Schutz gegen Räuber und Willkürakte lokaler Fürsten zusammentaten. Sie gründeten im Ostseeraum Kontore, Handelsdependancen, als Brückenköpfe ihrer geschäftlichen Unternehmungen. Für die späteren Jahre, etwa ab der zweiten Hälfte des 14. Jahrhunderts, sprechen Wissenschaftler auch von einer Städtehanse: Kaufleute waren zur Oberschicht in Häfen und Marktzentren wie Bergen, Rostock oder Reval aufgestiegen. Sie unterstanden höchstens noch formal fürstlicher Hoheit; in Wirklichkeit aber herrschten sie in den Stadträten. Mehrere Jahrhunderte führte Lübeck, die reichste und mächtigste aller rund 200 Hansestädte, das Bündnis an.

Bis heute ist der Nimbus der Hanse ungebrochen. Im 19. Jahrhundert nahmen Lübeck, Hamburg und Bremen wieder den Titel »Hansestadt« an. Die nationaldeutsche Geschichtsschreibung sah in der Hanse eine frühe Form deutscher Staatsbildung, und die Nazis verklärten die Hanse zur Vorreiterin deutscher Ostsiedlung im Mittelalter. DDR-Historiker interpretierten sie als eine bürgerliche Herausforderung der Fürstenherrschaft.

Heute sagt Andrus Ansip, Premier Estlands mit der Hauptstadt Tallinn, dem einstigen Reval: »Die Europäische Union ist eine neue Hanse.« Hat er recht?

Hanse, das steht für gediegene bürgerliche Tugenden wie Zurückhaltung, Zuverlässigkeit, Solidität, Weltoffenheit und dunkelblaue Zweireiher. Versicherungen, Banken, Verlage und

Restaurants führen ein »Hanse« im Namen, es gibt Hansaplast, die Lufthansa, Hansa Rostock.

Dabei sind sich Historiker nicht einmal einig, wann das so viel gelobte Bündnis eigentlich gegründet wurde. Die Fernhandelskaufleute des frühen Mittelalters hatten mit ihren kühl kalkulierenden Nachfahren in den Kontoren Hamburgs oder Kölns wenig gemein. Der Chronist Alpert von Metz nannte sie »homines duri«, harte und ungezügelte Männer. Tollkühn muss gewesen sein, wer im 11. Jahrhundert mit dem Ochsenwagen gen Sonnenaufgang rumpelte oder im niedrigbordigen Holzkahn von Schleswig nach Russland aufbrach. An den Küsten des Ostens lauerten wilde Tiere, Wegelagerer und hordenweise Heiden. Schwert und Armbrust gehörten zur Grundausrüstung von Männern wie Godric von Finchale.

16 Jahre lang war er Teil der homines duri. Um 1070 als Sohn von Bauern an der ostenglischen Wash-Bucht geboren, plünderte er die Wracks gestrandeter Schiffe und bot die Beute zunächst in der Umgebung feil. Später vergrößerte er seine Reichweite immer mehr, lernte segeln und sich am Polarstern zu orientieren. Er wurde Schiffsführer, reiste bis nach Schottland, Dänemark und Flandern. Seine Geschäftsidee war simpel: Godric kaufte Waren und schaffte sie dorthin, wo sie knapp und begehrt waren.

Nach Jahren auf Reisen mit Raubüberfällen, Stürmen, Schiffbruch, Betrug und Verrat zog sich Godric schließlich in die Einsiedelei zurück.

Um diese Beschwernisse zu mildern, schlossen sich viele von Godrics Zeitgenossen im Nord- und Ostseeraum zu Gilden zusammen, Reisegemeinschaften von Fernhändlern, die sich gegenseitig mit dem Schwert beistanden. Ihren Bund besiegelten sie nicht selten mit einem Schwur. Manche Gilden, die im deutschen Sprachraum auch Hansen hießen, legten für eine gemeinsame Kasse zusammen. Bei üppigen Tafelrunden hielten sie Rat und fassten Beschlüsse, meist einstimmig. Manche wählten Ältermänner, eine Art Vorstand. Den Fürsten traten sie als Gemeinschaft entgegen; sie erwarben Rechte und Privilegien.

Mit dem Bevölkerungswachstum im Hochmittelalter entwickelte sich auch der Handel. Gilden und Hansen hatten fortan nicht mehr nur an einem Ort Mitglieder, sondern bildeten Netzwerke zwischen verschiedenen Städten und gründeten Stützpunkte, wo sie noch nicht präsent waren.

Der Petershof in Nowgorod ist ein typisches Beispiel solch einer Niederlassung: Das Kontor mit Warenhäusern, Unterkünften und sogar einer steinernen Kirche lag durch Palisaden abgetrennt vom Rest der Stadt. Auf dem Areal galten die Regeln und Statuten der jeweiligen Gilde. Es gab Angestellte, Schreiber, Knechte und Sekretäre. Kontore wie dieses waren Handels-, Umschlag- und Rastplätze. Um solche Stützpunkte errichten zu können, stellten sich die Kaufleute mit den gekrönten Herrschern gut – sie brauchten ja deren Schutz. Gleichzeitig waren die Fürstenhöfe Abnehmer von Stoffen, Gewürzen, Pökelfleisch oder Getreide.

Für die Entstehung jener Hanse, die die größte Bedeutung erringen sollte und nahezu den gesamten Ostseehandel kontrollierte, war die Gründung Lübecks von entscheidender Bedeutung. Nahe der Trave-Mündung hatten schon seit dem 10. Jahrhundert niederdeutsche Händler gesiedelt und von dort ihre Ware nach der Insel Gotland verschifft. 1138 war jenes Alt-Lübeck zwischen die Fronten verfeindeter Slawenstämme geraten, war geplündert und gebrandschatzt worden.

Die Händler zogen sich flussaufwärts zurück, auf eine Halbinsel zwischen Trave und Wakenitz, wo Lübeck heute noch liegt. 1143 erhielt der Flecken das Stadtrecht. Herzog Heinrich der Löwe erkannte das Potential der Neugründung und luchste sie dem Grafen Adolf ab. Heinrich wollte Lübeck zum Brückenkopf seiner Herrschaft nordöstlich der Elbe machen. Zudem gefielen ihm die üppigen Steuereinnahmen, denn der Handel vom Festland über die Ostsee lief in wachsendem Maße über Lübeck.

Heinrich unterstützte die Kaufleute. Er schlichtete Streit zwischen Gotländern und Niederdeutschen mit dem Artlenburger Privileg von 1161. Zu den Dänen, Norwegern, Russen und Schweden schickte er Boten und sicherte ihnen Zollfreiheit in seiner Stadt Lübeck zu. Dort schlugen Ostlandfahrer Getreide, Holz, Wachs, Felle und Pelze aus den Gebieten Nordrusslands um. Aus dem Süden kamen Produkte wie Tuche und Weine.

Im 13. Jahrhundert entlud sich die neue Dynamik des Handels auch im Ostseeraum in einer regelrechten »commercial revolution«, wie der Historiker Robert Lopez schrieb: Die Händler werden sesshaft und steuern nun ihre Geschäfte vom Firmensitz in Lübeck oder Riga. Das Kaufmannshaus, noch heute mit seiner Backsteinfassade in Lübeck oder Danzig zu besichtigen, wird zum typischen Wohnsitz des modernen Hanse-Handelsherrn. Kontor, Lagerraum und Wohnzimmer vereint es unter einem Dach.

Nur noch selten reisen die Kaufleute nun mit ihren Waren in die Kontore an den Rändern der Hansewelt. Spediteure, professionelle Fuhrunternehmer und Seeleute übernehmen den Transport. Es gibt Ankäufer, Makler und Buchhalter. Das Langboot der Wikinger, bisher Hauptvehikel der Ostseefahrer, wird von der bauchigen Kogge abgelöst. Die geht schlecht an den Wind und fährt langsam, aber sie kann ungleich mehr Ladung aufnehmen. Ihr erhöhtes Heck bietet bei Seeschlachten den Vorteil, von oben nach unten kämpfen zu können.

Mit der Professionalisierung des Handels bildet sich eine Art Normalbiografie des Kaufmanns heraus: Gott pflege neuerdings »armer Leute Kinder« in die Hansestädte zu verschlagen, schreibt der Chronist Reimar Kock: »Dort müssen sie lange als Jungen und Knechte dienen, leiden und dulden. Dann können sie Gesellen, danach Gesellschafter werden, dann Handel und Gut erben und schließlich auch dem Stadtregiment vorstehen.«

Hildebrand Veckinchusen hat alle diese Stationen im 14. Jahrhundert durchlaufen. 1356 in Dorpat geboren, schickt ihn sein Vater nach Dortmund in die Schule. Wohl mit 12 Jahren beginnt seine Lehrzeit in Flandern. Lehrlinge werden in den Kontoren der Hanse, meist unter Obhut von Verwandten, in Sprachen wie Italienisch, Polnisch oder Latein ausgebildet, dazu kommen Warenkunde und Rechnungswesen. Schon 1393 ist Hildebrand einer der Älterleute im Hansekontor Brügge, wie sich der Gildenvorstand nennt. Sechs Jahre später heiratet er eine »juncvrouwe«, die 15-jährige Tochter eines vermögenden Bürgers aus Riga. Die Handelsherren der Hanse sind gut vernetzt, die Hochzeit ist eine strategische.

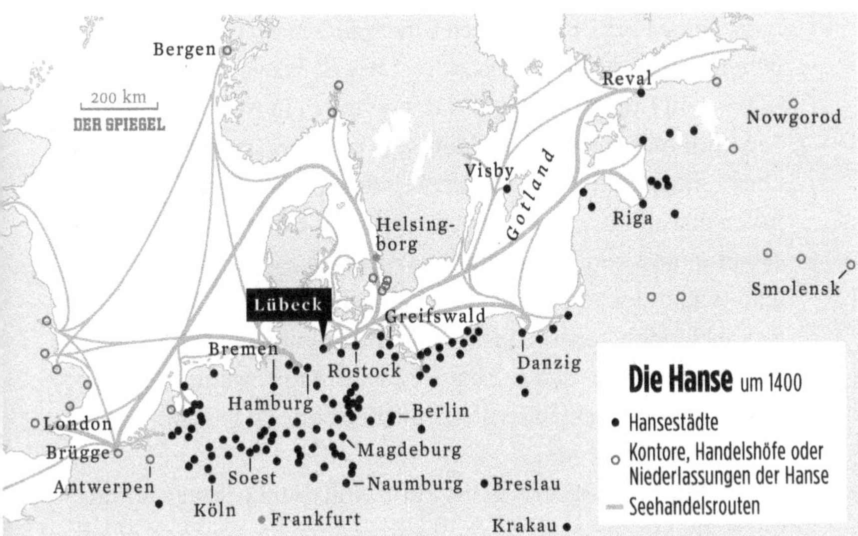

Hildebrand reist noch im selben Jahr nach Nowgorod. Er wird Bürger der Stadt Lübeck, wo er eine Tochter aus einer ersten, kurzen Ehe günstig in die Oberschicht einverheiratet. Nun hat er Verwandte an den entscheidenden Handelszentren Nordeuropas.

Er vertreibt Tuche, Seide, Gewürze und Wein, Feigen und Rosinen, die er aus dem Mittelmeerraum bezieht, nach Nordeuropa. Von dort kauft er Pelze, Kupfer und Silber. Und – in der bürgerlichen Oberschicht der Hansestädte durchaus üblich – Hildebrand lässt sich bei seinen Geschäften von seiner offenkundig gebildeten zweiten Frau helfen.

Im Jahr 1418 kauft er ein Haus in der Lübecker Königstraße 15. Doch jetzt verlässt ihn das Kaufmannsglück. Er macht Verluste mit Stoffen in Venedig, gerät in Streit mit einem Geschäftspartner, landet gar im Schuldturm von Brügge. Zwar gelangt er wieder auf freien Fuß, doch er stirbt 1426, noch bevor er zu seiner Familie nach Lübeck zurückkehren kann.

Die Stadt ist zu der Zeit längst Königin der Hanse geworden. Es ist keine Position, die offiziell in irgendeinem verfassungsähnlichen Dokument vermerkt wäre. Lübeck hat sie sich erworben, durch sein Engagement im Namen vieler Hansestädte.

Schon früh haben sich Kaufleute von der Trave zu Fürsprechern ihres Standes gemacht: Privilegien, die sie an Fürstenhöfen erwarben, gewährten sie freiwillig auch Händlergemeinschaften anderer Städte. Dahinter steckte möglicherweise ein frühes liberales Verständnis von Wirtschaft: Je größer eine Zone freien Handels, desto günstiger die Bedingungen für Unternehmer. Lübeck war zudem eine treibende Kraft, wenn es darum ging, Hansetage einzuberufen und die Städte zu gemeinsamem Handeln zu bewegen.

Die Hanse existierte selbst zum Höhepunkt ihrer Geltung nicht als eine fest verfasste Territorialmacht, sondern allein durch das Netzwerk der Kaufleute und durch die gemeinsame Aktion. Sie blieb ein Personenverband, der gemeinsam agierte, um konkrete Ziele zu erreichen.

Solch ein Anlass war zum Beispiel die Flandern-Blockade von 1358 bis 1360. Auslöser war, dass niederdeutsche Kaufleute sich in Brügge von Beamten an der städtischen Waage übers Ohr gehauen fühlten. Sie meinten, zu hohe Gebühren zahlen zu müssen, und wiederholt von parteiischen Gerichten ungerecht behandelt worden zu sein.

Also trafen sich in Lübeck die Vertreter verschiedener Hansestädte zu einem Hansetag. Dort beschlossen sie gemeinsam, die gesamte Ein- und Ausfuhr nach Flandern zu stoppen. Es ist sehr wahrscheinlich, dass das Embargo die Grafschaft hart getroffen und schließlich zum Kompromiss bewegt hat.

Doch die Bedeutung der Flandern-Blockade geht über den aktuellen Konflikt hinaus; die Hanse hatte zu einer Organisationsform gefunden: »Zuspitzend kann man formulieren, dass die Flandern-Blockade von einer unter mehreren Kaufleutegenossenschaften, nämlich derjenigen der Niederdeutschen in Brügge initiiert worden war, aber 1360 von der Hanse beendet wurde«, schreibt der Hamburger Historiker und Hanse-Spezialist Stephan Selzer.

Schon ein Jahr später kam die nächste Bewährungsprobe. Am 27. Juli 1361 hatte der ehrgeizige König Waldemar IV. »Atterdag« die Stadt Visby auf Gotland erobert. Ein Hansetag in Greifswald, mit Delegationen aus allen Städten, die sich geschädigt fühlten, trat zusammen und beschloss eine Blockade. Überdies wollte man eine Flotte ausschicken, welche die Burgen am Sund erobern sollte. Die Hanse agierte nun als bewaffnete Macht, wie sonst nur Fürsten.

Bevor die Schiffe lossegelten, beschwerten sich Abgesandte der Hanse beim Kaiser über Waldemar, dessen Taten doch mehr denen eines »Piraten als denen eines Königs« glichen. Doch da der Kaiser zu weit weg sei, um seine »verängstigte Herde« zu beschützen, müsse die sich eben selber wehren. Das endete allerdings vorerst im Desaster: Der Lübecker Oberbefehlshaber Johann Wittenborg beging gegen den kriegserprobten Waldemar einen schweren strategischen Fehler. Er ließ sein Geschwader aus 27 zu Kriegsschiffen aufgerüsteten Koggen mit schwacher Besatzung auf der Reede zurück und ging mit dem Gros seiner rund 2700 Mann an Land, um die Festung Helsingborg an der Sunddurchfahrt zwischen Dänemark und Schweden zu nehmen.

Waldemar erkannte seine Chance, überfiel die hansische Armada und schnitt die Truppen an Land vom Nachschub ab. Die Hanse musste sich einen Waffenstillstand diktieren lassen. Gelegenheits-Admiral Wittenborg wurde nach einem Geheimprozess auf dem Lübecker Rathausmarkt mit dem Schwert geköpft.

Nach seinem Sieg wurde Waldemar noch arroganter und skrupelloser. Ein neuer Hansetag zu Köln macht mehr Geld locker, rüstete eine größere Flotte aus. Lübecks Bürgermeister Brun Warendorp übernahm persönlich das Kommando – und hatte mehr Kriegsglück als sein Vorgänger. Er ließ große Teile Dänemarks besetzen; schließlich kapitulierte Helsingborg, und König Waldemar war besiegt. Jenes neuartige Gebilde namens Hanse, der Bund vermögender Kaufleute und Städte, hatte gezeigt, dass es in der Lage war, es mit dem mittelalterlichen Feudalstaat aufzunehmen.

Mindestens ebenso bedroht war das Bündnis durch Seeräuber. Der Kampf gegen Piraten, vor allem Klaus Störtebeker und die Vitalienbrüder, ist im kollektiven Gedächtnis heute jedoch zu einer fragwürdigen Legende verformt. In dieser Erzählung hat die Hanse ausnahmsweise mal ein schlechtes Image: Klaus Störtebeker, eine Art Robin Hood zur See, kapert die Koggen aus Bremen, Hamburg und Lübeck. Einen Teil seiner Prise spendet er den Armen, was die Pfeffersäcke in den Rathäusern nur noch mehr aufbringt. Erst durch List und Verrat bringen sie ihn vor Helgoland zur Strecke. Noch im Tod hält Störtebeker zu seinen Männern: Mit seinem Henker vereinbart er, dass alle Gnade erfahren sollen, an denen er geköpft noch vorbeilaufen kann. Der tückische Schinder aber stellt dem Piraten ohne Kopf schließlich ein Bein – und schlägt auch all seinen Kumpanen das Haupt ab.

Störtebeker wurde von den Nazis und der DDR-Geschichtsschreibung verklärt, sein Leben wurde verfilmt, und auf Rügen feiert er jedes Jahr zur Sommersaison im Freilichttheater Wiederauferstehung. In der Hamburger Hafenstraße ist eine Kneipe nach ihm benannt. Doch das Problem ist: An dem Mythos stimmt überhaupt nichts.

Historiker sind sogar unsicher, ob es den angeblich so noblen Freibeuter überhaupt gegeben hat, der da auf dem Grasbrook hingerichtet worden sein soll. Es gibt auch Grund genug, an den edlen Motiven jener Piraten, die da um 1400 die Hanse piesackten, zu zweifeln.

Oftmals waren die Seeräuber in der Ostsee arbeitslos gewordene Söldner. Es war unter Fürsten im Mittelalter durchaus üblich, Seekrieger anzuheuern, sie mit Kaperbriefen, der Lizenz zum Entern, auszustatten und gegen den Feind zu schicken. Viele dieser Haudegen waren abgehalfterte Adlige, Kriegsunternehmer, die ihre Säbel für den Bestzahlenden schwangen.

Um 1400 hatten die Hanse und der mecklenburgische Fürst sich in den Konflikt um die dänische Thronfolge eingemischt. Auf Seite der Mecklenburger kämpften etliche Kaperer. Sie taten sich vermutlich auch als Blockadebrecher hervor und versorgten das belagerte Stockholm mit Lebensmitteln – was ihnen wohl den Namen Vitalienbrüder einbrachte.

Als der Konflikt entschieden war, hatten die Vitalienbrüder damit ihren Brotberuf eingebüßt. Sie kreuzten fortan auf eigene Rechnung durch die Ostsee. Schon 1398 räucherte der Deutsche Orden ihr Piratennest aus, der sich die Kaperei vor seinen Gestaden nicht gefallen lassen wollte.

Also umsegelten die Überlebenden wohl unter Führung eines gewissen Godeke Michels um Jütland westwärts herum und ließen sich in Friesland nieder, damals eine unsichere Gegend, wo noch heidnische Stämme lebten.

Nun taten sich die Hansestädte zusammen, um der Piratenplage in der Elb- und Wesermündung ein Ende zu machen. Im friesischen Inselgewirr war den Seeräubern nicht beizukommen. Also stellte eine Hanseflotte die Piraten vor Helgoland. Die Städte hatten die Armada mit zwei hochmodernen, schnellen und wendigen Schiffen ausgerüstet. Deren größter Vorteil war, dass sie bei Flaute auch gerudert werden konnten.

Technische Überlegenheit und die militärische Übermacht wurden den Piraten schließlich zum Verhängnis. Die Legende weiß zudem noch von gedungenen Verrätern, die mit geschmolzenem Blei das Steuerruder des Seeräuberschiffs blockierten. Sicher ist nur: Auch nach dem Sieg verschwand das Problem der Piraterie auf Nord- und Ostsee nicht, aber die Freibeuter konnten der Hanse nicht mehr ernsthaft etwas anhaben. Mindestens noch hundert Jahre lang blieb der Bund eine Supermacht im Ostseeraum.

Wann ihr Niedergang begann, lässt sich schwer bestimmen. Die Hanse hatte kein Gründungsdatum, starb nicht auf einem Schlachtfeld, ging nicht pleite und wurde auch nicht aufgelöst. Aber am Beginn der Neuzeit veränderten sich die territorialen, ökonomischen und machtpolitischen Bedingungen im Ost- und Nordseeraum. So ließ die Entdeckung Amerikas einen Transatlantik-Handel entstehen, an dem Städte wie Bremen und

Hamburg noch teilhaben konnten, Lübeck und Riga aber viel weniger.

Als losem Ad-hoc-Bündnis wurde es der Hanse immer schwerer, sich im Konzert erstarkender Fürstenstaaten zu behaupten. Erst 1557 versuchten Vertreter von 63 Städten der Hanse mit einer Konföderationsvereinbarung eine festere Struktur zu geben, aus dem losen Personenverband einen Städtebund mit festen Pflichten und Rechten zu machen. Doch dieser Schritt kam zu spät.

Der Integrationsmotor des Bündnisses, Lübeck, geriet um die Jahrhundertwende 1500 ins Stottern. Handwerker rebellierten in der Stadt gegen das Regime der Kaufleute; im Zuge der Reformation kam es zu religiösen Zerwürfnissen. Bürgermeister Jürgen Wullenwever wurde der Repräsentant eines neuen lübschen Selbstbewusstseins. Nicht länger war die Travestadt bereit, größter Nettozahler zu sein, vielen Hansepartnern Handelsvorteile zu sichern – um dann in brenzligen Situationen alleingelassen zu werden. Wullenwever forderte mehr hansisches Engagement der Partner. Doch die waren dazu kaum gewillt. So konnte auch er den Niedergang des Bündnisses nicht aufhalten.

Dennoch hielt sich noch lange einiges vom alten Glanz. Ab dem 18. Jahrhundert wurden nach und nach die Kontore in Bergen, London und Antwerpen verkauft, 1920 wurde die Vertretung der Hansestädte in Berlin aufgelöst. Selbst heute aber lebt etwas fort vom alten merkantilen Zweck: Als 1980 in Zwolle die neue Hanse als Bund der historischen Hansestädte und Niederlassungen gegründet wurde, legte man als Ziel unter anderem fest: die Förderung von Handel und Tourismus.

Geschenkter Himmel

Um 1300 erneuerte Giotto die Malerei.
Auf seinen Bildern scheinen die Menschen zu leben
und zu fühlen – sie tanzen und trauern.

Von Ulrike Knöfel

Das Mittelalter leuchtete. Zumindest von der Malerei Italiens ging ein nie nachlassendes Strahlen aus, denn die Schöpfer der mittelalterlichen Bilder trugen ihre Motive auf Goldgrund auf. Es war sogar echtes Blattgold, auf dem sich alles abspielte, Szenen von Verkündigung und Kreuzigung, Darstellungen von Heiligen.

Der Betrachter wurde in gewisser Hinsicht aber auch geblendet: Er sollte nie zu viel sehen. Sein Blick prallte ab an der feinen, teuren Schicht aus Metall. Einen anderen Hintergrund gab es nicht: keinen Himmel, keine Wolken, keine Weite. Diese gemalte Welt wirkte flach und zweidimensional, sie erzeugte eine unwirkliche und undurchdringliche Sphäre des Fernen und Heiligen. Die Kirche dieser Zeit wollte eben nie zu viel zeigen. Die Gläubigen sollten, so forderte man, mit dem Herzen sehen, nicht mit den Augen. Es war auch eine Malerei, die die Unwissenheit förderte.

Erst im späten Mittelalter haben Künstler sich von dieser Tradition des begrenzten Blicks gelöst. Zu ihnen gehörte Giotto di Bondone. Noch aus heutiger Sicht ist der Florentiner ein Genie. Um 1300 hat er stilistisch Kühneres gewagt als alle vor und neben ihm. Er starb als wohl schon älterer Mann 1337, sein Geburtsdatum ist unbekannt.

Auf einigen seiner Darstellungen, vor allem auf seinen Fresken an Kirchenwänden, schenkte er seinem Publikum den Himmel, die Berge, das Licht und auch den Schatten. Überhaupt Landschaft: Die Flucht nach Ägypten spielt sich bei ihm in einer felsigen Szenerie ab. Und dann die Abbildung von Architektur, mit der Giotto so geschickt den Bildraum betonte. Es gibt auf seinen Wandgemälden Mauern mit Zinnen und Türme mit Kuppeln. Die Enthauptung Johannes des Täufers versetzte er in ein vornehmes Haus mit Säulen und Bogen. Die Hochzeit zu Kana wurde bei ihm unter einer Balustrade gefeiert (siehe Abbildung im hinteren Vorsatz). Es sind offene Gebäude, in die der Betrachter hineinblicken kann. So erhält er das Gefühl, Teil der Szene zu sein, eintreten zu können in diese neue Dreidimensionalität.

Fresken waren damals selbst etwas Neues und Begehrtes, denn das Malen auf frischem Wandputz bedeutete die Wiederentdeckung einer antiken Technik. Um 1300 löste Freskotechnik mehr und mehr die Mosaiken ab. Wie kein anderer damals perfektionierte Giotto diese Form der Wandmalerei. Dabei knüpfte er an anderer Stelle durchaus an das Alte und Vertraute an.

Seine berühmte Ognissanti-Madonna zum Beispiel, die um 1310 für die Allerheiligenkirche in Florenz entstand, ist ein Altarbild mit einer Maria vor viel Gold. Wieder könnte so der Eindruck von Zweidimensionalität entstehen. Aber der Thron Marias aus Marmor mit seinen Stufen, mit seinen Seitenwänden und der Rückwand wirkt wie ein eigener Raum, wie ein Ort mit echter räumlicher Tiefe. Und die Madonna mit dem Kind auf dem Schoß erscheint mit ihrem sanften Gesicht fast wie ein lebender Mensch, das Tuch ihres Gewandes wirkt wie echter Stoff.

Bis dahin sahen Heilige auf Bildern oft aus wie gemalte hölzerne Statuen, statischer, schematischer. Giottos Gestalten sind moduliert. Sie scheinen der Bewegung fähig, erhalten durch ihre

Gestik und Mimik eine glaubwürdige Emotionalität, sie können trauern und schluchzen. Kunsthistoriker nennen Giottos Errungenschaft eine »neue Fiktionalität« und meinen die Erfindungsgabe: Solche Bilder wirkten einst besonders realistisch auf die Betrachter, ja geradezu täuschend echt.

Jede seiner gemalten Erzählungen ließ Giotto wirken, als könnten sie sich in der Realität abgespielt haben. Er verlieh der Kunst, die damals immer kirchlich zu denken war, Überzeugungskraft. Es wirkte verblüffend anschaulich, wenn er wie nebenbei den Alltag zitierte: So zeigte er etwa einen offenen Schrank mit Karaffen, der auch in einem Haus in Florenz gestanden haben könnte.

Schon zu Lebzeiten erwarb sich Giotto ungeheuren Ruhm. Dante erwähnte ihn im frühen 14. Jahrhundert in seiner »Göttlichen Komödie« als bewunderten Maler, der den Meister Cimabue in der Gunst des Publikums überholt habe. Das bedeutete viel, denn Cimabue war der große Name in der florentinischen Malerei des 13. Jahrhunderts. Zwar mahnte der Dichter, aller Jubel sei vergänglich – nur stimmt das in diesem Falle nicht.

Ein Gelehrter erwähnte um 1400 in einem Brief, dass die Maler seiner Zeit noch »allein dem Vorbild Giottos folgen«. Den Generationen nach ihm galt er sogar als wichtigster Wegbereiter der Renaissance. In einem Traktat von 1390, also etwa 50 Jahre nach seinem Tod, heißt es, er sei nicht nur mit den antiken Malern zu vergleichen, sondern ihnen sogar vorzuziehen. Giottos Bilder, so fuhr der Verfasser fort, schienen »zu leben und zu atmen«.

Immer wieder rühmte man seine Naturnähe – sie war der alte, in der Antike gültige und seit der Frührenaissance auch wieder der neue Maßstab. Die Vögel auf Giottos Bildern brachten den Dichter Boccaccio Mitte des 14. Jahrhunderts zum Schwärmen. Hier sei es erreicht, dass der Mensch »für wirklich hielt, was nur gemalt war«.

Bald gehörte es zum guten Ton, Giotto als Erneuerer zu verehren. Der Dichter Petrarca lobte, ebenfalls im fortgeschrittenen 14. Jahrhundert, bei dem Florentiner wirkten die Kräfte von Hand und Verstand zusammen. Denn auch das war ein Anliegen der Renaissance: Die Malerei sollte aufgewertet werden vom Handwerk zur geistigen Leistung.

Aber Giotto war kein Leonardo oder Raffael, seine Kunst kein gemalter Perfektionismus. Die Proportionen stimmen nach heutigen Maßstäben oft nicht; niemand beherrschte damals auch nur die einigermaßen exakte Darstellung der Perspektive. Dennoch gelang Giotto weit mehr als seinen Vorgängern, und von seinen Werken aus konnten die Maler sich aufmachen zu den Höchstleistungen des 15. und 16. Jahrhunderts.

Wie sehr Giotto spätere Jahrzehnte und Jahrhunderte fasziniert hat, belegen auch die Geschichten, die über sein Leben erfunden wurden. Eine Legende behauptete, er habe als Hirtenjunge auf einen Stein gezeichnet und sei dabei vom Maler Cimabue beobachtet worden. Der habe die außergewöhnliche Begabung des Jungen erkannt. Wahr ist an der hübschen Anekdote nur: Giotto sollte wie ein Auserwählter, fast wie eine jesusähnliche Gestalt erscheinen. Tatsächlich war der oft erwähnte Cimabue wohl gar nicht so wichtig für ihn.

Als sicher gilt, dass Giotto der Sohn eines Schmieds namens Bondone aus Florenz war. Er könnte in den sechziger oder siebziger Jahren des 13. Jahrhunderts geboren sein – Taufregister wurden damals nicht geführt. Giotto hatte mindestens einen Bruder, der älter war und wohl wie der Vater Schmied wurde. Giotto selbst gründete eine große Familie; er hatte sieben Kinder. Ihm gehörten Häuser in Florenz und dem nahen Ort Vespignano. Schriftstücke belegen, dass er zu spekulieren und so sein Vermögen zu mehren versuchte; aber das taten viele: In Florenz, dieser Stadt des Geldes, waren Geschäfte etwas Selbstverständliches.

Der gefragte Maler hat sich immer wieder in anderen Gegenden Italiens aufgehalten. Fünf bis sechs Jahre lang war er sogar Hofkünstler in Neapel. Am Ende seines Lebens holte man ihn als Stadt- und Dombaumeister nach Florenz zurück; seine Präsenz galt der Stadt als Ehre. Im Dom wurde er auch begraben.

Dem Sohn eines Schmiedes war ein beachtlicher Aufstieg gelungen. Viele Maler damals kamen aus städtischen Handwerkerfamilien, und auch das Anfertigen von Bildern galt zu Giottos Lebzeiten in erster Linie doch noch als Handwerk.

Freilich kam er dank seines Metiers den damals Mächtigen der Kirche und den Vermögenden nahe. Giotto war ein Maler der Kardinäle und Bankiers. Vieles, was er für sie schuf, überstand die Jahrhunderte nicht. Doch ist ein Dokument überliefert, das einem seiner Söhne ein finanziell einträgliches Kirchenamt zusichert – wohl eine Anerkennung für die Leistungen des Vaters.

Experten sind weitgehend sicher, dass es Giotto war, der in den neunziger Jahren in Assisi die hohen Wände der Oberkirche von San Francesco bemalt hat. Zwar fehlt jede Signatur, aber nur er kann es gewesen sein: Wer sonst wusste sich so erstaunlich differenziert auszudrücken? Die Beweinung Christi etwa ist tatsächlich schon eine verblüffend intensive Vergegenwärtigung von Raumtiefe und Rührung.

Das erste Werk, das man Giotto sicher zuschreiben kann, entstand 1298 für Alt-St.-Peter in Rom. Es ist, wie die ganze Kirche, später zerstört worden – doch Kopien lassen die Pracht erahnen. Es war ein Mosaik von stolzen 15 Metern Breite an der Rückwand des Atriums; in einer dramatischen Komposition zeigte es das Wunder, wie der Apostel Petrus auf dem Wasser wandelte. Wer einen solchen Auftrag ergatterte, musste sich bereits einen Namen gemacht haben.

Alte Schilderungen feiern die ungeheure Wirkung des Bildes: Sein Realismus wirkte offenbar dermaßen aufwühlend, dass

Schauergeschichten aufkamen. So soll die heilige Katharina von Siena von der vermeintlichen Wucht des abgebildeten Schiffes Jahrzehnte später so erschreckt worden sein, dass sie sterbend zusammenbrach.

Bald nach 1300 scheint Giotto zur Fresko-Technik übergegangen zu sein. Im Auftrag des Bankiers, Unternehmers und Adligen Enrico Scrovegni malte er eine neue Kapelle in Padua aus – Santa Maria della Carità, sie steht auf dem Grund eines römischen Amphitheaters, daher heißt das Gebäude heute Arena-Kapelle. Scrovegni war ein reicher Mann mit guten Beziehungen, auch mit engen Verbindungen zu Papst Benedikt XI. Zeitgenossen nannten den Mann des Geldes allerdings einen Wucherer und einen »Heuchler«, der selbst den Papst getäuscht habe.

Mit der eher kleinen Arena-Kapelle gelang Scrovegni vollkommen, was er wohl auch beabsichtigt hatte: Er setzte sich ein Denkmal und wurde auf diese Weise unsterblich. Natürlich folgen die religiösen Darstellungen einem Programm, das zu Scrovegnis Wünschen passte: Gefeiert wird die vermeintliche Barmherzigkeit, auch die Reue eines reichen Mannes.

Aus heutiger Sicht enthalten die Bilder Giottos viel mehr, als damalige Betrachter auf ihnen erkennen konnten: Fast immer sind es Versuche, den Möglichkeitsraum der Malerei zu erweitern. Giotto mag sich dazu durchaus auch an dem orientiert haben, was byzantinische Maler aus Konstantinopel besonders gut konnten – der Betonung des Räumlichen und Plastischen. Genau dies aber war Theoretikern der Renaissance, den Beschwörern der römischen und griechischen Antike, dann weniger wichtig, oder sie verdrängten es sogar.

Die Arena-Kapelle für Enrico Scrovegni ist unter den erhaltenen Werken Giottos heute am berühmtesten. Unter einem Tonnengewölbe, das den Himmel darstellen soll, sind die Wände ringsum mit Fresken geschmückt. Für jedes der vielen Bilder in rechteckigen Feldern benötigte der Maler auch schon über 20 Tage.

Dafür hatte Giotto bereits seine Tricks. Er suggerierte Raumtiefe durch Kassettendecken, durch das Muster eines Fußbodens, durch eine an die Wand gerückte Truhe oder auch durch Tiefenverdunkelung. In der offenen Landschaft wiederum ließ er das Entfernte tatsächlich kleiner erscheinen. All das war eine Revolution, eine Bereicherung. Ungewöhnlicherweise stellte er auf fast allen Bildern auch jeweils nur eine Handlung dar, nicht mehrere simultan wie bisher üblich.

Von dem, was er für seine Heimatstadt Florenz malte, ist vieles nicht erhalten. In der Franziskanerkirche Santa Croce aber lässt sich seine Wandkunst gleich in zwei Kapellen bewundern. Die Franziskaner waren ein Orden der Bescheidenheit, doch wieder waren es reiche Stifterfamilien, die die Aufträge vergaben. Die in der Fresko-Technik ausgeführten Wandbilder der Bardi-Kapelle sind besser erhalten als die nach der Secco-Art gemalten der Peruzzi-Kapelle. Aber in beiden Zyklen bewies Giotto, welche Illusionen er herstellen konnte.

Aus heutiger Sicht kann man nahezu von Kino sprechen, einer Kunst der bewegenden Bilder: Erzählen auch im Detail, viel Dramatik. Die Beweinung des heiligen Franziskus an der Nordwand der Bardi-Kapelle, wo die tief trauernden Glaubensbrüder sich um den Leichnam scharen, ist ein Höhepunkt. In der Peruzzi-Kapelle wird beim Gastmahl des Herodes musiziert und gespeist, einer der Gäste hält ein Tranchiermesser in der Hand, Salome tanzt und gestikuliert mit den Händen. Dennoch wird der von einem Soldaten präsentierte Kopf des Täufers Johannes zum gruseligen Mittelpunkt. Der »Peruzzi-Stil« gilt unter Spezialisten als besonders raffiniert und komplex.

Vielleicht beweisen die kleinen Anekdoten um Giotto sogar mehr als alles Lob, welchen enormen Eindruck er hinterließ.

Um 1400 zum Beispiel kam eine Geschichte auf, die von einem Sonntagsspaziergang des Malers handelt. Der Künstler wird von einem Schwein umgerannt; mit Hilfe von Freunden und Bewunderern erhebt er sich aus dem Dreck. Anstatt zu schimpfen, sagt er nur: »Haben sie nicht recht? Habe ich nicht mit ihren Borsten zu meiner Zeit Tausende von Lire verdient und ihnen nicht mal eine Kelle Brühe gegeben?«

Schweineborsten wurden tatsächlich verwendet für gröbere Pinsel, und die Geschichte zeigt, dass Giotto in der frühen Erinnerung noch beides war: ein Held, aber eben auch ein Mensch aus Fleisch und Blut, ein Florentiner, der malte, der berühmt wurde, der hinfiel und darüber lachte.

Magie der Lettern

Mit der Erfindung des Buchdrucks waren
Wissen, Neugier und kritisches Denken wie entfesselt –
und das Mittelalter ging zu Ende.

Von Johannes Saltzwedel

Am 12. März 1455 schrieb der kaiserliche Sekretär Enea Silvio Piccolomini einem spanischen Kardinal, er habe gerade in Frankfurt etwas Interessantes gesehen: Musterbogen einer Bibel »in höchst sauberer und korrekter Schrift«, von der es nicht weniger als 158 Exemplare geben solle. Die seien zwar leider schon alle verkauft – aber dass es überhaupt so viele waren, hätte jeden, der sich mit Büchern auskannte, neugierig gemacht.

Vervielfältigt wurde Schriftliches ja so gut wie ausschließlich mit der Hand. Wie schon seit Jahrhunderten musste ein geübter Schreiber nach Vorlage den Text kopieren – eine mühsame und teure Arbeit. Zwar sah man ab und an Werke, deren Seiten als ganze von Holztafeln gedruckt waren. Doch das geschah in der Regel, weil sie bei geringem Umfang viele Bilder enthielten.

Immerhin waren Buchhandschriften schon günstiger geworden. Was ehedem individuell und langwierig in klösterlichen Schreibstuben entstanden war, hatte sich mit dem Aufkommen von Universitäten und Kanzleien zu einer kleinen Industrie entwickelt. Im niederländischen Deventer beispielsweise hatte ein gewisser Gerhard de Groot bereits 1383 eine fromme Genossenschaft ins Leben gerufen, die das Abschreiben als Profession betrieb.

Inzwischen gab es einige dieser Kopisten-Anstalten, etwa in Köln, Marienthal oder Rostock. Das Geschäft blühte: Lehrbücher und Grundtexte für Studenten beispielsweise der Theologie sowie Fachliteratur für Juristen waren gefragt, außerdem wie eh und je liturgische Bücher und Andachtswerke. Immer mehr Menschen konnten mittlerweile lesen. Kein Wunder, dass nach kurzer Zeit selbst die neuen Schreibfabriken den Bedarf kaum noch decken konnten.

Um 1450 beschäftigte der Florentiner Vespasiano da Bisticci bis zu 45 Kopisten, die der reichen, bildungsbeflissenen Familie Medici in weniger als zwei Jahren 200 Handschriften lieferten. Eher auf mittelständische Abnehmer konzentrierte sich der Schullehrer Diebold Lauber, der seit 1426 im elsässischen Hagenau mindestens 16 Schreiber zugleich nach Diktat Texte vervielfältigen, ja sogar illustrieren ließ. Sein Angebot umfasste über 40 Werke, darunter viel Literarisches für Schmökerfreudige, zum Beispiel Ritterromane von »Wigoleis« oder »Parcifal« oder die beliebten Fabeln des Äsop.

Anstelle des dauerhaften, aber sehr teuren Pergaments verwendete Lauber Papier. Doch das im Akkord Heruntergekritzelte sah nicht besonders edel aus, und beim Diktieren schlichen sich Hörfehler ein. Günstig etwas Lesbares produzieren, auf das Fabrikanten wie Besitzer stolz sein konnten – das war es, wovon seit etwa 1440 ein gebildeter Mainzer Kaufmannssohn träumte: Henne Gensfleisch, genannt Gutenberg.

So gut wie möglich haben Druckgeschichtsforscher aus spärlichen Dokumenten den Werdegang seiner Erfindung rekonstruiert: Nach mehr als einem Jahrzehnt in Straßburg, wo er wohl auch unter Goldschmieden und Edelsteinpolierern verkehrte, kam Gensfleisch um 1444 offenbar mit einem recht klaren unternehmerischen Plan nach Mainz zurück. Aus einer speziellen Bleilegierung wollte er genormte Lettern gießen, die dann Seite für Seite zu einem Textblock zusammengefügt, eingefärbt und mittels einer Presse abgedruckt werden konnten.

Gutenberg habe eine »Schönschreibmaschine« konstruieren wollen, erklärt der Medienhistoriker Michael Giesecke. Das ist fast noch untertrieben: Um perfekte Zeilenränder zu erzeugen, entwarf Gutenberg Typen und Typkombinationen in verschiedener Breite, bis er bei 290 Formen angelangt war, die jeweils in gehöriger Menge parat zu sein hatten. Mindestens viereinhalb Jahre muss es gedauert haben, bis er und seine vier, später sechs lateinkundigen Angestellten ihre Lettern gegossen, die Bibel gesetzt und gedruckt hatten.

Es waren Ansichtsproben dieser bis heute bewunderten Meisterleistung, die Sekretär Piccolomini – der spätere Papst Pius II. – 1455 in Frankfurt sah. Sogleich wird er die enormen Möglichkeiten der neuen Technologie erkannt haben. Aber auch andere merkten, welche Gelegenheit sich bot. Zwar büßte Gutenberg, der ohne Aussicht auf Patentschutz schwer hatte investieren müssen, in einem Pfändungsprozess den Lohn seiner Mühen weitgehend ein. Doch sein Verfahren, so knifflig es war, verbreitete sich im Nu.

Schon 1458 arbeiteten in Bamberg und Straßburg die ersten Drucker. 1463 kam das Klosterdorf Subiaco östlich von Rom hinzu, 1467 auch Rom selbst. Nur 15 Jahre nach Gutenbergs Tod 1468 gab es von Schweden bis Sizilien, von Spanien bis Polen und Ungarn Werkstätten der »Schwarzen Kunst«. Bücher, die – so heißt es in einem der frühesten Druckvermerke von 1460 stolz – »nicht mit Hilfe von Schreibrohr, Griffel oder Feder, sondern durch die wunderbare Übereinstimmung, durch Proportion und Ebenmaß … gedruckt und vollendet« wurden, erlebten einen Siegeszug ohnegleichen.

Fachhistoriker kennen inzwischen allein bis zum Jahr 1500 über 27 000 Titel gedruckter Bücher. Obwohl die meisten vermutlich nur in Auflagen von höchstens 300 Stück erschienen, bedeutete das in der Summe doch mehr als acht Millionen Bücher und Traktate: eine mediale Flutwelle, die sich nur mit der Ausbreitung des Internets vergleichen lässt. Praktisch alle einschneidenden Neuerungen, die sich damals anbahnten, haben dank des Drucks ungebremst die rasant wachsende Öffentlichkeit erreicht, von der Entthronung der Erde als Mittelpunkt des Kosmos über die Entdeckung Amerikas und die Begeisterung für klassisch-antike Stilideale in Architektur, Kunst und Literatur bis hin zur kritischen Sichtung wissenschaftlicher Kenntnisse und ebenso der kirchlichen Lehren. Ein Monopol auf Bildung, wie die klösterliche Welt es über Jahrhunderte behauptet hatte, erschien nicht mehr gottgegeben; wer Texte – weitgehend auf Latein – lesen und verstehen konnte, hatte auch die Chance, über ihre Bedeutung mitzureden.

Natürlich sind noch lange nach 1500 viele Buchhandschriften entstanden: Mancher große Herr ließ sich, wie ehemals die Medici, aus humanistischem Traditionseifer oder schlichter Protzerei antike Klassiker kalligrafieren, und was ohnehin nur in wenigen Exemplaren vorhanden zu sein brauchte, war die Mühe des Setzers nicht wert. Aber allein schon die Tatsache, dass nun an mehreren Orten identische Kopien wichtiger Texte zu finden waren, schärfte einen Sinn für exakten Wortlaut, wie er bislang kaum vorstellbar gewesen war.

Dieses umwälzende Bewusstsein, eigenständig Kritik zu üben, Wahrheitsgehalte unabhängig von göttlichem Beistand erörtern und prüfen zu können, hätte sich ohne den Buchdruck niemals so rasch entfaltet. Darum gilt der Triumph von Gutenbergs Erfindung als eine der plausibelsten Endmarken für das Denken und Alltagsbewusstsein des Mittelalters.

CHRONIK 600 bis 1500

Fortschritt in Etappen

um 600

Der Pflug mit Rädern ist nördlich der Alpen bekannt. Er ersetzt aber nur langsam den weit weniger effizienten Hakenpflug.

um 680

Das St.-Peter-Kloster von Wearmouth (Nordengland) bekommt Glasfenster.

um 700

Wasserräder, speziell für Mühlen, setzen sich allmählich durch.

736

In Geisenfeld (Hallertau) wird Hopfen angebaut, durch dessen Zusatz das Bier haltbarer wird.

um 760

Sanduhren sind im Frankenreich bekannt, aber bis um 1300 eher spärlich verbreitet.

793

Die »Fossa Carolina«, der Bau eines unter Karl dem Großen begonnenen Kanalgrabens, der Rhein und Donau schiffbar verbinden soll, scheitert – vermutlich an widrigen Bodenverhältnissen.

822

Der venezianische Mönch Georg von Benevent baut im Auftrag von Kaiser Ludwig dem Frommen eine Wasserorgel für den Aachener Dom.

um 850

In Frankreich werden Armbrüste zum Pfeilschießen verwendet; in Deutschland verbreiten sie sich allerdings erst ab dem 12. Jahrhundert.

9. Jahrhundert

Im Schweizer Raum gibt es Kachelöfen. Nur langsam dringt diese Heizungsart bis nach Norddeutschland vor.

um 890
In Westeuropa beginnt die regelmäßige Verwendung von Hufeisen für Pferde.

um 900
Im Feldbau kommt die Dreifelderwirtschaft auf, aber erst im Hochmittelalter hat sich dieser Anbaurhythmus weitgehend durchgesetzt.

um 950
Beim Ernten gehen die Bauern vom Ährenschnitt zum Schnitt unten am Halm über.

um 1025
Der Benediktinermönch Guido von Arezzo erfindet eine neue Schreibweise für Musik: Noten auf und zwischen zunächst nur vier Linien.

seit 1100
Sensen werden zunehmend auch als Erntewerkzeug eingesetzt. Steinkohle wird mehr als bisher zur Feuerung verwendet.

1102
Erstes europäisches Privileg für einen Papiermacher in Sizilien.

1130
Graf Roger II. bringt gefangene griechische Seidenmacher nach Sizilien; eine kleine Seidenindustrie entsteht.

um 1150
Für Hochseeschiffe setzt sich das Heckruder durch.

um 1180
Erste Meldungen über Glasfenster in Privathäusern.

1186
Einzelne Straßen von Paris werden auf königlichen Befehl mit Steinen gepflastert; in Nürnberg beginnt man damit erst knapp zwei Jahrhunderte später.

12. Jahrhundert
Flügelmühlen verbreiten sich von England aus in Europa.

1202
Mit seinem »Liber Abaci« versucht der pisanische Mathematiker Leonardo Fibonacci, die arabischen Ziffern in Europa durchzusetzen.

um 1220
Bei Amsterdam gibt es die ersten Schleusenanlagen.

um 1250
Brillen werden als Lesehilfe verwendet, zuerst in Form von Stielgläsern, dann auch auf die Nase geklemmt.

um 1250
Die bauchige Kogge wird zum bevorzugten Schiffstyp der Seekaufleute, speziell der Hanse.

1254
Erste Erwähnung von Spiegeln aus Glas mit dahinter gegossener Bleischicht.

1267
Der Naturphilosoph Roger Bacon beschreibt die vergrößernde Wirkung von Linsen.

1269
In seinem Traktat »De magnete« sammelt Pierre de Maricourt das Wissen seiner Zeit über Magneten und ihre Anwendung – auch die Verwendung als Kompass ist bekannt, wird aber selten genutzt.

um 1290
Uhren mit Gewichtsantrieb verbreiten sich allmählich in Europa.

1298
Der Reisende Marco Polo bringt erste, aber fehlerhafte Nachrichten über Porzellan und seine Herstellung von China nach Italien.

um 1300
Die erste Stiftwalzen-Steuerung für Glockenspiele wird gebaut.

um 1315
In Italien wird das automatische Stunden-Schlagwerk für Uhren entwickelt.

1321
Der südfranzösische Philosoph und Naturforscher Levi ben Gerson beschreibt das Prinzip der einfachen Lochkamera (Camera obscura).

um 1325
Ofenplatten aus Gusseisen werden in Süddeutschland üblich.

seit 1330
Mehr und mehr wird das Schwarzpulver zu kriegerischen Zwecken genutzt.

um 1350
Die Unruh als Takt-Mechanismus ermöglicht es, kompaktere und präzisere Uhrwerke zu konstruieren.

1379
In Italien werden erste Raketengeschosse eingesetzt; seit etwa 1400 verwenden Artilleristen solche Projektile auch in Deutschland.

1390
Ulman Stromer baut nach lombardischen Vorbildern die Nürnberger Gleißmühle zur ersten deutschen Papiermühle um.

1422
In einem Feuerwerkbuch findet sich das Rezept für ein dynamitartiges Sprengmittel - aber die enorm wirksame Mixtur wird nicht in großem Stil angewendet.

um 1430
Der Antrieb von Uhren mit Spiralfedern wird bekannt; er ermöglicht die Entwicklung von Taschenuhren.

um 1450
Schiffe haben oft nicht mehr überlappende, sondern aneinander stoßende Planken (Kraweelbauweise).

um 1450
Johannes Gutenberg beginnt, mit den von ihm entwickelten beweglichen Lettern zu drucken.

um 1480
Erste überlieferte Abbildung eines Spinnrads.

1497
Nachrichten vom »berauschenden Kraut« der Tabakpflanze kommen nach Europa.

Buchhinweise

Arno Borst: »Lebensformen im Mittelalter«, Neuauflage, Ullstein Verlag, Berlin 1997.
Mit Recht der Longseller unter den Büchern zur Epoche: Zahlreiche Originaltexte, erläutert vom wohl gelehrtesten, einfühlsamsten deutschen Mittelalterkenner des 20. Jahrhunderts, lassen einen tief in die Vergangenheit eintauchen.

Franco Cardini: »Das Mittelalter«, Theiss Verlag, Stuttgart 2012.
In dem reich illustrierten Überblickswerk beschreibt der Historiker aus Florenz die Errungenschaften des Zeitalters, aber auch seine Gefahren, er schildert Lebenswelt und Ideengeschichte.

Georges Duby: »Die Zeit der Kathedralen. Kunst und Gesellschaft 980 – 1420«, Suhrkamp Verlag, Frankfurt am Main 1996.
Streckenweise wie ein Roman liest sich die Darstellung des Pariser Gelehrten, der im Geist der »Annales«-Schule die Denkwelt der Menschen aus ihren Spuren erschließt – von der Chronik bis zum Kirchenbau.

Joachim Ehlers: »Die Ritter – Geschichte und Kultur«, Verlag C. H. Beck, München 2006.
Soziale Wirklichkeit, Rituale und literarische Überhöhung, all das macht das Rittertum zu einem besonders schwer erklärbaren Phänomen. Hier entwirrt ein Experte den faszinierenden historischen Komplex.

Robert Fossier: »Das Leben im Mittelalter«, Piper Verlag, München 2009.
Handfest und hintergründig wird der Alltag präsentiert: Der Autor blickt auf Natur und Umwelt ebenso wie auf das private Dasein, Gruppenzwänge und den Seelenzustand der Menschen.

Hans-Werner Goetz: »Leben im Mittelalter. Vom 7. bis zum 13. Jahrhundert«, Verlag C. H. Beck, München 1996.
Fast schon ein Klassiker der Mentalitätsgeschichte: Quellennah, akribisch und bisweilen mit trockenem Witz stellt der Kenner die Grundbedingungen der Epoche dar.

Klaus Herbers (Hg.): »Der Jakobsweg. Ein Pilgerführer aus dem 12. Jahrhundert«, Reclam Verlag, Stuttgart 2008.
Was trieb so viele Gläubige, die Gefährdungen einer Pilgerreise auf sich zu nehmen? Dieser authentische Reiseführer aus dem 12. Jahrhundert zeigt die praktischen Seiten der Unternehmung ebenso wie ihren geistlichen Rahmen.

Johan Huizinga: »Herbst des Mittelalters. Studien über Lebens- und Geistesformen des 14. und 15. Jahrhunderts in Frankreich und in den Niederlanden«, Kröner Verlag, Stuttgart 2006.
Liebevoll wie ein Landschaftsmaler hat der Niederländer das Leben im Herzogtum Burgund nachgezeichnet, das zum Modellfall für die Umbrüche des 15. Jahrhunderts wurde.

Jacques Le Goff: »Kaufleute und Bankiers im Mittelalter«. Wagenbach Verlag, Berlin 2005.
Zwischen sündigem Profit und der Dynamik des Kapitals verlief eine der wichtigen Bruchlinien zur Neuzeit – hier wird sie verständlich.

Autorenverzeichnis

Sebastian Borger ist freier Autor in London.

Dr. Thomas Darnstädt ist Redakteur im Deutschlandressort des SPIEGEL.

Marco Evers ist Redakteur bei SPIEGEL ONLINE.

Angela Gatterburg ist Redakteurin bei SPIEGEL GESCHICHTE und SPIEGEL WISSEN.

Annette Großbongardt ist stellvertretende Leiterin der Reihen SPIEGEL GESCHICHTE und SPIEGEL WISSEN.

Dr. Hans-Werner Goetz war Professor für Mittelalterliche Geschichte an der Universität Hamburg.

Christoph Gunkel ist Autor bei SPIEGEL ONLINE.

Sonja Hartwig war Praktikantin im Kulturressort des SPIEGEL.

Dr. Jan Keupp ist Professor für Mittelalterliche Geschichte an der Universität Münster.

Ulrike Knöfel ist Redakteurin im Kulturressort des SPIEGEL.

Nils Klawitter ist Redakteur im Wirtschaftsressort des SPIEGEL.

Dr. Romain Leick ist Autor im Kulturressort des SPIEGEL.

Kristina Maroldt war Mitarbeiterin in der Redaktion von SPIEGEL GESCHICHTE und SPIEGEL WISSEN.

Bettina Musall ist Redakteurin bei SPIEGEL GESCHICHTE und SPIEGEL WISSEN.

Thorsten Oltmer ist Dokumentationsjournalist beim SPIEGEL.

Norbert F. Pötzl war stellvertretender Leiter der Reihen SPIEGEL GESCHICHTE und SPIEGEL WISSEN.

Jan Puhl ist Redakteur im Auslandsressort des SPIEGEL.

Dr. Johannes Saltzwedel ist Redakteur bei SPIEGEL GESCHICHTE und SPIEGEL WISSEN.

Hubertus J. Schwarz ist freier Journalist.

Michael Sontheimer ist Autor beim SPIEGEL in Berlin.

Katharina Stegelmann ist Redakteurin im Deutschlandressort des SPIEGEL.

Daniel Steinvorth war Redakteur im Auslandsressort des SPIEGEL.

Frank Thadeusz ist Redakteur im Kulturressort des SPIEGEL.

Dr. Rainer Traub ist Redakteur bei SPIEGEL GESCHICHTE und SPIEGEL WISSEN.

Helene Zuber ist Redakteurin im Auslandsressort des SPIEGEL.

Dank

Entstehen konnte dieser Band nur, weil viele kluge und sorgsame Kollegen die Autoren unterstützt haben. Das von Thorsten Oltmer geleitete SPIEGEL-Dokumentationsteam prüfte alle Beiträge gewohnt sicher und umsichtig auf sachliche Richtigkeit; beteiligt waren Jörg-Hinrich Ahrens, Dr. Helmut Bott, Viola Broecker, Andrea Curtaz-Wilkens, Johannes Eltzschig, Johannes Erasmus, Klaus Falkenberg, Cordelia Freiwald, Dr. André Geicke, Silke Geister, Joachim Immisch-Wendt, Michael Jürgens, Tobias Kaiser, Renate Kemper-Gussek, Ulrich Klötzer, Dr. Walter Lehmann-Wiesner, Michael Lindner, Sonja Maaß, Nadine Markwaldt-Buchhorn, Dr. Andreas Meyhoff, Tobias Mulot, Claudia Niesen, Margret Nitsche, Malte Nohrn, Sandra Öfner, Tordis Pohlmann, Marko Scharlow, Dr. Claudia Stodte, Stefan Storz, Rainer Szimm, Dr. Eckart Teichert, Ursula Wamser, Peter Wetter und Karl-Henning Windelbandt. Schnell und findig besorgten die Bibliothekare Johanna Bartikowski und Heiko Paulsen die umfangreiche Fachliteratur. Karten und Grafiken gestalteten Ludger Bollen, Gernot Matzke und Cornelia Pfauter; Thomas Hammer bereitete sie für dieses Buch auf. Claus-Dieter Schmidt wählte die Bilder aus, Britta Krüger kümmerte sich um die Bildrechte. In der Schlussredaktion prüften Lutz Diedrichs, Reimer Nagel und Tapio Sirkka den Text noch einmal auf Stimmigkeit. Meike Rietscher und Petra Schwenke im Sekretariat sorgten für den reibungslosen Ablauf. Eva Profousová beim SPIEGEL und Karen Guddas bei der DVA haben das gesamte Buchprojekt betreut; für die Herstellung war Brigitte Müller verantwortlich. Ihnen allen gilt unser herzlicher Dank für die wie immer reibungslos gute Zusammenarbeit.

Annette Großbongardt, Johannes Saltzwedel

Register